◆ 新 南 方 文 化 丛 书 ◆

新南方
NEW SOUTH

管理学精要
ESSENTIALS OF MANAGEMENT

新南方商学院　编

暨南大学出版社
JINAN UNIVERSITY PRESS

中国·广州

图书在版编目（CIP）数据

新南方管理学精要/新南方商学院编 . —广州：暨南大学出版社，2021. 12
（新南方文化丛书）
ISBN 978 - 7 - 5668 - 3245 - 0

Ⅰ. ①新…　Ⅱ. ①新…　Ⅲ. ①制药工业—工业企业管理—研究—中国
Ⅳ. ①F426. 7

中国版本图书馆 CIP 数据核字（2021）第 199311 号

新南方管理学精要
XINNANFANG GUANLIXUE JINGYAO
编　者：新南方商学院

出 版 人：张晋升
项目统筹：苏彩桃
责任编辑：王莎莎　亢东昌
责任校对：张学颖　林玉翠　陈皓琳
责任印制：周一丹　郑玉婷

出版发行：暨南大学出版社（510630）
电　　话：总编室（8620）85221601
　　　　　营销部（8620）85225284　85228291　85228292　85226712
传　　真：（8620）85221583（办公室）　85223774（营销部）
网　　址：http://www.jnupress.com
排　　版：广州市天河星辰文化发展部照排中心
印　　刷：深圳市新联美术印刷有限公司
开　　本：787mm×1092mm　1/16
印　　张：17. 75
字　　数：335 千
版　　次：2021 年 12 月第 1 版
印　　次：2021 年 12 月第 1 次
定　　价：88. 00 元

（暨大版图书如有印装质量问题，请与出版社总编室联系调换）

　　如果说人才是一个企业最重要的资源，那么，让这些人才具有为企业愿景共同奋斗的统一意志和思想认识就是头等要紧的管理任务。正是出于这样的目的，为每一个进入新南方集团工作的员工编写一本管理培训教材就显得很有必要。无论你原来有没有学过管理学，进入新南方集团工作后，你都要重新学习新南方人创造和践行出来的企业管理学。在这里你不仅可以扼要地了解现代企业管理的基础知识，全面了解新南方集团的产业板块、组织构架、管理机制、企业文化、产品和市场、营销理念与营运模式，还可以强烈地感受到新南方集团创始人朱拉伊先生这位中国企业家"以大众健康为己任"的远大抱负、勤勉工作的无限激情和对中医药事业的深厚情怀，以及学习到运用中医智慧创业和经商做人的人生经验。朱拉伊先生曾感叹地说到自己的创业与中国文化和中医学的渊源关系："如果我不是学中医，不是中国文化的影响，就不会有我们今天的事业。"正是凭借对中医药事业传承创新的满腔热忱和打造伟大的中医药企业梦想，经过二十多年的艰苦奋斗，朱拉伊先生从一个偏远山区的乡村医生成长为新南方集团的创始人，他希望通过研发原创新药，开发面向大众的中医治未病系列产品和多业态服务的创新，成为一个中医最高境界的"上工"。从某种意义上说，本书就是新南方集团管理团队践行朱拉伊先生中医管理思想办企业的轨迹，也是新南方集团管理团队努力工作的结晶。

本书共分九章，每章均由企业管理的基础知识和新南方集团管理的经验总结两部分组成，内容涉及新南方集团管理组织和管理行为的各个维度，以及新南方集团主要产业板块的基本发展情况。参与本书编写的人员有朱拉伊、邱鸿钟、梁瑞琼、饶远立、王军、陈韵如、陈玉霏、李雅芳、李学盈、谢晓玲。本书得以顺利完成，要感谢广州中医药大学经济与管理学院的专家教授和研究生团队，以及新南方商学院同仁们的通力合作，感谢王洁、温智伦，还要感谢新南方集团企业文化部、培训发展部等多个部门的同事们提供的素材。

我们期待，通过阅读本书，每一个热爱新南方的人都会成为朱拉伊先生所期待的那样："新南方人就是有理想、有追求、有抱负、有激情、有道义的人。如果我们能够成为这样的人，那我们的企业就能成功。"

新南方商学院

2019 年 12 月 28 日

目录

第一章

导论

广东新南方集团有限公司成立于 1994 年，是一家国际化综合性投资集团。以中医药产业为投资重点，核心投资项目包括青蒿药业、邓老凉茶、养和医药等，投资领域同时涉及能源、酒店、金融、文化、新零售等。自 2006 年起，新南方集团以青蒿抗疟项目为切入点，通过在科摩罗、多哥、巴布亚新几内亚等国家推行"复方青蒿素快速清除疟疾项目"，用原创复方青蒿素药物成功拯救了数百万人的生命，成为援外的"中国名片"。近年来，集团响应"一带一路"倡议，以海外园区建设为支撑点，搭建中国企业海外创业平台，现已参与尼日利亚广东经济贸易合作区、肯尼亚珠江经济特区两大境外经贸合作区，成为"一带一路"倡议的先行者和践行者。

第一节

新南方集团的发展历程①

2019 年 3 月 17 日是新南方集团创业 25 周年纪念日。回顾集团的发展历程，大体上可以分为三个阶段。

一、 创业时期

第一个阶段为集团创业时期。从 1994 年广东新南方公司成立到 2004 年组建为广东新南方集团有限公司，前后长达 10 年。这是公司从小到大，从房地产开发单一经营到中医产品研发、酒店经营、科技产业、中药贸易、中药种植等多元经营模式形成的过程。在这一时期先后成立了广州新南方房地产开发有限公司、广东新南方建材有限公司、广东新南方建筑有限公司、广东

---

① 《走进新南方：发展历程》，广东新南方集团有限公司官网，http：//www.gdxnf.com/AboutUs - 532.aspx。

新南方电梯工程有限公司，首个房地产开发项目珠江广场正式启动，广东新珠江大酒店开业。这一系列围绕房地产开发的相关企业的成立为新南方集团日后的壮大发展奠定了良好的产业基础，也为集团在中医药产品开发和国际化发展积累了资金。在这一时期，集团与广州中医药大学建立了战略合作伙伴关系，成立了广州中医药大学科技产业园有限公司、广州中医药大学大药房有限公司，与丰顺县人民政府合作建设了万亩 GAP 中医药种植基地，做好了集团进军中医药产业的战略布局。按照朱拉伊先生的说法，这一阶段是"潜龙在渊，积蓄力量的阶段"。

二、 攻坚克难时期

第二个阶段为复方青蒿素灭疟项目快速发展时期，也是攻坚克难时期。从 2005 年广东新南方青蒿药业有限公司成立，到 2014 年复方青蒿素在科摩罗治疗疟疾实现零死亡为标志，前后达 9 年，这是集团集中主要精力克服重重难关，先后取得药品生产许可证和 GMP 认证等关键性的准入资格，在科摩罗正式启动快速灭疟项目，将科研成果——复方青蒿素转化为大样本人群临床实际应用，并取得举世瞩目成就的过程。在这个时期先后成立了广东新南方青蒿药业有限公司、绿色农林科技有限公司等中药产品生产平台。新南方集团的复方青蒿素灭疟项目取得的理想灭疟效果在世界卫生组织和非洲多国产生了强烈的反响，先后有科摩罗、马达加斯加、安哥拉、尼日利亚、乌干达、南苏丹等国家领导人、驻华大使或代表团来集团参观。集团拳头产品"复方青蒿素片""青蒿素哌喹片"分别被世界卫生组织，我国卫生部、科技部和商务部推荐为一线治疟新药，获国家重点新产品计划，企业获得对外援助物资项目 A 级实施企业资格。新南方集团具有知识产权的集医药服务于一体的青蒿素快速灭疟项目成为我国对外援助的一张名片，新南方集团也因此成为一个被南亚和非洲多国瞩目和赞誉为有社会责任心的良心企业。

三、 加速发展时期

第三个阶段是集团利用品牌效应继续扩大在国内外影响，加大相关产品服务贸易和投资规模的加速发展期。从 2014 年广东新南方集团深圳投资有限公司成立，到 2017—2018 年新南方参与的尼日利亚广东经济贸易合作区和肯尼亚珠江经济特区项目启动，以及新南方集团参与推进粤港澳大湾区建设三年行动计划，意味着新南方集团正在充分利用青蒿素快速灭疟取得的良好品牌效应，继续在非洲多国扩大产品和服务贸易的规模。抓住天时地利的良好机遇，在宽广的经贸领域加大投资。集团不仅在肯尼亚和坦桑尼亚等国召开产品发布会，还将广东新南方青蒿药业有限公司、广州养和医药连锁有限公司推进了深交所新三板挂牌，新南方青蒿素快速灭疟项目所取得的良好国际影响受到了国内外众多媒体的关注，先后有中央电视台、参考消息、今日头条等国内知名媒体，还有美国大西洋月刊、南苏丹媒体代表团等外国媒体采访或报道了新南方集团在非洲的抗疟事迹。新南方集团的各项产业正处在一个意气风发、朝气蓬勃的加速发展期。按照朱拉伊先生的说法，这一阶段是"亢龙飞天，集团处在上升阶段"。

表 1 - 1 为新南方集团发展大事记。

表 1 - 1　新南方集团发展大事记

1994 年	7 月 13 日	广东新南方公司成立
	12 月	广州新南方房地产开发有限公司成立。随后，广东新南方建材有限公司、广东新南方建筑有限公司、广东新南方电梯工程有限公司相继成立
1997 年	7 月	首个房地产开发项目——"珠江广场"正式启动
1999 年	2 月	与广州中医药大学建立战略合作伙伴关系，进军中医药产业
	10 月	1. 公司开始全面推行企业文化建设； 2. "南兴花园"项目开始启动
2000 年	4 月	广州中医药大学科技产业园有限公司成立
	8 月	广东珠江春海鲜酒家正式开业
	10 月	1. "白云山会议"召开，确定了未来中医药事业的发展战略； 2. 广州中医药大学网络有限公司成立
2001 年	1 月	1. 广东新珠江大酒店正式开业； 2. 广州中医药大学科技产业园公司 GLP 中心完工，通过国家科技部验收
	2 月	健康管理门户网站 http：//www.1m1m.com 登记注册，并获在线营业许可证
	8 月	1. 广州中医药大学大药房有限公司成立，同时，确定新南方三大板块； 2. 确定集团管理发展的总体架构

（续上表）

2002 年	1 月	广东新南方公司通过 ISO 9001：2000 质量体系验收
	12 月	邓老凉茶颗粒冲剂配方研发成功，广州养和医药科技有限公司成立
2003 年	3 月	珠江广场被评为"广东省绿色生态健康环保社区"
	5 月	南兴花园被评为"诚信达标房地产企业"
	10 月	邓老凉茶组方系列产品正式推向市场
	12 月	广东珠江春海鲜酒家有限公司入选"中国广州最具诚信企业 150 强"
2004 年	1 月	1. 与世界疟疾专家李国桥教授合作开发青蒿素系列药物，并合作成立广东新南方青蒿科技有限公司； 2. 广州中医药大学大药房有限公司获得 GSP 认证
	2 月	与广州珠光房地产开发有限公司全面合作房地产项目，联手组建"新南方·珠光"地产，投资建成"珠江御景湾"等地产项目，并合力拓展北京市场
	3 月	响应政府振兴山区经济号召，与丰顺县人民政府合作建设 GAP 中医药种植基地
	7 月	广州养和医药连锁有限公司成立
	8 月	广州养和堂邓老凉茶连锁有限公司成立。第一间以连锁管理模式运营的邓老凉茶连锁店在珠海香洲隆重开业
	12 月	组建广东新南方集团有限公司
2005 年	8 月	广东新南方青蒿药业有限公司成立
	12 月	新南方集团被评为 2005 年度"中国广州最具成长性优秀企业"
2006 年	5 月	凉茶被国务院正式认定为国家级非物质文化遗产。在此次入选的 54 种凉茶配方中，邓老凉茶的 9 个配方全部入选，并被认定为第 1 到 9 号配方，位居凉茶行业榜首。"邓老凉茶"入选"非遗"的凉茶秘方和术语受到《世界文化遗产保护公约》及国家法律的永久性保护
	9 月	1. 强势挺进能源行业，开发西北、华南等地矿藏资源； 2. 第四代青蒿素哌喹复方获得国家药监局 I 类新药证书

（续上表）

	1月	广东华南国际中医药城有限公司成立
2007年	3月	广东新南方青蒿药业有限公司被评为梅州市2006年度重点项目工作先进单位
	7月	广东新南方青蒿药业有限公司通过广东省食品药品监督管理局验证，取得《药品生产许可证》
	11月	1. 科摩罗总统访问广州中医药大学，参观青蒿研究中心快速灭疟项目； 2. 青蒿科技公司在科摩罗正式启动快速灭疟项目，在莫埃利岛实行全民服药； 3. 安哥拉代表团参观了青蒿研究中心、科技园公司
	12月	"邓老凉茶系列产业技术升级项目"被广东省经济贸易委员会选定为"2006年广东省产业技术创新十二大重点专题项目"计划
2008年	2月	南部非洲发展共同体（SADC）卫生代表团参观青蒿药业
	7月	新南方集团获广东省工商行政管理局等四部门联合颁发的"支援四川汶川地震灾区捐赠活动突出贡献奖"，养和医药科技公司获"抗震救灾模范集体"称号
	9月	1. 广东新南方青蒿药业有限公司通过国家药监局的GMP认证，取得国家颁发的片剂GMP证书； 2. 邓老凉茶研究所成立，成为全国凉茶行业首家拥有凉茶研发机构的企业
	10月	马达加斯加代表团访问公司，达成在马达加斯加启动"快速灭疟项目"意向
2009年	1月	1. 新南方集团获广东省商业服务业改革开放三十周年杰出贡献企业称号； 2. 尼日利亚药监局副局长率代表团对青蒿药业进行考察，高度评价李国桥教授团队
	3月	集团旗下绿色农林科技有限公司成立，进军绿色农林产业
	4月	科摩罗副总统访华期间探访丰顺青蒿药业种植基地
	6月	青蒿科技公司在肯尼亚召开产品发布会，正式向肯尼亚市场推出新一代复方青蒿素抗疟药"粤特快"

（续上表）

2009 年	7 月	在卫生部新修订的《抗疟药使用原则和用药方案》中，青蒿科技公司"复方青蒿素片"作为重要的治疗恶性疟药品被推荐使用
	10 月	青蒿科技公司在坦桑尼亚举行产品发布会，正式向坦桑尼亚市场推出"粤特快"
	11 月	青蒿科技公司在尼日利亚举行产品发布会，正式向尼日利亚市场推出"粤特快"
2010 年	1 月	乌干达药监局代表团到访青蒿药业
	4 月	科摩罗卫生部代表团到访，与公司首席科学家李国桥教授、宋健平博士等技术团队深入研讨科摩罗灭疟扩大项目实施方案
	6 月	青蒿科技取得商务部对外援助物资项目 A 级实施企业资格
2011 年	1 月	房地产工程总承包中心依据自身优势不断开拓创新，连续中标省内九项工程，实现了对外业务拓展的目标
	2 月	能源项目管理中心在广州成立
	3 月	青蒿药业公司通过颗粒剂、胶囊剂、口服液、直接口服饮片的 GMP 认证
	6 月	"粤特快"列入商务部援外抗疟药名单
2012 年	1 月	集团获得"全省就业先进企业"称号
	2 月	1. 由广东新南方青蒿药业有限公司创办的"南药资源研究所"挂牌成立； 2. 集团党总支荣获"'两新'百强"称号
	4 月	1. 柬埔寨卫生部代表团莅临科技园考察； 2. 阜康市煤圈沟煤矿南、北井田划分方案通过评审
	8 月	1. 香港汇诚证券有限公司在香港湾仔隆重开业； 2. 合星泉富硒矿泉水产品正式上线
	10 月	科摩罗"清除疟疾扩大项目正式启动"
2013 年	6 月	中华人民共和国援助科摩罗抗疟药品启运仪式在广东丰顺隆重举行
	7 月	集团托管梅州市平远县中医院
	9 月	青蒿素哌喹片被科技部列入 2013 年度国家重点新产品计划

（续上表）

2014 年	1 月	科摩罗复方青蒿素快速控制/清除疟疾项目荣登《经济学人》杂志专栏头版。同年 11 月获《福布斯》专栏高度评价。宣布复方青蒿素在科摩罗治疗疟疾实现零死亡
	5 月	能源项目管理中心在新疆成立吐鲁番新南方文化旅游有限公司，拓展集团新业务
	9 月	1. 广东新南方集团深圳投资公司有限公司成立； 2. 时任中共中央政治局委员、中共广东省委书记胡春华莅临青蒿药业公司调研
	10 月	在香港特别行政区成立蓝海战略研究院发展有限公司
	11 月	南苏丹媒体团来访探讨疟疾控制新方法
2015 年	1 月	在香港特别行政区注册成立了潮汕客属联谊总会
	4 月	青蒿科技公司陪同三部委前往科摩罗实地考察、验收"中科青蒿素灭疟项目"成果
	8 月	专利"复方青蒿素"在刚果金获得授权，至此，"粤特快"已获得 40 个国家专利授权
	10 月	非洲 30 多国驻华大使参观新南方青蒿项目基地
	12 月	1. 中央电视台《朝闻天下》栏目以"借青蒿素之力，科摩罗成功抗击疟疾"为题深入报道我司在科摩罗实施的青蒿素快速清除疟疾项目； 2. 总裁朱拉伊荣获"2015 广东十大经济风云人物"，广东新南方青蒿药业有限公司荣获"2015 广东年度创新企业"
2016 年	8 月	广州养和医药连锁有限公司挂牌新三板
	9 月	1. 广东新南方青蒿药业有限公司挂牌新三板； 2. 广东一米商城电子商务有限公司正式更名为"广东养和世家电子商务有限公司"，养和世家官方企业店正式运营； 3. 一米健康新版网站成功上线； 4. 在尼日利亚奥贡州依格贝撒地区的奥贡广东自贸区召开会议，新南方集团旗下中非公司正式接管奥贡广东自贸区； 5. 朱拉伊先生赴巴布亚新几内亚及非洲考察
	12 月	广东新南方青蒿药业有限公司正式挂牌深交所新三板

（续上表）

2017 年	3—5 月	广东青蒿团队在多哥完成三轮全民服药工作
	5 月	"一带一路"国际合作高峰论坛在北京召开，广东新南方集团为论坛助力，正式与肯尼亚非洲经济特区公司签约合作
	7 月	广东新南方集团投资建设的肯尼亚珠江经济特区于肯尼亚埃尔多雷特园区现场举行项目奠基仪式
	8 月	"新疆华电吐鲁番 2×350MW 冷热电多联供工程暨配套景盛矿业塔尔郎沟煤矿项目开工仪式"在高昌区隆重举行
	10 月	央视新闻栏目对在科摩罗进行的"青蒿素复方快速清除疟疾项目"进行专题报道
	12 月	1. 巴布亚新几内亚总理奥尼尔在参加广州财富论坛之际，参观广东中医药博物馆，并听取了广东新南方集团有限公司关于"青蒿素复方快速灭疟项目"的介绍； 2. 朱拉伊先生携集团中高层管理人员在位于梅州市丰顺县留隍古镇的鹿湖温泉假日酒店召开了"新南方集团未来五年战略发展规划研讨会"
2018 年	3—6 月	广东新南方青蒿抗疟团队会同巴布亚新几内亚基里维纳岛当地卫生机构组织进行三轮青蒿素哌喹片全民服药，已通过消除传染源消除疟疾
	5 月	1. 紫和堂·上渡国医馆开业典礼； 2. 肯尼亚珠江经济特区与中国电信签订网络光纤专线入园合同
	6 月	1. 广东国际商会第七届会员代表大会在广州召开； 2. 奥尼尔总理再访羊城，与朱拉伊先生共庆清除疟疾成果
	9 月	中共中央政治局委员、中共广东省委书记李希率中共代表团对巴新进行友好访问，并考察了广东省援建的中巴疟疾防治中心

第二节

新南方集团的产业板块与发展战略

新南方集团现有员工 2 000 余人，业务遍及北京、上海、香港等二十多个大中小城市及新加坡、澳大利亚、柬埔寨、科摩罗、肯尼亚、尼日利亚、马达加斯加等多个国家和地区，并正在向拉美等其他更广大的地区扩展。

经过二十多年的发展，目前新南方集团的产业板块及其战略如下：

一、 房地产领域

新南方集团旗下的广东新南方建设集团有限公司，注册资本为 11 000 万元，下属单位包括广东新南方装饰工程有限公司、广东新南方消防工程有限公司、广东新南方园林工程有限公司、广东名匠建筑劳务有限公司以及各分公司，拥有建筑工程施工总承包二级、市政公用工程总承包二级、建筑装修装饰工程专业承包二级、建筑机电安装工程专业承包二级、钢结构工程专业承包三级、地基基础工程专业承包三级、建筑幕墙工程专业承包二级、消防设施工程专业承包一级、消防设施工程设计专项甲级等资质。房地产作为广东新南方集团的起始业务，历经二十几载的发展，开创了"生息、充电、发展""健康家园，成就未来"的人居新理念，引领广州高尚健康豪宅潮流。公司不断强化与珠光地产的战略合作，合力构筑、打造"珠光新南方地产"品牌，在做好广州房地产市场的同时，也大力进军北京、上海房地产市场。旗下珠江广场、珠光高派、北京珠江御景湾等大型项目皆取得了傲人的市场业绩，其中"珠江广场"项目连续五次被评为"广州十大明星楼盘"。

2008 年，根据集团战略部署，再次将房地产中心对下属的广东新南方建筑工程有限公司、广东新南方装饰工程有限公司及广东新南方消防工程有限公司等二级公司进行整合，成立广东新南方工程总承包管理中心，标志着集团房地产业务的发展战略由"直接参与项目开发"向"工程总承包施工""房地产投资"的转型。2014 年，根据集团战略进行架构重组，广东新南方建设集团有限公司正式成立，以大力发展工程总承包施工为主营业务，成功实现战略转型。公司已连续多年取得"广东省守合同重信用企业"证书，公司承建的项目获得省、市多项荣誉。

虽然房地产产业是新南方集团的创业基础，但朱拉伊先生却是将其作为实现发展中医药产业的经济支柱来谋划的。他认为，新南方集团未来发展的战略目标是重点发展中医药产业，而房地产在稳健中寻找发展。他认识到中医药产业，尤其是像复方青蒿素这类具有知识产权的原创药品的研发需要巨大的经济投入、较长的研发周期，因此，为了给中医药事业提供可持续的经济支持，新南方一直坚持将房地产产业的利润投入中医药产业的开发中，这成为一种最高的战略思维，也再一次充分证明朱拉伊先生对推动中医药产业发展的满腔热忱与"以大众健康为己任"的伟大抱负。

二、 中药产品研发与生产

朱拉伊先生认为，新南方集团在中医药战略规划上要抢占两个制高点：一个是开发拥有自主知识产权的产品，二是构造终端渠道。于是，新南方集团在产业链上有如下战略布局：

1. 中药产品研发

广州中医药大学科技园成立于 2000 年，由广州中医药大学、教育部、广东新南方集团及广东珠光集团共同组建，其依托广州中医药大学雄厚的技术力量，设有教育部现代中成药工程研究中心、药理研究中心、新南方药物安全性评价中心（国家食品药品监督管理总局认证的 GLP 机构）三大技术创新及服务平台。广州中医药大学科技园占地面积 22 800m^2，办公及实验室面积约 11 000m^2，仪器设备先进，实验设施完善，拥有液相色谱仪、气相色谱仪、全自动生化分析仪和血液分析仪等 300 多台/套仪器设备，建立 SPF 级和普通级实验动物房 2 344m^2，汇聚了近百名经验丰富的新药研发专业人才，是华南地区先进的新药研发公共技术服务平台。科技园立足于高标准、高质量、高效率，提供专业的药学、药效学和安全性评价（毒理）研究服务。新南方集团通过科技园开展与中药产品研发的相关系列研究，接受研发项目委托的客户遍布全国，累计完成委托 300 余项，准时完成率 >95%。从新南方战略布局来看，企业设置科技园是为了研发一流的中药治疗性药物，让企业拥有自己的核心专利技术，是为中医药产业提供可持续发展的上游项目。

2. 中药产品生产

广东新南方青蒿药业有限公司成立于 2005 年，由广东新南方集团有限公司与广州中医药大学长期从事青蒿素抗疟研究和中药抗病毒研究的专家群体共同创办，是集研发、生产、销售为一体的现代新型医药企业。新南方青蒿药业有限公司拥有中药原材料提取厂、哌喹原料厂、现代化制药厂三个主体药厂和符合 GMP 规范的中药饮片加工厂和中药提取车间，通过广东省食品药品监督管理局验证，取得药品生产许可证，通过国家药监局的 GMP 认证，是集团中医药产业链重要的生产环节，公司以青蒿资源研究、南药种植以及中药饮片、化学原料药和制剂生产为主导，集药品研发、生产及经营于一体，建有"广东省青蒿工程技术研究开发中心"，完成了国家一类新药青蒿素复方的研发，并在 40 个国家获得专利保护，在 31 个国家注册商标，在多个疟疾流行国家上市销售，成为尼日利亚、坦桑尼亚和肯尼亚抗疟药自由市场的主要药品之一，成为中国外援的一张名片，青蒿素哌喹片被科技部列入 2013 年度国家重点新产品计划。该公司被广东省科技厅认定为"广东省民营科技企业"，是"广东省现代产业 500 强"企业。

三、 中药种植产业

中药材 GAP 种植基地由广东新南方集团有限公司与广州中医药大学、丰顺县人民政府联合组建。从 2004 年起，即已按照 GAP 要求建立国家级规范化种植基地，目前已启动的种植品种包括"邓老凉茶"主要药材金银花及抗疟药材青蒿。该基地已获得财政部和省财政厅的专项资金支持，致力于建成为华南地区乃至全国最大中药材 GAP 种植基地。中药材 GAP 种植基地占地2 900多亩，其中主要规划为南药生产基地、育种种植基地、示范种植基地。

在新南方产业战略布局中，围绕新南方科技研发出来的复方青蒿素制剂"粤特快"，相继发展出青蒿种植产业、中药原材料提取厂和哌喹原料厂等生产企业，从而完成了青蒿产业链的建构。

发展青蒿种植产业不仅为青蒿素药品生产提供了原料保障，更重要的是为当地农村创造了很多就业机会，即使在其他国家发明了从烟草中提炼青蒿素方法的今天，朱拉伊先生仍认为从植物青蒿中提炼青蒿素不仅保持了中药的许多天然特性，而且新南方集团青蒿研究所已经解决了如何提高单位提取量的难题。

四、 中医药保健品与饮食产业

2006 年，国务院正式宣布将凉茶列入第一批国家级非物质文化遗产代表名录，这意味着凉茶不仅能得到国家文物保护法的保护，而且还能得到联合国《保护非物质文化遗产公约》在世界范围内的保护。由于凉茶由不同企业生产，所以被评为非物质文化遗产代表的凉茶配方和凉茶品牌通常就以企业上报的凉茶名称命名。第一批申请进入国家非物质文化遗产代表名录的凉茶有 21 家企业的 54 个凉茶配方和相对应的 54 种凉茶名称，邓老凉茶就是首批国家级非物质文化遗产"凉茶"1 号—9 号配方知识产权的拥有者，作为邓老凉茶研发生产者的新南方集团是报送和入选凉茶配方最多的企业。目前邓老凉茶系列有清热降火类、清咽止咳类、感冒暑湿类、补益养生类、清凉饮料类、休闲产品类 6 大类，邓老凉茶颗粒和邓老凉茶罐装饮料等 36 种。2010 年广东邓老凉茶药业集团成立，目前拥有连锁门店 400 余家，2019 年经过改造升级后增加了中医健康养生调理的新经营模式，正在绘就中国凉茶行业的新锐品牌。

在邓老凉茶的销售战略上，朱拉伊先生坦言，"开发中医药事业是我们的新课题，我们也许经验不足，项目处于初期的打基础阶段，与其他中外的名牌饮料相比，竞争力还是很弱，而且板块建立时间短，运作机构、制度建设还不完善"。基于对本公司新产业的清晰认识，公司制定了邓老凉茶产品销售的战略思路，认为在目前过度拥挤的产业市场中，硬碰硬的竞争只能令企业陷入血腥的"红海"，即竞争激烈的已知市场空间中，并与对手争抢日益缩减的利润额。要赢得明天，企业不能靠与对手竞争，而是要开创"蓝海"，即蕴含庞大需求的新市场空间，以走上销量增长之路。这种被称为"价值创新"的战略行动能够为企业和买方都创造飞跃的价值，使企业彻底甩开竞争对手，并将新的需求释放出来。创新是突破经营困难的金钥匙，我们要大胆构思，有所创新，避免与传统的类似产品正面竞争。相对那些以饮料市场为定位的凉茶而言，邓老凉茶要将中医药文化理念贯彻到底，让消费者通过凉茶了解中医药，通过中医药认识凉茶，通过这个相辅相成的过程树立自己的品牌。邓老凉茶的核心竞争力是产品优势，即邓老凉茶配方获得了国家非物质文化遗产保护，其功效在行业产品中具有领先优势。于是，邓老凉茶开辟了一条以凉茶铺实体店为基础、以中医治未病为理念、以辨证施治为方法、以系列功能性凉茶产品为后盾、以中医健康养生调理为目的的新的经营模式。这一营销策略跳出了饮料产品的思维定式，突出了中医养生文化和所具有的附加值，在饮料和保健品之间开辟出一片"蓝海"。

汤道·百年药膳养生馆——"道道汇"成立于 2019 年，该馆将咖啡屋、中药汤道与图书公益阅读馆相结合，创建了一种将多业态跨界融合的新型文创企业经营模式，秉承"尚膳为汤，养生之道"的经营理念，致力于以打造中华养生汤膳为主，辅以融合邓老膳磨坊五谷杂粮系列、邓老凉茶中华汉方本草系列等中式养生饮食的连锁专营机构。

丰顺丰联绿色食品有限公司成立于2009年，公司在丰顺县高海拔、无污染、纯天然环境、有着悠久茶文化历史的八乡山上建立了丰顺丰联绿色食品有限公司八乡山茶叶加工厂，茶厂占地面积15亩，建筑面积7 596m²，固定资产2 000多万元；该厂的茶叶生产线采用最新技术的全自动化生产线，加工能力60公斤/小时，是梅州市较大的茶叶种植、新品研发、工艺创新、生产、销售一体化的茶叶产业链企业。目前公司自有的品种茶园有18亩，茶树品种分别为福鼎大白、软枝乌龙、金萱、金观音、茗花、梅占、小叶乌龙、黄旦。随着市场的不断开拓及产品知名度的提升，未来公司将秉承"绿色食品，崇尚自然"的理念，加大产品研发力度，丰富、延伸产品线，提升产品质量标准，形成以涵盖无公害、绿色及有机产品为主的梯度产品体系，志在为广大消费者提供更多更好的绿色食品，并将以广州、深圳为中心市场，辐射珠三角及港澳台地区，并逐步实现服务于全国各大、中城市，发展成为具有综合竞争力的绿色企业。

五、 中医医疗服务与药店零售连锁业

2004年，新南方集团属下的广州养和医药连锁有限公司成立，历经十几年的发展，目前拥有8家国医馆、18家连锁药店、1家紫金医院，托管梅州市第二家三甲中医院，形成了集现代化中医药服务、健康管理、科学就医用药指导、电子商务为一体的综合医药连锁品牌。其中，第一个业务板块是紫和堂医疗连锁业务，这是集团旗下提供中医医疗服务的平台。紫和堂医疗连锁以广州中医药大学的国医大师、省中医专家的技术力量为依托，目前已在广州地区开设8家中医馆医疗机构，致力于为广大社会群众及社区居民提供最优质、最便捷的医药卫生服务。第二个业务板块是药店连锁服务，主要为顾客提供中药饮片、中西成药、医疗器械、食品及保健食品、化妆品及卫生用品、百货等产品的零售服务。目前共有18家连锁药店，药店内还配置了中医坐堂，以顾客需求为导向，全面打造"买药放心，用药安心，服务贴心"的"三心"理念，建立了"来养和，就是放心一点"的品牌口碑。药店连锁以社区服务为切入点，致力于打造集便民药房、地道中药及中医服务为一体的综合性医药连锁服务网络。对于大药房的经营，新南方确定了"源流正宗，品质上乘"的产品定位，运营卓越方针，贯彻"以医带药"的经营理念，通过建立"每一个员工都是客户的健康顾问"的良好"客户关系"，提升服务水平和客户满意度。

为适应信息化快速发展的形势和民众对互联网智慧医疗的需要，广州紫

和堂医药连锁有限公司还积极发展互联网医疗服务业务，2016年原广东一米商城电子商务有限公司正式更名为广东养和世家电子商务有限公司，"一米健康新版网站"成功上线，养和世家官方企业店正式运营。

在知识经济时代，科技、人才、创新和社会品牌是非常重要的资源，对于刚刚转型发展中医药大健康产业的企业战略来说，朱拉伊先生有着非常清晰的认识，他说："我们依托与广州中医药大学的合作，通过大学的品牌带出我们的项目和产品的品牌；因此维护大学的品牌和利益是公司总体战略的关键，保证好的品质才能充分得到学校的支持，为整个产业带来良性的发展。"也就是说，依靠大学的人才资源、科技创新资源和社会品牌资源培育、壮大自己力量的新南方集团将公司的产品质量与大学的声誉和可持续发展紧密地联系在一起。朱先生不止一次强调新南方集团发展的总体战略思想是稳步发展，寻找突破。在中医药产业的战略规划上要抢占两个制高点：一个是开发拥有自主知识产权的产品；一个是构造终端渠道。

六、 国际经济特区投资金融业

近年，新南方集团积极响应"一带一路"倡议，配合"复方青蒿素快速灭疟项目"在海外的进一步拓展，实现"助力非洲，绿色崛起"的海外发展战略，以海外园区建设为支撑点，搭建中国企业海外生产基地平台，逐渐形成了"发挥优势、重视环保、集中管理"的企业进驻非洲的新模式，海外投资经贸业务范围不断拓展。2007年由广东新南方集团有限公司控股的广东新广国际集团中非投资有限公司成立，该公司投资兴建的尼日利亚广东经济贸易合作区，是我国首批八个获得中国政府批准的境外经贸合作区之一，亦是我国首批落户非洲的国家级对外经贸合作区，是广东省实施"走出去"战略的重要平台和广东省政府对外经济的重点项目。该合作区位于尼日利亚奥贡州，紧靠尼日利亚经济中心拉各斯。其产业定位为研发、制造、商贸、物流、房地产开发、医疗，并随着合作区的发展逐步配套酒店餐饮及金融服务等业务。

新南方集团还参与了肯尼亚珠江经济特区建设项目。特区分为三个功能区：一是工业特区，规划用地面积700英亩。建设目标为深化区域工业基础、全面升级制造业水平、汇聚经验丰富的劳动力及中高端人才、吸纳肯尼亚国内及国际投资，逐步形成区域价值洼地，为后续产业升级打下坚实基础。二是科技特区，规划用地面积68英亩。在第一阶段形成的工业基础及汇集效应下，集中力量走制造业、科技产业及现代服务业协同发展的路径。三是奥林匹亚城综合特区，规划用地面积为1 000英亩，为科技、商业与配套服务用地。

七、 能源产业

2006 年，广东新南方新疆投资有限公司成立，标志着新南方集团开始进军能源行业。目前拥有并正在开发的矿产资源包括新疆吐鲁番市塔尔朗沟煤矿、阜康市煤圈沟煤矿（包括南井田和北井田）。为了保证能源矿业项目的发展，公司正在汇集一批煤炭行业专家、专业技术人才，将培养一批年富力强的优秀经营管理人才，形成一支具有现代化矿井建设、经营经验的高端人才队伍。

八、 酒店、 文化旅游与文创产业

2014 年新南方集团在新疆成立吐鲁番新南方文化旅游有限公司，建设有吐鲁番市文化产业园孵化培训中心。该中心位于吐鲁番市桃儿沟路以东，312 国道以北的文化产业园黄金地段，占地面积 25 亩，计划建设地下一层，地上五层，总建筑面积 1 万多平方米，集办公、培训、展览、会议、餐饮、住宿为一体的大型、多功能文化孵化培训基地。投资金额超过 5 000 万元。随着"一带一路"倡议的推进及吐鲁番撤地设市影响的扩大，吐鲁番市文化产业园孵化培训中心的文化旅游作用将日益凸显。

新南方集团还在梅州市丰顺县留隍镇投资建设了潮客小镇，规划用地面积为 34 000 亩，预计投资约 70 亿元人民币，目前已经建成温泉度假酒店和惠仁圣寺，属于国家 4A 级旅游景区，是第二批全国特色小镇、第一批广东省特色小镇。

新南方集团旗下的广东新珠江大酒店（有限公司）坐落于风景如画的珠江南岸，依傍中山大学，与二沙岛隔江相望，环境优美。酒店交通便利，机场快线方便快捷，地铁站近在咫尺，是距离琶洲国际会展中心最近的四星级商务酒店之一。酒店设有健身房、大堂吧、商务中心、会议中心、休闲会所、中餐厅，其中会议中心有五间多功能会议厅，可满足会议培训、会晤等多种商务需要。位于酒店二楼的中餐厅"珠江春健康食府"以经营潮菜为主，讲究食疗、养生，且烹调方式多样，是广州海珠区最具规模的高档食府之一。作为新南方集团重要的服务平台，酒店一直秉承"尊贵、温馨、健康、高效"的经营理念，推广健康饮食、健康养生的中医药健康服务品牌。

九、 日化、 商贸、 物业管理与环保产业

广东新南方集团成立近 30 年来，十分注重战略布局，产业重心明确，辅

助项目全面，已搭建完成了为主体产业提供全方位支撑的综合服务平台。

（1）广东新南方物业管理有限公司成立于1997年，该公司遵循"顾客满意，质量第一，持续发展"的管理方针，奉行"以人为本"的服务意识，提倡"诚、信、义"的服务理念，打造"健康家园，成就未来"的品牌战略，为校区业主提供贴心、优质的服务。

（2）广东新南方文化传媒有限公司成立于2013年，主营媒介代理投放，自有媒体经营，图书宣传与发行，影视剧策划、投资与制作等文化传媒业务和慈善公益事业。在媒介代理方面，该公司与全国309家大型媒体合作，为客户提供媒介投放策略与执行、媒体公关等服务。在自有媒体方面，该公司拥有在合生创展、珠江投资、珠光集团、珠江商贸物流旗下所有高端社区和商务写字楼广告投放资源的绝对优先权，结合新南方集团旗下的地产与医疗资源，在协助客户品牌推广上，开创了网络（1m1m健康网）、社区直投杂志（《一家健康》）、社区框架广告、社区宣传栏和社区活动等立体化的多媒体优化、互补、互动的新型广告运行模式。

（3）广东新南方酒业有限公司成立于2012年，是在广东新南方集团与泸州老窖集团"资源整合、合作共赢"的战略联盟背景下成立的酒类产品的专业营销公司，公司与五星级会所国窖汇合作，为爱好国窖者提供交流品鉴、商务雅宴的高端场所。公司还成立了全国首家酒类高尔夫俱乐部——国窖1573广东高尔夫俱乐部，本着"以球交友、以酒会友、资源共享、快乐人生"的宗旨，为热爱运动、享受生活的精英人群搭建起"快乐、交流、融合、发展"的交流合作平台。

（4）广东养和世家贸易有限公司成立于2013年，是一家致力于打造"中国首家社区生活服务O2O电商平台"的定制型生活平台，依托线上网站（www.1mstore.com）、手机端"一米微商城"、线下实体店、《一家健康》杂志读者俱乐部以及众多的社区资源，打造"家门口的商城"，让客户感受崭新的网络消费体验。一米商城为客户定制就在家门口的"吃得安全、衣着有品、住家养生、行者乐活"的一米生活圈。目前一米商城业务覆盖全国20多个省市，考察、签约50多个有机农庄、优质农户，经过食品安全权威机构严格检测，为客户寻找地道美食与天然无公害食材。与此同时，一米商城也致力于发展医疗健康、网络教育、社区生活等服务板块，力图为客户打造高品质生活圈。

（5）广东新南方青蒿日化有限公司成立于2017年11月。青蒿日化系列产品是以"青蒿素"为研发核心，并不断将该中草药的作用应用到各类日化产品中去。在历代中药本草的记载中，青蒿的功效十分广泛，简直就是一株神草，包括清热，解暑热，治温病，疟疾寒热，骨蒸劳热；治疥疮，瘙痒；

凉血，止血，生肉，止疼痛；补中益气，长毛发，发黑不老，明目，治小儿食积；治妇人血气，腹内满，及冷热久痢；止大肠风热下血，治痰火嘈杂眩晕，利小便，退五种劳热，清血中湿热，治黄疸及郁火不舒等证。屠呦呦在其专著《青蒿及青蒿素类药物》中指出，青蒿提取物具有消炎抑菌、抗肿瘤、免疫调节、护肝、抗病毒等十二大功效，对于消费者日常防护来说具有极大的防护作用。如何进一步挖掘青蒿的功效，将其推广运用到日常生活中去，为大众健康出一份力，是新南方集团一直在思考的问题。为此，成立了广东新南方青蒿日化有限公司，注册资本 1 000 万元，经营范围包括研发、生产牙膏、牙刷、牙膏管、口腔护理用品、日用化妆品；销售牙膏、牙刷、口腔护理用品、日用化妆品、百洁布、洗涤剂、清洁剂；从事货物及技术的进出口业务。

公司现有青蒿系列的产业链规划涉及口腔护理类、洗发护发类、衣物清洁类、家庭清洁类、身体护理类等。已推出市场的产品有以下几类：一是清蒿立美青蒿牙膏，该牙膏配方含青蒿、金银花、两面针等中药提取精华，可有效减少口腔细菌，调理口腔生态平衡，改善口腔异味，消除口腔上火，给口腔和牙龈健康带来持久保护，清蒿立美牙膏经广东微生物分析检测中心检测，对白色念珠菌、幽门螺旋杆菌、金黄色葡萄球菌、大肠杆菌、牙龈卟啉单胞菌、变异链球菌六种细菌抑菌率高达 99.9%。二是清蒿丝蕴青蒿草本控油健发洗发露，添加青蒿素提取成分，可有效修复秀发分叉、干枯、暗哑、头皮出油等问题，还特含人参、白茅根、忍冬花、三七、蒲公英、野菊花、桑叶、甘草等萃取草本精华，是秀发护理佳品。三是清蒿御品青蒿百草油，其中添加了青蒿、三七、广藿香、砂仁、金银花、野菊、海马、山茶油、桉叶油、青蒿油等 70 多种中药材，经过提炼、浸泡而成，可有效消疲提神、舒筋活血，缓解蚊虫咬伤、头晕头疼。四是清蒿御品青蒿艾灸条，可以温经散寒，活血化湿，行气通络，同时因为青蒿艾灸条里面含有青蒿成分，还可以去除虚热。其他如清蒿御品手工皂、清蒿御品育发液等产品也在陆续推出市场。

目前，青蒿系列日化产品已经逐步在线上、线下进行推广。特别是青蒿立美牙膏上线后市场表现不俗，在"小红书"平台牙膏类目中已经占据重要位置。清蒿立美微商城和抖音官方旗舰店复购率和消费者美誉度都很高，微商城转化率超过 50%，远超其他普通日化产品。天猫旗舰店、百度小店正在建设中，为线上的全面推广工作做好了充分准备。线下渠道已在药店打开，未来将全面进入商超、便利店等。通过前期的线上、线下推广，产品进入市场后得到了消费者的一致好评，普遍反映使用效果明显，尤其是清蒿立美青蒿牙膏对于溃疡、牙龈红肿等口腔问题可以起到较好的治疗及预防的作用。

在未来，青蒿日化有限公司会根据现有的产业链，引进全自动青蒿素提取线，可有效低温提取青蒿素等多种成分，用于青蒿日化产品原料生产；投资建设现代化日化产品研发及检验中心，实现对原料、半成品、成品等所有检验项目的监测，起到一步到位、全程监管的作用；引入制膏、灌装、牙膏自动包装等先进生产线，开展牙膏的自主生产，时刻把控生产环节；建造现代化洗发水、沐浴露等生产线，具备各类洗护、化妆产品的生产条件与能力，为青蒿系列日化产品全面布局做好准备，时刻把控产品从研发、生产到销售各个环节的品质问题，成为消费者信赖的大品牌，成为国际化标准的健康大产业，将中医药事业发展壮大。

（6）广州惠元电子科技有限公司成立于 2014 年，致力于即时性消费平台运营。惠元电子秉承"惠人达己，元通天下"的理念，通过线下自动贩售机的布设，打通厂商到消费者、线上到线下的货物与信息通道，最大限度压缩中间环节，让利于民，主攻"即时性"消费市场。数据的收集与分析，信息流与商流的同步整合，有利于厂商以最小的成本捕获目标受众，从而实现投资人、厂商、消费者与惠元公司共创多赢的局面。

（7）广东华业包装材料有限公司成立于 1997 年，注册资本 19 000 万元，是目前国内专门从事环保新材料包装薄膜生产的大型民营企业，是"国家重点高新技术企业"。环保行业是我国的朝阳产业，是国家加快培育和发展的 7 个战略性新兴产业之一，对经济增长拉动作用明显。2015 年，公司进行资本重组，广东新南方集团有限公司为控股股东，广东珠光集团有限公司为参股股东，目前公司有职工 300 多名，其中博士、硕士学历的工程管理技术人员占 1/3 以上。公司拥有 16 项国家知识产权局的发明专利，其中"双向拉伸聚苯乙烯薄膜的生产方法"的专利荣获"广东省优秀发明专利奖"。此外，该公司还积极投身于国家标准制定的战略之中，先后主修订了 5 个薄膜产品的国家标准，参与修订了 1 个薄膜产品的国家标准，制定了 11 个薄膜产品的企业标准，公司被国家标准委列入"标准化良好行为试点企业"。公司注重科技创新与新产品研发，近三年累计投入 7 975 万元用于科研开发。公司组织实施的科研项目曾获得广东省科学进步二等奖和三等奖。公司生产的"和业"牌环保新材料包装薄膜已有包括双向拉伸聚丙烯薄膜（BOPP）、双向拉伸聚苯乙烯薄膜（BOPS）、双向拉伸非结晶型聚酯热收缩薄膜（PETG）、流延型聚丙烯薄膜（CPP）及生物全降解聚酯薄膜（PHA）五大系列近 60 个不同型号规格的产品大量投放市场。其中自主研发的环保新材料 BOPS 热收缩薄膜、专用扭结膜以及窗口膜，经广东省科技厅组织的专家鉴定，生产技术达到了国际先进、国内领先的水平。

第三节

新南方集团的管理哲学

一个企业要想长期、稳定地发展下去，不仅要有技术、生产、销售方面的过硬本领和良好组合，还必须有自己独特的企业管理理念和严格的管理体系。新南方集团的管理理念和管理体系经过了一个相当长的摸索过程才逐渐形成，在创建初期新南方集团就明确提出要"树立新南方的旗帜"。这面旗帜就是能贯通企业生产、经营、管理全过程的管理哲学。新南方集团创始人朱拉伊先生不止说过一次，如果将企业当作一个有生老病死的生命一样的人，那么，就可以发现中医的哲学智慧与企业管理理论异曲同工，殊途同归，相得益彰。他的企业管理理念常常受到中医哲学智慧的启迪，由此将医道应用于企业便成了企业的管理之道。新南方集团所走的是以中国文化为指引的发展道路。朱拉伊先生坦言："如果我不是学中医，不是中国文化的影响，就不会有我们今天的事业。"他不仅主张用中医哲学的眼光指导企业战略的制定，还要求用中医哲学的眼光去发现工作中存在的问题和看待当下的国内外经济形势。

一、 上医医国， 社会责任优先

世界上的企业无数，但办企业的理想与境界大不相同，就像做医生一样，有为谋生谋利的，也有为德为善的。将医理与国事类比的论述最早见于《国语·晋语》："赵文子曰：'医及国家乎？'对曰：'上医医国，其次疾人，固医官也。'"唐代孙思邈在《备急千金要方·诊候》中说："古之善为医者，上医医国，中医医人，下医医病。"柳宗元也在《愈膏肓疾赋》中通过对"景公梦疾膏肓"解释的机会，以如何治疗膏肓之疾的医理来比喻国家如何兴利除弊的方法。南宋辛弃疾在《菩萨蛮·赠张医道服为别且令馈河豚》中赞医者："万金不换囊中术，上医元自能医国。"刘基在《郁离子》中直接将国家治理比喻为中医的辨证施治："治天下其犹医乎？医切脉以知证，审证以为方。……故治乱，证也；纪纲，脉也；道德刑政，方与法也；人才，药也。……其方与证对，其用药也无舛。天下之病有不瘳者鲜矣。"清代医家徐大椿在《医学源流论·医道通治道论》中总结概述了病因病理与国家动乱、治病之法与治国之术的相通之理："治身犹治天下也。天下之乱，有由乎天者，有由乎人者。……而人之病，有由乎先天者，有由乎后天者。……先天之病，非其人之善养与服大药不能免于夭折，犹之天生之乱，非大圣大贤不能平也。"

相比于临床医生，上医的境界有高度，有更宽阔的眼界，有更大的抱负和胸怀。近现代以降，有孙中山弃医从政，鲁迅弃医从文，都是为了整治一个民族的顽疾和挽救国将不国的命运，而实现了从临床医生到上医的角色转变。

管理哲学的首要表现就是企业的宗旨，就是创始人想办成一个什么样的企业。企业宗旨不但涉及企业的长远发展目标，同时也广泛影响到企业文化、企业精神、企业经营理念的形成和取向，也是企业在制定战略、选择与投资项目、制定各项企业制度的指导思想，因此，可以说，企业的宗旨就是一个企业的灵魂与发展的基本线路。1996 年，新南方集团提出的企业宗旨是：追求卓越，稳健发展，为祖国的繁荣富强、为人类社会的进步与发展做出应有的贡献。这一宗旨有两层意思：一是企业要提供一流的服务，制造一流的产品，做可持续发展的企业，而不是红极一时的时尚短命企业；二是将企业的命运与国家的繁荣富强、人类的进步与发展相联系。当时新南方集团确定的发展战略目标是：到 2000 年，组建新南方（集团）股份有限公司，参与国际的竞争与交流，形成以高科技为导向，房地产业、金融证券、百货商贸业三箭并发的格局。

明确企业宗旨后，需要思考的问题是：企业要为祖国的繁荣富强、为人类社会的进步与发展做出应有的贡献的途径与项目在哪里？办企业不能唯利是图，不能以赚钱为唯一的或终极的目标，而必须取财有道，用一流的服务和一流的产品来取得较好的经济效益，进而用取得的经济实力回馈社会。换而言之，赚钱只是手段，而不是目的，这就是一个多元经营—经济效益—贡献社会的良性循环的经济效益与社会效益双增的新南方集团的思维逻辑。回顾新南方集团的发展历程，我们可以看到新南方创始人及其所率领的企业在积累了一定的资金之后，就毅然而然地将企业的战略目标调整为中医药大健康产业，企业使命被凝练为"以大众健康为己任，不懈努力"。而企业的愿景则是：缔造尊贵健康生活，传承中华医药文化，通过锲而不舍的追求成为国内著名、国际知名的具有世界竞争力的大型企业。由此可见，新南方集团的创业者们始终没有忘记自己创办企业的初心和根本目标。从 2004 年新南方与热带病研究专家李国桥教授合作开发青蒿素系列药物，并合作成立广东新南方青蒿科技有限公司开始，新南方集团就迈开了实践中医"上医医国"崇高理想的步伐。也许在一些人看来，研发了一种抗疟新药，创新了一种全民服药快速灭疟的服务模式并不稀奇，可是，从 2007 年新南方青蒿科技公司在科摩罗正式启动快速灭疟项目，在莫埃利岛实行全民服药，2012 年再次启动"清除疟疾扩大项目"，到 2013 年宣布复方青蒿素在科摩罗治疗疟疾实现零死亡，科摩罗复方青蒿素快速清除疟疾项目获《福布斯》专栏高度评价，荣登《经济学人》杂志专栏头版，短短 6 年间取得如此令人瞩目的治疟防控成就，不能不说是一个医学奇迹。要知道，这不仅仅是治好了一个岛国民众的流行性疾病，而且开创了一种群体抗疟疾的新模式，这种"以医带药"的模式来源于中医"上医医国"的整体观和辨证施治的理论指导，以及中医药的专家们在海南岛、东南亚和非洲多国多年抗疟的工作经验。新南方青蒿科技抗疟团队分别在非洲岛国科摩罗所属的莫埃利岛、昂儒昂岛和大科岛实施复方青蒿素快速清除疟疾示范项目，采用 60 天内三次全民服用"粤特快"，共计 2 277 889 人次参加全民服药，3 万多外来流动人口参加预防服药，总覆盖人群 761 442 人。到 2014 年，这个备受疟疾折磨的岛国终于实现了疟疾零死亡，发病人数减少了 99.8%，疟疾感染率从 2006 年的 142/1 000，下降为 2.8/1 000，基本摆脱了疟疾流行的噩梦。这是全球抗疟史上罕见的控病速度，也是人类历史上首次通过群体药物干预，用中国的原创抗疟药物，帮助一个国家快速控制疟疾流行，为全球疟疾防治开创了新的路径。

能医国的上医也是品德高尚的。朱拉伊先生说："诚信义是我们公司管理理念的基石，是不能动摇的。"他还讲了一个故事："经常有人问我：'为什么不把珠江广场三期的楼宇建得更高拔一些？答案在于'信用'两字：我们要信守、履行原先对一期住户的承诺。虽然我们在经济上确实减少了收益，但维护了我们的信誉，而信誉，它是无价的。"做事先做人，诚信与否是能否得到社会尊重与认可的关键，要做到言必行、行必果就必须以诚相待，讲求信用，走正道，树正气，做与集体利益相符的事。"以诚、信、义为理念，坚决走正道，做对社会有益的事，是公司对整个社会的承诺。为大家创造良好的工作环境、学习环境和生活环境，是公司对所有员工的承诺。"新南方的发展历程中也有过艰辛，当初在发展房地产的时候欠下了不少债务，但是不论欠一分还是数万，坚持着"诚、信、义"理念的新南方员工，都会想方设法去还债务，不会拖欠。"诚、信、义"就像是新南方员工心中永远赖以生存的太阳。以德为先，就能正确看待和处理义利关系，朱拉伊先生说："我们需要物质做基础，但我们崇尚精神享受；我们相信自私会贫穷而奉献会富有。"这正是大医的眼界。朱拉伊先生提出将诚、信、义作为企业管理理念的基石也是源于对企业管理现状的观察与思考。事实上，利用公司资源做私事，推销自己的东西，或以公司利益送人情拉关系等不正之风在各类企业中不乏其人，因此，诚、信、义不仅是企业对服务对象和外部公共关系的，也是内部管理需要的道德。朱拉伊先生曾在公司成立十三周年庆典的讲话中总结道："一个人，一个企业为什么能够成长，关键还在于一个'义'字。"他说："我们要坚持理念，保持激情，以高标准严格要求自己，对社会负责，做对社会有贡献的事。"这样的自觉自为对一个私营企业尤其难能可贵。

二、 上工治未病， 预防第一

办企业优选投资项目尤其需要远见卓识、未雨绸缪，与中医讲的"上工治未病"哲理相通。中医经典《素问·四气调神大论》中说："是故圣人不治已病治未病，不治已乱治未乱，此之谓也。夫病已成而后药之，乱已成而后治之，譬犹渴而穿井，斗而铸锥，不亦晚乎！"这就是说，预防是第一位的，也是最好、最高明、医疗费用最低和付出代价最小的卫生原则。先秦时提出的这一原则后来被历代医家所强调。元代医家朱震亨在《格致余论》中说："与其求疗于有病之后，不若摄养于无疾之先；盖疾成而后药者，徒劳而已，是故已病而不治，所以为医家之怯；未病而先治，所以明摄生之理。"东汉张仲景在《金匮要略》开篇就脏腑辨证的问题提出了上工与中工辨证施治思维上的区别，即"夫治未病者，见肝之病，知肝传脾，当先实脾，四季脾旺不受邪，即勿补之。中工不晓相传，见肝之病，不晓实脾，惟治肝也"。《说文·酉部》解释"医，治病工也"。而"上工"又称"大医""良工"，是指能用整体观、相互联系和动态观辨证施治的高明医生，而中工则只知道对病症的局部治疗。"上工"之所以能懂得治未病，是因为其知识全面，能从多个角度准确判断事物，如《灵枢·邪气脏腑病形》中说，"能参合而行之者，可以为上工"。《难经·十三难》："经言知一为下工，知二为中工，知三为上工。"上工疾病治愈率或处置事物成功率高，如《难经·十三难》中说："上工者十全九，中工者十全七，下工者十全六。"

什么是"未病"呢？原义指疾病"未生"，或"未盛"，或处于"萌芽"的早期状态。如《素问·八正神明论》中说："上工救其萌芽，必先见三部九候之气，尽调不败而救之，故曰上工。"《灵枢·官能》中也说："上工之取气，乃救其萌芽。"对于具有慧眼提早识别未病和治未病能力的"上工"而言，他能最大限度地促进服务对象提早加强疾病预防，促进健康长寿；而对于企业家而言，如果具有"上工"之慧眼的话，他能在尚未崭露头角的朝阳产业或投资项目上发现企业发展的先机。

以新南方集团投资中医药大健康产业的案例为例，可以充分体现新南方践行"上工治未病"的管理理念。在 2003 年防治"非典"的过程中，中医中药发挥了它独特的作用和做出了贡献。在"非典"爆发初期，广州中医药大学邓铁涛教授指出，"非典"属于中医温病的范畴，因春季气候多变，人体抵抗力下降，温病乘虚而入。"非典"并非不治之症，防治"非典"最重要的是清热解表，中医治疗温病的历史悠久，经验丰富，可以使用中医防治"非典"。在非常时刻，邓铁涛教授所在的广州中医药大学第一附属医院收治了 58 例"非典"病人，在邓铁涛等一批教授的指导和参与下，经过参与救治的全体医护人员的共同努力，取得了患者零转院、零死亡和医护人员零感染的成绩。随后，邓铁涛教授一方面请求中医参与全国防治"非典"的攻坚战，另一方面通过中央电视台向社会推荐了一份预防"非典"的中药处方，这个药方是在 2003 年春节已研发好的邓老凉茶组方的基础上进行衍化的。接着，邓铁涛教授被国家中医药管理局任命为抗"非典"专家顾问组组长。在这场与"非典"疫病斗争的过程中，朱拉伊先生敏锐地感受到中药防治温病的力量，于是给在位于北京疫情高发区的合生创展地产建筑工地的 2 万多名工人送去邓铁涛贡献的凉茶组方，实施人人都喝凉茶的预防方案，结果该工地上的工人无一人被传染。

经过"非典"事件，不但中国公共疾病预防系统的重新建设提高到了前所未有的重视高度，而且再一次让世人体验到中医药防治瘟疫的有效性，以及中医"治未病"思想的重要性。就是在这样一种历史背景下，2004 年新南方集团成立了广州紫和堂邓老凉茶连锁有限公司，正式开启了新南方在健康服务领域投资、研发、生产、销售的大门。环顾世界发达国家，健康产业不仅有助于满足国民多样化、多层次的健康需求，也有助于发挥中医药五种资源的优势，创新性转化中医药服务方式，推动健康中国建设和小康社会建设都具有重要的意义。健康产业可以带来巨大的社会效益和经济效益，如美国健康产业规模约占国内生产总值的 17%，相比而言，我国健康产业才处于起步阶段，产业规模小、产品与服务供给不足，尚不能满足人民群众日益增长的对健康服务的需求。2013 年 9 月国务院印发的《关于促进健康服务业发展的若干意见》中提出，要充分调动社会力量的积极性和创造性，力争到 2020 年，基本建立覆盖全生命周期、内涵丰富、结构合理的健康服务业体系，健康服务业总规模达到 8 万亿元以上。

目前由新南方集团研发生产的中医药大健康产品约有 50 种，与中医药相关的服务有近百种，已经基本形成了具有新南方特色的中医药大健康系列产品与服务品牌。

三、 无形之大， 浩然五气

要做中国最伟大的企业，企业家就要有大气、志气、正气、勇气、霸气。在中医经典《黄帝内经》中检索"气"字，共出现 2 970 次，可见"气"是中医学理论中的一个核心概念。然而，"气"的本义原很单一，甲骨文、小篆字形都是像云气蒸腾上升的样子。《说文解字》中说："气，云气也，象形，凡气之属皆从气。"在中医学理论里，"气"字可指人的某些没有一定形状、可以自由流动的物质，或者是脏腑的生理功能、健康或疾病的某种状况，以及人的精神状况等。朱拉伊先生对中医理论中的"气论"情有独钟，提出了优秀企业家应该具备的"五气"学说。"五气"如何形成？朱拉伊先生认为，气质是一个人的知识、智慧、思想、观念、习惯、经验、教训、悟性、远见、判断力，掌握的资源以及对事情分寸的把握等内在的素质的综合反映，这种气质在不同的时候和不同的情境中有不同的外化表现，即在决断大事时表现为一种"大气"；在处理公司内外的大是大非面前表现为一种"正气"；在挑战困难、承担责任时表现为一种"勇气"；在为实现目标努力时表现为一种"志气"；在自信、行动坚定、执意进取、志在必得时表现为一种"霸气"。新南方集团的"五气"管理哲学源自中国传统文化和中医之道，扎根于自己的创业经历，并有着独特的精神内涵与时代意义。

在中国传统文化中，"气"被认为是与人总体身心面貌相当的一个概念。如孟子说："夫志，气之帅也；气，体之充也。夫志至焉，气次焉。"（《孟子·公孙丑上》）气受意志、情绪和生理的影响，尤其受意识指向的左右，所以常与志合二为一，变成一个固定的词组。如"恢弘志气"（诸葛亮《出师表》）、"其气浩然"（全祖望《梅花岭记》）都是指人的一种总体精神面貌。

何为"大气"？大气可指包围在地球周围的气体，也指为人的一种气概或气质。黄帝问岐伯：大地在人脚之下，在太虚之中凭借的是什么？岐伯答曰："大气举之也。"（《素问·五运行大论》）借此比喻，可以认为人之大气也是支撑一个人事业的舞台。在中医学里，大气也可指经脉之气，如"令神气存，大气留止"（《素问·离合真邪论篇》）即是指人的气血之精力。

古人认为，欲成大器，先养大气。大气，决定人生格局。大气的人，人生自有大格局。古往今来，凡成大事者，必有大气。如孟子所说："居天下之广居，立天下之正位，行天下之大道；得志与民由之，不得志独行其道；富贵不能淫，贫贱不能移，威武不能屈，此之谓大丈夫。"可见"大气"是指君子的一种堂堂正正、胸襟宽阔的浩然之气，如古人所说的"是气所磅礴，凛烈万古存"（《文山集·指南后录·正气歌》）或"气贯虹霓，义高云汉"（冯梦龙《喻世明言》）的气概。有"大气"的人具有齐家、治国、平天下的理想，高屋建瓴地去看待问题的眼界，具有豁达忍让、宽厚平和的气量，具有拿得起、放得下，果敢担当的优秀品质，有"君子忧道不忧贫"（《论语》）的生活态度。

"大气"并不是天生的，而是一种经过磨炼修养而达到的人格境界、思想深度。朱拉伊先生将"以大众健康为己任，不懈努力"作为新南方集团的使命就凝练地表达了他办企业的一种大气，一种思想高度和远大的境界。朱拉伊先生多次受到国家和省市各级领导，以及外国总统和政府官员的接见，新南方集团也多次有国内各级领导、国外政要来视察，但朱拉伊先生总是能保持宠辱不惊、低调做人、不出风头、从容大方、光明磊落的人格。新南方的发展也有过发不出工资的低潮，有过可以获得高额回报的商机，但热爱中医药事业的朱拉伊先生执意要将集团主业调整为惠及千家万户的中医药大健康事业。新南方为复方青蒿素的研发、生产，青蒿的种植和在贫穷的非洲地区推广快速灭疟项目投入了巨量的资金，这就是一种"成大事者，争百年，不争一息"的大气！对于一个企业家来说，"大气"就是在决断大事时表现出的一种气质。

何为"正气"？"正气"是中医学中最重要的基本概念，是指人体抵抗疾病的一种免疫力。在《素问·刺法论》中有一段有趣的君臣对话："黄帝曰：余闻五疫之至，皆相染易，无问大小，病状相似，不施救疗，如何可得不相移易者？岐伯曰：不相染者，正气存内，邪不可干，避其毒气，天牝从来，复得其往，气出于脑，即不邪干。"这就是说，即使对于无论男女老少都容易感染的传染性疾病，那些正气充实于内的人，邪气是无法侵入的，而且他们还会避其毒气，就像邪气自碧空而入，又从鼻孔而出一样，因为他们有一股发自于大脑的正气使得邪气不能侵犯于他们。如果我们将社会上无孔不入的各种腐败现象比喻为有毒的邪气的话，那么，正气就是一种独善其身、自觉抵制腐败的人生态度和免疫力。"正气"一词在中国古代被视作刚正气节的同义词，南宋文天祥曾写过一首《正气歌》："天地有正气，杂然赋流形。下则为河岳，上则为日星。于人曰浩然，沛乎塞苍冥。……是气所磅礴，凛烈万古存。当其贯日月，生死安足论。地维赖以立，天柱赖以尊。三纲实系命，道义为之根。"在文天祥看来，正气是正大光明的，是正直坚定的，是激浊扬清的，是刚正不阿、顶天立地、将生死之度外的英雄气概。在物欲横流、关系异化的当今社会能保持一身正气，不受污染，也不污染别人的企业家不仅值得敬仰，也能令其周围的人备感安全。朱拉伊先生认为，正气就是在处理公司内外的大是非面前表现的一种立场和态度。

正气不是吹嘘出来的说辞，而是一种在生活态度、人生信念、价值观和做人做事中彰显出来的光辉，这种光辉可以使"贪者耻，庸者志，懦者立"。正气意味着人的行为正当，如中医所说："神者，正气也。"（《灵枢·小针解》）一个企业的正气代表了企业人的正能量：光明正大的企业文化、公平合理的企业制度、透明的安全感。正气来自内心的责任感和对人生意义的理解，正如朱拉伊先生所说："为社会、公司和他人做出贡献，能使人生充满意义。"

何为"勇气"？"勇气"指敢作敢为、毫不畏惧的气概。古时对"勇气"一词的运用大多与打仗时的将帅气概和士气有关，如"夫战，勇气也。一鼓作气，再而衰，三而竭"（《左传·庄公十年》），"廉颇为赵将，伐齐，大破之，取阳晋，拜为上卿，以勇气闻于诸侯"（《史记·廉颇蔺相如列传》），"气吞万里如虎"（辛弃疾《永遇乐·京口北固亭怀古》），"勇气安能作六军"（吴芾《大阅即事书怀》），"勇气洗尽古战场"（杜范《和郑府判秋闱行》），"百战依前勇气成"（释智圆《边将二首》）。在企业发展中，往往在战略选择、项目投资等重大环节上，会遇到形势不明、风险较大等令人纠结的情况，这时候就需要企业高层决策者拿出勇气来。朱拉伊先生曾在应届毕业生的培训交流会上说过：出自《三国演义》曹操之口的"夫英雄者，胸怀大志，腹有良谋，有包藏宇宙之机，吞吐天地之志者也"这句话对他的影响很大。像勇气对于战场胜负影响的作用一样，企业管理高层的勇气对于企业的发展与抉择也是至关重要的心理因素。勇气就是敢为人先，挑战困难、承担责任时表现出的一种决心和坚定的意志。例如，在新南方集团决意将房地产业务的发展重心由"直接参与项目开发"转向"工程总承包施工"和"房地产投资"，投资兴建尼日利亚广东经济贸易合作区和肯尼亚珠江经济特区建设等重大项目时，都需要拿出义无反顾的勇气。勇气就是一种坚韧意志，那么人如何才会具有勇气？有人言："为其所应为，这样的人才是勇敢的。"（托尔斯泰语）"天下绝无不热烈勇敢地追求成功而能取得成功的人。"（拿破仑语）这就是说，勇敢来自对理想追求的认识与意志，也可以说来自对事业的坚定信念。有勇气的人能承担一切重负，尤其在逆境时可以考验人的勇气，因此，如果说大气是衡量灵魂高度的话，那么，勇气就是衡量灵魂大小的标准（卡耐基语）。考《黄帝内经》，有关"勇"的词频为18项，甚至在《灵枢》里有"论勇"一章专论勇者与怯者对疼痛的不同反应，提示中医注意到患者的勇气在健康和疾病中的积极作用。还将对患者勇怯的观察当作诊察的要点："诊病之道，观人勇怯，骨肉皮肤，能知其情，以为诊法也。"（《素问·经脉别论》）将中医关于勇气的观点应用于人力资源的管理中也是非常合适的。例如组建一个工作项目团队，选好一个具有勇气的领队就是非常重要的。勇气也意味着人的激情与活力，如朱拉伊先生所说："我们相信激情是生命力的象征。"《史记·廉颇蔺相如列传》中有一个典故："秦伐韩，军于阏与。王召廉颇而问曰：'可救不？'对曰：'道远险狭，难救。'又召乐乘而问焉，乐乘对如廉颇言。又召问赵奢，奢对曰：'其道远险狭，譬之犹两鼠斗于穴中，将勇者胜。'王乃令赵奢将，救之。"后渐演变为俗语："两军对垒，勇者胜。"在全球经济一体化，信息高速传播的市场经济环境下，许多产品和服务具有高度的趋同性和激烈的竞争性，勇者胜则意味着将帅能率领团队克服困难，争分夺秒，抢占有利商机，拿下投标项目。

何为"志气"？朝着一定目标走下去的意志简称为"志"，一鼓作气绝不停歇的毅力就是"气"，两者合称就是做成某事的意志和决心，或简称为"志气"。"修身齐家治国平天下"是豪迈的志气，"穷则独善其身，达则兼济天下"则是进退都积极向上的志气。人的志气可高可坚，可衰颓或日微，前者是成功企业家的特质，而后者则是失败者的内在原因。《论语·子罕》中说："三军可夺帅也，匹夫不可夺志也"，志气就是一个企业家的意念往何处想的方向，也是鼓动企业家勇往直前、追求实现远大理想的动力，是不肯服输的骨气和正能量。在朱拉伊先生身上，在新南方的发展过程中我们可以看到那种为振兴中医药大健康事业矢志不渝的坚定。"根于中者，命曰神机，神去则机息。"（《素问·五常政大论》）可以认为，发自内心的志气就是让人保持活力的神机！朱拉伊先生说，志气就是为实现目标努力时表现出来的一种愿景和理想。新南方集团的志向就是："缔造尊贵健康生活，传承中华医药文化，通过锲而不舍的追求成为国内著名、国际知名的具有世界竞争力的大型企业。""新南方的发展与我们的志向紧密相关，我们目前所取得的成果源于我们有抱负，源于我们对自己的高要求，所以我们才能够发展，才能够取得成功。"有志气还意味着坚持，"其实很多有价值的东西，就是贵在坚持"。坚持不懈、坚持到底，谁能坚持，谁就能做大，不但能做大，还能做强，还能发展！

何为"霸气"？"霸者之民，驩虞如也，王者之民，皞皞如也。"（孟子·尽心上）可见，霸气是一种舍我其谁，运筹于帷幄之中，决胜于千里之外的将帅风范，在霸气领导下工作的团队和员工自然会具有一种集体的自豪、自信的欣慰感。霸气当然不是霸道，霸道是不讲道理的盛气凌人，而霸气则是建立在具有足够的专业知识、强大的工作能力和丰富的经验阅历的基础之上的，是一种不畏困难，对挑战具有足够胜任力和胸有成竹的潇洒气度，是一种乐于与困难作斗争的自信。在新南方集团的发展过程中，有一些事件可以看出朱拉伊先生勇于承担风险的霸气。2004年，当朱拉伊先生听说母校李国桥教授团队青蒿素抗疟研究出现了资金不足的窘境之时，毅然而然决定出资支持这项研究，在当时看来，这项研究并不能获得经济效益，但朱拉伊先生力排众议，克服各种困难，坚持投资支持青蒿素研发十余年，终于等到了开花结果的季节。朱拉伊先生说过："我们鼓励有个性的人，欣赏英雄主义，支持大家成为行业的专家、业界的精英！霸气还可能意味着一种义气。一个人、一个企业为什么能够成长，关键还在于一个'义'字。人一定要有理想、有抱负、有追求，新南方人一定要继续保持激情、保持好的传统，开创新的事业，不断克服新的困难，实现我们新南方公司伟大的战略目标，实现我们对社会的承诺，实现我们的宗旨、使命，为祖国的繁荣富强、为社会的发展进步做出我们应有的贡献。我相信我们能够做到，我相信社会有新南方与没有新南方绝对是不一样的。一句"有新南方与没有新南方绝对是不一样的"令人振聋发聩，彰显出一种舍我其谁的豪迈气概。他用自己的行动诠释了霸气的内涵：霸气就是行动中表现出来的自信、坚定、执意、进取，志在必得。

在中国传统文化和中医学理论中的确有许多关于"五气"的说法，如"五气、五声、五色"（《周礼·疾医》），这里"五气"是指五藏的特质，即"肺气热，心气次之，肝气凉，脾气温，肾气寒"。又如"五味入口，藏于肠胃，味有所藏，以养五气，气和而生，津液相成，神乃自生。"（《素问·六节藏象论》），这里指五藏的正常功能；"人有五藏，化五气，以生喜怒悲忧恐"（《素问·阴阳应象大论》），这里是指五种情志；"五气更立，各有所胜，盛虚之变，此其常也"（《素问·六节藏象论》），这里是指春、夏、长夏、秋、冬五季；等等。

人的五气来自何处？中医说："五气者，五藏之使也，五时之副也。"（《灵枢·五阅五使》）这就是说，人的"五气"以人的自身涵养为根本，也受相应环境的影响。企业的"五气"与成功的关系，好比"谋事在人，成事在天"所说，"五气"是自己学习和"谋"来的，这是成就事业的必要条件，但是事业最终能否成功，还必须依赖时运环境，这是事业成功的充分条件，两者缺一不可。

总而言之，"五气"是一个人先天禀赋和后天长期学习修炼而来的真气，如中医所说："真气者，所受于天，与谷气并而充身者也。"（《灵枢·刺节真邪》）真气，意味着发自内心的良知，也体现在平凡的日常之道中，它是一个人的内心世界的高度、深度、宽度的外在表现，更重要的是在生活和工作实践中渗透的一种精神气质和一种无形的力量。"五气"作为新南方集团的一种企业精神并不是抽象空洞的，而是具体表现在每一个管理者和员工的言行举止之中。因此，朱拉伊先生更希望将"五气"作为企业培养员工气质的一种标准。他说："一方水土养一方人，有怎样的企业文化就会培养出怎样的人才，我们新南方致力培养'五气'人才，即大气、勇气、志气、霸气、正气。

所以大家不只代表个人的形象，更代表新南方整个企业的形象。"因此，可以认为，"五气"之说是新南方人力资源管理的哲学。

四、 八纲辨证与八大意识

八纲辨证，是中医通过望、闻、问、切的四诊方法，从表里、寒热、虚实、阴阳八个方面分析辨认疾病的证候与病机，并进行有针对性施治的认识论与方法论，是中医病因辨证、气血精津辨证、脏腑辨证、卫气营血辨证、三焦辨证、六经辨证等各种辨证的总纲。八纲辨证充分体现了中医学的系统整体观，注重从病势轻重、机体反应的强弱、正邪双方力量的对比等对立统一的两个方面进行综合分析的辨证思维，阴阳、表里、寒热、虚实这八类证候是从各种辨证方法的个性中概括出来的共性，有助于医者在复杂多样的疾病证候面前执简驭繁，提纲挈领。

重视企业问题的辨证并清晰地了解自己企业的不足是保障一个企业健康运行的重要前提，就像医生必须先诊断才能精准治病一样。事实上，作为新南方集团创始人的朱拉伊先生在集团创业初期就看到了旗下各公司的总体管理水平不高的状况，1998年在一次内部工作例会上，他这样评论道："各单位领导要提高经营管理水平，努力提高公司的发展空间。公司现在已有较好的'硬件'，所缺乏的是'软件'，即各人员的管理水平和专业技术水平，没钱并不可怕，可怕的是你没管理水平，要深知管理出效益，各单位负责人要积极发动下属职员开展各项工作。管理上要采取经济手段去管理，要有实施的办法及有效的跟进措施，这'三部曲'一定要做到。"朱拉伊先生意识到要想将企业做大做强，管理很重要，但管理人才是关键，他除了去北京大学光华管理学院学习管理学之外，还派遣了不少中高层骨干去中山大学等高校参加短期管理培训班。

朱拉伊先生向集团管理层和员工提出要树立的八大意识：事业意识、服务意识、品牌意识、人本意识、制度意识、创新意识、专业意识、协作意识。可以说，这八个意识涵盖了新南方集团对各项目团队和员工管理的核心要求：①事业意识就是要求员工将每天的日常工作当作一件"以大众健康为己任，不懈努力"的伟大事业来认真对待，而不是以得过且过，完成任务的态度来上班。②服务意识是要求员工对客户坚持双赢和互惠互利的原则，坚持契约精神，尊重客户，要尽力得到合作方的支持、尊重和理解；要求做工程项目绝不偷工减料，坚持按质、按量、按时完成项目。③品牌意识是要求员工树立品牌有价值，积极创造一流产品和一流服务的优秀品牌和自觉维护品牌声誉的意识。④人本意识则表明新南方鼓励为每位员工的成长提供广阔的舞台，让不同类型的人有不同的发展平台，鼓励百花齐放，百家争鸣，鼓励青年成为优秀的管理者和行业内的专家。这要求各种管理要将员工的成长与发展放在首要位置。⑤制度意识。俗话说，没有规矩不成方圆，基于新南方初创期间暴露的不少管理问题，新南方一直将制度建设当作管理的重要任务来抓。从某种意义上说，公司的发展也是各种制度创新的结果，公司的成功也是制度管理的成效。⑥创新意识。新南方集团一直将科技创新、产品与服务模式创新当成打造企业核心竞争力的关键，青蒿素复方中药的研制、快速灭疟方案的提出、邓老凉茶的开发、汇通文创都是新南方人创新的标杆。⑦专业意识。专业的事应由专业的人来做，新南方集团是一个多元化生产经营的企业，涉及的专业和行业众多，因此，专业分工、专业能力、专业水平都是每一个岗位上的员工需要牢记的职责。⑧协作意识。在集团内不能拉帮结派，而要发挥团队精神，互相欣赏，团结互助，互相沟通，真诚相待，把新南方的事业看成大家共同的事业，建立一个团结、互信、高效的管理团队。各经营单位在各司其职的同时，也要加强沟通联系，有效整合集团资源。

回顾新南方集团走过的 20 多年，随着改革开放的不断深入和祖国的不断发展强大，新南方集团也不断适应新的政治、经济和科技带来的时代变化，不断在前进中总结经验教训，优化调整公司发展战略，现在新南方人众志成城，不忘初心，以人类健康为己任，仍在继续奋斗。总结和研究新南方集团的中医管理哲学不但为企业的可持续发展提供强大的精神资源，而且将是新南方人创造的一份宝贵财富。

五、 新南方集团管理金句

铭刻在心的格言会影响人的一生，而一个企业如果能够将朱拉伊先生的金句普及入心，那么就可以让企业员工拧成一股绳。朱拉伊先生的管理思想非常丰富，他尊重知识，爱学习，善于思考，勤奋工作，在公司大小会议上，他常常将自己深思熟虑的想法、理念和人生经验分享出来，这里仅做一些摘要。

新南方要培养人的浩然"五气"，即在决断大事时表现为一种"大气"；在敢为人先挑战困难、承担责任时表现为一种"勇气"；在为实现目标努力时表现为一种"志气"；在自信、行动坚定、执意进取、志在必得时表现为一种"霸气"；在处理公司内外的大是大非面前表现为一种"正气"。

制度是公司运营的平台和基础，如同游戏规则一样是首要说明的，但同时也要有一定的灵活性，能做到"七分制度、三分机动"对于民营企业来说是其优势所在。

我们宁可因为知识而受约束，不愿因无知而感觉自由。

我们相信激情是生命力的象征。

要赢得明天，企业不能靠与对手竞争，而是要开创"蓝海"，即蕴含庞大需求的新市场空间，以走上发展之路。这种被称为"价值创新"的战略行动能够为企业和买方都创造价值的飞跃，使企业彻底甩开竞争对手，并将新的需求释放出来。

未来的市场竞争是文化和附加值的竞争，具有高利润、高附加值的产品才能占有市场的先机。

如果我不是学中医，不是受中国文化的影响，不会有我们今天的事业。一路走来，很多东西是我们必须一直坚持下去的。这是历史发展的轨迹和经验总结，是我们取得成功的思想武器。

老板的义务一是保证员工所从事的事业对社会有益，符合社会道德标准；二是承诺给予员工的待遇报酬会兑现。员工的义务一是忠诚；二是勤勉。

希望大家不该说的话不要说，要少说话、多做事，少谈人、多谈事，不要造成不必要的纷争和误解，营造一个公开、公正、和谐的工作环境。

我们要做大事就要有所图谋，有抱负，有追求，要懂得放弃眼前利益，追求持续发展的核心业务，追求长远的利益，使公司能持续地健康发展，越做越好，不断向前！

要在规定的时间做规定的事，做不好就要下岗。

我们仍应坚持一诚对百计，关键的几步必须跑，不争取就永远达不到、做不好。

职能部门要以服务为主、管理为辅，寓管理于服务之中。

我们要"先胜后动"，即要"先算"，计算出成功的概率再行动。就是说要"先谋而后动"，先算出有胜算才去做。

管理要精耕细作，加强执行力，掌握现代化的管理工具。

协调、团队精神是一个企业制胜的重要法宝。

真正把企业文化建设成为企业的核心竞争力，这是别人拿不走的，我们也丢不掉的，这就是要培养一种成功的气质，成为有成功气质的企业。

没有伟大的人就成就不了伟大的企业，这是一个真理。

一个人、一个企业向前发展离不开勤勉，离不开节约，赚钱做事都需要节约。

成功与否，主要决定因素在人，在于人的知识。

战略明确之前，战略决定成败；战略明确之后，细节决定成败。

一切皆以"营销"为主导。

将大事化小——就是说，要把大事敲碎变为小事，把每年的工作分解到每月，把每月的工作分解到每天。

不要只想做大事，不愿做小事，只有踏踏实实做好每件小事，我们的事业才能有稳固的基础。

我们要有拼搏向上的韧劲，要有不服输的精神，哪怕倒下去也要坚强地爬起来！

有时候要主动放缓销售，进行调整，这是为了防范掉进竞争的圈套、泥沼而没有力气再爬起来，这是一种战略。

该还的钱一定要还，该兑现的承诺就一定要兑现！决不能把公司的品牌搞坏。

我们一定要多看别人的优点，多看别人的长处；一定要多看自己的弱点，多反省自己的不足。

做事一定要想清楚。要"静如处子，动如脱兔"，没想好就先不要动，但一旦想好就赶快付诸行动。

一个产品要成就品牌，不是靠凭空吹嘘就能成为品牌的，它必须具备两大关键要素：其一是"文化"，其二是"品质"。

品牌是做出来的，而不是吹出来的。

新南方公司有一个特质，那就是一旦想清楚了就决不会掉头！

把每件小事做好，大事也就能做好；把每天的工作做好，全年的工作也就能做好。

你把新南方公司看成自己的，它就是你的；若不将其看成自己的，不去努力，那它就不是你的。

新南方人就是有理想、有追求、有抱负、有激情、有道义的人。如果我们能够成为这样的人，那我们的企业就能成功。

平淡，不是说无所为，而是要积蓄力量、从内在的方面做起。

越是一个伟大的公司，企业的战略必定能把自己的追求放到历史的长河中去，去追求那些对人类、对民族、对身边的人有持续价值的目标，企业才能取得成功。企业的成功应当是对人类文明有贡献的，而不是纯粹的业绩或者短暂的物质享受。因此，企业的发展要放在历史的长河去看，不能看一时的得与失。

我们现在做健康产业一定要以德以道为先，不能以利益取胜。利益都是短暂的，我们创造品牌、树立品牌，为社会为大众带来好处，从而得到回报。

我们要关心国家大事，了解各种经济发展政策，要适应环境和形势，有领导和管理业务的灵活度和集中度才能胜出。

我高兴，我快乐，我心情非常好，因为我对别人有贡献，能够体现我自身的价值。

要有贡献，我们必须创造业绩，必须在有道的基础上去创造。

有领导和管理业务的灵活度和集中度才能胜出。

培养更多超越你的人，你就成功了。

新南方的文化非常简单，也非常实用，它指引着我们前进。

不管再伟大的企业，都是从非常小的事业做起，把每天的工作做好，认真做好自己的本职工作，认真管好自己的部门，认真管好自己的企业。我们要有伟大的目标，伟大的抱负，但我们要实实在在、脚踏实地地去做好每项工作，我们才能成为伟大的企业，才能实现我们的宗旨，才能创造我们的品牌，使我们的品牌立足于世界之中。

一件事情的成功是多方得益的，企业的发展能够体现新南方员工的价值，你为之奋斗，为之付出，你会得到回报。同样，企业为社会造福，社会会认同你，员工会认同你；员工为公司做贡献，公司会认同你，这都是直接的东西。

公司需要具备以下八种特征的人才：始终能跟着公司一起成长的员工；对公司前景始终看好的员工；在公司不断的探索中能够找到自己位置的员工；为公司新的目标不断学习新知识的员工；抗压能力强且有耐心的员工；与公司同心同德、同舟共济、同甘共苦的员工；不计较个人得失，顾全大局的员工；雄心博大、德才兼备、有奉献精神的员工。

公司发展近二十年，有很多老面孔，但年龄只是人生的符号，激情和心态才是衡量一个人年轻与否的标准。

创新突破，突破的永远是人的问题。

虽然我们的企业非常低调质朴，但我们所做的却是伟大的事情。

每一位新南方人都必须拥有"九有"：有情义、有担当、有品质、有作为、有人格魅力、有理想、有追求、有激情、有梦想。我坚信只要我们坚持"九有"，我们一定会富有。

企业的发展战略思维一定要清晰，不然无路可走，走慢一点不怕，但一定要找准方向，没有方向的船，任何风都不会是顺风。

公司的每一个员工都是公司战略的参与者，更是执行者。职能中心更要能够读懂公司战略，做公司战略的传播者和推动者。

要成为公司的高级管理人才，需要比较多方面的要求：第一，要忠诚。第二，要敬业。第三，要积极主动。第四，要有责任心。第五，要讲究效率。第六，要注重结果。第七，要加强沟通。第八，要有团队精神。第九，要有进取心。第十，要懂得谦卑。第十一，要懂得控制成本。第十二，要懂得感恩。

其实我就想打造一个平台，这个平台应该是新南方人共有的平台，大家可以在这里去创业、工作、生活，以后可以颐养天年。我们新南方在这个过程中可以做一个典范。这种建设可能是建一个小镇。

试想一下，大家都有一个既可以聊天、喝酒，又可以下棋、养老，还可以一起散步、爬山的地方，所有这些让我们活得更长寿，那这就是每个人的梦想和追求，我们的幸福实际上在于我们对社会的贡献上，我们应该不断丰富自己的人生。

企业要做大，前提是必须要走得稳！

我向所有员工提出的期许是：第一，我们必须要有所担当。明月直入、无心可猜。第二，以心执事、惟精惟恒。第三，有所为、有所不为。第四，回归初心，不去附和。第五，不断地学习、思考和再出发。

我觉得高素质的管理团队普遍具备几个显著的要素：第一，要有自我牺牲和奉献精神；第二，要有三方面素质——掌握方向和节奏的素质、宽容的素质、团结凝聚力量的素质；第三，要有理解力、选择力、决断力和执行力；第四，要有人品，有颗善良的心，做到仁爱与诚信。

我们在工作上要有"狼性"。所谓"狼性"，指的是一种带有野性的拼搏精神，是对工作、对事业要有"贪性"，要永无止境地去拼搏、探索。

集团的产业恰逢其时，此刻考验的是新南方全面整合的能力，我们到了退无可退的时刻，必须以攻为主，以守为辅，攻守兼备，撕出裂口！

我们方向清晰了，就大胆地往前走，不再内敛含蓄，好的东西要说出来才能让更多人知道。

第二章

管理学的发展历史、内容与趋势

本章主要讨论企业管理的发展历史、基本理论，中国企业管理的特点，中国企业管理的现代化、国际化与本土化发展趋势。

第一节

企业管理理论的发展脉络

西方企业管理理论的发展历史可大致分为古典管理理论、行为科学管理理论、管理理论丛林和现代管理理论四个阶段。当然，几个阶段并不是截然分开的，各种管理理论的产生虽有先后，但在产生之后，却是并存发展、相互影响和相互借鉴的。

一、 古典管理理论阶段

古典管理理论是指 19 世纪末 20 世纪初，由泰勒的科学管理理论、法约尔的管理过程理论、韦伯的古典行政组织理论组成的管理理论的总称。美国人泰勒（F. W. Taylor，1856—1915）的《科学管理原理》第一次将管理从经验上升为一门科学，使人们认识到了管理是一门建立在有明确法规和原则之上的科学，把管理看作任何有组织的社会和企业必不可少的因素，是一种协调社会和组织努力达到目标，取得最大成效的过程。

科学管理理论的基本出发点是围绕提高每一单位劳动力的产量，强调管理的科学性、精密性和严格性，其主要观点是：①制定科学的工艺流程，对工具、机械、原料和作业环境等进行改进，并使与任务有关的所有要素最终都实行标准化。②操作方法标准化，确定合理的工时和工作量。③挑选和培训一流的工人，使其掌握标准工作方法。④实行"有差别计件工资制"。⑤设置计划层，实行分阶段的工作专业化的职能工长制，所谓工长是指那种在技术知识、工作经验、品质和身体素质等方面都很优秀的员工。⑥通过开展

"心理革命",变劳资对立为互相协作,共同为提高劳动生产率而努力,必须使工人认识到,科学管理对他们有好处,只有在改善操作方法的条件下,才能不增加体力消耗而实现提高劳动生产率,从而使工人工资得以提高,才能够降低成本,满足雇主的利润要求。

法国人法约尔(Henri Fayol,1841—1925)出版了《工业管理与一般管理》一书,第一次提出了管理活动包含的计划、组织、指挥、协调和控制五种职能的观点,并且给出了 14 条一般管理原则:①分工,即管理职能的专业化和权限的划分。②权力和责任,行使权力就要承担责任,委以责任就要授予相应的权力。③纪律,纪律是建立在尊重之上的规矩。④统一指挥,即一个雇员不管采取什么行动,只应接受一个上级的命令。⑤统一指导,即同一目标的许多工作只能由一个领导和一个计划指导。⑥个人利益服从整体利益;⑦人员报酬,即报酬必须公平合理。⑧集权与分权,即把集权和分权做到恰到好处。⑨等级链,建立权力等级的顺序和传递消息的途径,并允许横跨权力线进行横向交往的联系跳板。⑩秩序,每个职工都有明确的岗位职责,保持工作场所的整洁。⑪公平,即善意和公正地处理职工之间的关系。⑫保持与员工的相对稳定。⑬创造性,在一切工作中要积极主动,充满热情,富有创造精神。⑭集体精神,即在企业内部建立和谐与团结的气氛。

德国人韦伯(Max Weber,1864—1920)强调必须建立不受个人情感影响而在任何情况下都适用的规则和纪律,组织中人员之间的关系完全以理性准则为指导,提出了理想的行政组织体系应具有以下特点:①明确的组织分工,即为了实现一个组织的目标,要把组织中的全部活动划分为各种基本的作业,作为公务分配给组织中的各个成员。②建立自上而下的等级管理体系,即各种公务和职位是按照职权的等级原则组织起来的,每一职位有明文规定的权利和义务。③合理地任用人员,即组织中人员的任用完全根据职务上的要求,通过正式考试或教育训练来实行。④管理人员有固定的薪金和明文规定的升迁制度,建立职业的管理人员制度。⑤建立严格的、不受任何人的感情因素影响的组织规则和纪律。⑥各级管理者必须遵循建立在理性之上的行动准则,尽管这种理性带有机械性。

古典管理理论的出现,在欧美大受欢迎,对当时经验式的企业管理模式的改进起到了重要的指导作用。然而古典管理理论也有历史的局限性,这些理论对人性的基本假设是"磨洋工"偷懒的人、不动脑的"机械人"和只看重报酬的"经济人",排斥人的态度和感情等因素,将人与人之间的关系"非人格化",忽视了调动全员参与管理的积极性和创造性。古典管理理论的聚焦点主要在作业管理和生产活动效率方面,视企业为一个封闭系统,仅强调靠组织内部的合理化来改善组织职能,而少考虑外部环境的影响,表现出理论的不完整性。

二、 行为科学管理理论阶段

20 世纪初，随着科学技术的进步，经济、政治形势的变化，以及工人文化程度的提高，对企业管理提出了新的要求，要求运用更先进的管理手段，管理理论和经营方法要能充分调动人的积极性。[①] 为此，与员工激励机制相关的行为科学管理理论应运而生。

行为科学管理理论是指基于 20 世纪 30 年代梅奥教授的霍桑实验和行为科学之上建立起来的管理理论。行为科学管理理论的代表性人物有美国社会心理学家马斯洛（Abraham Harold Maslow），他认为了解员工的需要是对员工进行激励的一个重要前提，他在《人类激励理论》一书中提出了需求层次理论，认为人的需求分为生理需求、安全需求、情感和归属需求、自尊与受人尊重需求、自我实现需求五个层次。美国心理学家和行为科学家赫茨伯格（Frederick Herzberg）基于对一些工商业机构的 200 位专业人士做的调查，发表了《再论如何激励员工》等著作，提出了"激励—保健"双因素理论，所谓激励因素是指那些能带来积极态度、满意和促进作用，能满足个人自我实现需要的因素，包括成就、赏识、挑战性的工作、增加的工作责任，以及成长和发展的机会；而保健因素多属于工作环境、工作关系、公司管理措施、监督、人际关系、物质工作条件、工资和福利等。他认为，对于管理而言，保健因素是必需的，没有它会导致不满，但它的作用往往是很有限的、不能持久的，只有"激励因素"才能使人们有更好的工作成绩。美国管理学家切斯特·巴纳德（Chester Irving Barnard）《经理人员的职能》一书开创了组织管理理论研究，他关于总经理作为一个企业的共同价值观的缔造者和管理者的观点影响深远。

行为科学管理理论的主要观点是：①人的工作动机和行为并不仅仅为金钱等物质利益所驱使，人还有社会性的需求，人不是"经济人"，而是"社会人"，强调以人为中心的管理，重视员工多种需要的满足。②人才是企业发展的动力之源，管理者要关注人的兴趣、态度、情绪、社会环境、人们的相互关系对劳动效率的影响，重视员工在工作中的主体地位，强调员工的主观能动性，主张从人性、心理的角度来剖析和改善参与者的主观条件。因此，管理要实现从事务管理向人的管理，从偏重组织制度的作用向激发人的动机，从而实现自我管理、控制与约束的转变。③重视组织的整体性和整体发展，

---

① 张向前：《企业管理学》，成都：电子科技大学出版社，2014 年。

把正式组织和非正式组织、管理者和被管理者作为一个整体来把握。④重视组织内部的信息流通和反馈，用沟通代替指挥监督，注重参与式管理和职工的自我管理。

三、 管理理论丛林阶段

"管理理论丛林"的说法是哈罗德·孔茨（Harold Koontz）在 1960 年首次提出来的。他认为在古典管理理论、行为科学管理理论之后，管理学界出现了各种管理理论流派，对经典原则众说纷纭、莫衷一是的"不成熟的青春期"。孔茨的著作《管理理论的丛林》一书中将各种学派加以分类，概括出当时具有代表性的管理学派有：①管理过程学派，认为管理是由一些基本步骤（如计划、组织、控制等职能）所组成的独特过程，主张将管理理论和管理者的职能和工作过程联系起来，确定出一些具有普遍适用性的管理基本原理、原则和职能；②经验主义学派，主张通过分析管理者的实际管理经验或案例来研究管理学问题，概括和总结出他们成功经验中具有共性的东西，然后使其系统化、理论化，并据此为管理人员提供在类似情况下采取有效的管理策略和技能，以达到组织的目标；③人类行为学派，认为管理就是让别人或同别人一起去把事情办好，因此就必须以人与人之间的关系为中心来研究和解决管理问题；④社会系统学派，认为组织的实质就是由人的系统、物的系统和社会系统所组成，因此，协作的意愿、共同的目标、成员间的信息沟通是组织必备的要素，组织的对内平衡和对外平衡是管理的关键；⑤决策理论学派，认为管理就是决策，决策贯穿于整个管理过程，组织设计的任务就是建立一种制定决策的人—机系统；⑥权变决策理论学派，认为管理就是根据企业内外环境选择和实施不同策略的权宜应变的过程，认为计划、组织结构和领导方式都应随机应变，灵活应用各学派的观点。20 年后，孔茨又将现代管理理论学派划分为十一大学派，并分析了学派林立的原因，因此，孔茨又被称为"穿梭在管理丛林中的游侠"。

四、 现代管理理论阶段

现代管理理论是指第二次世界大战以后，"管理理论丛林"继续发展后形成的一系列管理理论。在 20 世纪 40 年代，随着工业生产的机械化、自动化水平不断提高以及电子计算机进入工业领域，工业生产出现集中化、大型化、多样化、联合化、专业化和精密化的发展趋势，从而对管理提出了全过程、全因素、全方位、全员式的系统化管理的要求，由于管理领域复杂性的影响，企业之间的竞争加剧，投资风险增加，管理理论的发展越来越借助于经济学、数学、统计学、社会学、人类学、心理学、法学、计算机科学等各学科的研究成果，也吸引了不同知识背景的研究者进入管理学领域，管理模式出现了深刻的变化与全新的格局。这一时期的管理理论出现如下特点：①为了谋求企业的长期生存发展，企业开始注重构建竞争优势，从 1965 年安索夫（Ansoff）的《公司战略》到 1976 年《从战略规则到战略管理》的出版，标志着现代战略管理理论体系的形成；②20 世纪 70 年代末到 80 年代初，受到日本经济起飞的挑战，美国学者通过美日企业的比较研究，从理论层面上总结出了以企业文化为核心理念的一套新的企业管理理论，代表作有《Z 理论》《日本企业管理艺术》《企业文化》和《成功之路》等；③进入 20 世纪 90 年代，基于市场竞争的日趋激烈，美国麻省理工学院教授迈克尔·哈默（M. Hammer）博士与詹姆斯·钱皮（J. Champy）提出了企业再造理论，意指为了改善成本、质量、服务、速度等重大的现代企业的运营基准，对工作流程作根本的重新思考与彻底翻新；④20 世纪 90 年代以来，随着知识经济的到来，信息与知识成为企业发展最重要的战略资源，美国麻省理工学院教授彼得·圣吉在其著作《第五项修炼》中提出"学习型组织"的理论，认为未来真正出色的企业，将是能够设法使各管理阶层人员全心投入，并有能力不断学习的组织，知识管理成现代管理可持续发展的关键；⑤更加重视人的因素对生产效率的影响，例如传统观点认为劳动分工有利于创造专家，而现代管理的观点则认为由于劳动分工所产生的非经济性，如员工的职业倦怠、疲劳、压力、旷工、高离职率等因素会超过专业化的经济优势；⑥随着通信和控制技术的发展，美国管理学家、经济学家和心理学家，1978 年诺贝尔经济学奖获得者西蒙（Herbert A. Simon）"管理就是决策"的观点影响广泛。而决策过程就是建立和运用数学模型的过程，注重定量分析，广泛使用电子计算机，管理信息化越来越成为现代管理的重要手段与方法。

第二节

企业管理的基本内容

企业管理是对企业生产经营活动进行计划、组织、指挥、协调和控制等一系列活动的总称，由此可以衍生出管理的各个领域或不同的工作部门。

一、 行政管理

行政管理（Administration Management）泛指国家和一切企事业单位对外和对内的行政事务管理工作。一切行政事务管理都是直接或间接与行使某种权力相联系的工作。对于政府层面而言，行政管理主要是指行政机关根据国家法律实行政务的组织活动和对社会公共事务的管理，简称公共事业管理，包括国民经济管理、文化教育管理、民政管理等。对于企事业单位而言，行政管理是指依靠企业行政组织，按照企业制定的各种规章制度，综合采取人事、薪酬、奖励等措施，实施管理企业的一系列活动。

行政组织是行政管理活动的主体或承担者，企业的行政管理部门是企业运营的中枢，一般以董事长或厂长为最高领导，由总经理和行政副总经理分工负责，由行政主管和若干个行政管理职员所组成。得力的行政领导、合理可行的行政决策、有效的行政监督、畅通的行政沟通、和谐的行政协调，是一个高效的行政组织的基本特征。行政管理的基本职能包括：①计划，即通过制订计划、作出决议、下达指示、进行安排等活动实现管理目标；②组织，即通过对机构的设置，对人员的选拔调配、培训考核，促进计划和决策付诸实施；③协调，即通过制定各种政策、制度和具体措施，不断改善和调整组织与外界和内部各部门之间、人员之间、活动之间的各种关系，以实现预定工作目标；④控制，即通过统计资料和实时信息的分析，对人事、组织、财务等情况进行监督、检查的职能。

二、 人力资源管理

人力资源管理（Human Resource Management）是指根据组织或企业发展的要求，通过有计划地对各类员工进行合理配置、工作考核、激励与培训等一系列过程，调动员工的工作积极性，发挥员工潜能，创造价值和效益，实现组织和企业的目标与员工的发展。人力资源是生产力中最重要、最活跃的力量，是决定组织或企业创新性发展的关键性因素。

企业人力资源管理的基本职能包括：①人力资源规划，即根据组织和企业发展需求，制订人力资源需求计划。②招聘与配置，即招聘选择符合组织或企业发展需要的各类人员。③培训与开发，即组织各类员工的岗位培训、人员配置和潜能开发。④绩效管理，即制定各类人员绩效考核制度并进行有效激励，实现最优组织绩效。⑤薪酬福利管理，即制定各类人员的薪金标准和福利待遇设计，培植企业文化，增进企业的凝聚力。⑥劳动关系管理，即对劳动者与所在单位之间在劳动过程中发生的关系的管理。劳动关系又被称为劳资关系、雇佣关系、劳工关系等，劳资关系反映的是资本和劳动之间的使用关系、劳动管理关系和劳动服务关系。

三、 财务管理

财务管理（Financial Management）是指根据国家财经法规制度和财务管理的原则，组织企业财务活动，处理财务关系的经济管理工作。财务管理的主要内容包括：资产管理与预算、资产的购置（投资），资本的融通（筹资），经营中现金流量（营运资金）以及利润分配的管理。财务管理的基本目标一般是实现企业的产值最大化，利润最大化、股东财富最大化、企业价值最大化、相关方利益最大化。企业只有树立财务风险意识，建立企业内部监控制度，加强财务管理的有序性和规范性，才能保障企业的可持续发展，增强企业的市场竞争能力，提高企业抵抗市场风险的能力，扩大企业的盈利。

财务管理的基本职能包括：①财务规划，即制定符合企业发展目标的运营和财务计划，并将企业发展目标转化成有形的财务指标，并指导企业围绕这些目标和指标而运营。②成本费用管理，即包括成本预测、成本决策、成本计划、成本核算、成本控制、成本考核、成本分析等。③财务预算，预算是控制的重要依据，控制是执行预算的手段，它们组成了企业财务管理的循环。财务预算包括制定预算和标准、记录财务实际运用数据、对比标准与实际运营情况、评价与考核预算执行情况，根据评价与考核结果对执行人进行奖惩。

四、 生产管理

生产管理（Production Management）是指通过生产计划、生产组织以及生产控制，实现高效、低耗、灵活、准时地生产合格产品或为客户提供满意的服务的企业生产目标的综合管理活动。[①] 生产管理是企业存在与发展的生命线，高质量的产品或优质服务是企业的核心竞争力。

生产管理的主要职能包括：①计划管理，即根据市场需求和营销部门的销售情况制订生产的年度、月、周和日计划。②采购管理，即根据生产计划把握材料的供给情况，以便最大限度地减少材料不足所带来的损失。③制造管理，即把握生产进度，及时发现差距并寻找完善有效的补救措施。④品质管理，即把握产品的品质状况，把握过程不良率及出货检查不良率等产品品质指标，及时对产品或服务品质进行持续有效的改善和追踪。⑤效率管理，是指在给定的资源下实现产出最大化。生产效率的提高意味着工时定额标准化，单位时间人均产量的提高和生产成本的降低。⑥设备管理，是指对生产设备功能的改进和优化，完善生产流程中相关设备的对接和协同性，加强设备的维护，提高设备的使用率和降低设备的使用成本；强化安全生产管理。⑦库存管理，是指按照营销部门的出货计划安排出货，保障产品与服务的充分供给。⑧从业人员的教育与士气管理，是指对员工掌握的生产操作规程、设备使用技巧、工艺技术等工作能力保持持续的职业教育；加强员工士气和工作氛围的管理是指通过对员工的离职率、出勤率、工作满意度等指标的观察，促进员工的工作积极性和创造性，让员工发挥最大的潜能。⑨精益生产管理，是指运用现代信息化管理手段，在生产计划、组织、指挥、协调、控制诸方面做到精益求精。

五、 营销管理

营销管理（Marketing Management）就是促进企业和消费者之间进行产品转移的相关管理活动。营销管理是企业产品和服务实现社会价值和盈利的中间环节，良好的营销能扩大产品的生产规模，而高质量的产品与服务则决定了营销的核心竞争力。一个好的营销管理要满足企业、消费者、经销商、终

---

① 陆雄文主编：《管理学大辞典》，上海：上海辞书出版社，2013 年。

端和销售队伍五个方面的需求，才能实现企业可持续的良性发展。

企业营销管理经历了以企业生产、产品和推销为中心的营销观念向以消费者需求和体验为中心的营销观念的转变，消费者不但对产品质量和使用体验有需求，而且对合理的价格和良好的售后服务也有需求。服务营销、社会营销、绿色营销等新的营销理念不断更新，营销模式也经历从集中—分散—虚拟化集中的循环发展。

营销管理的主要职能有：①寻找市场，包括发掘和评估市场；②选择目标市场，包括市场需要衡量与预测、市场细分、产品或服务市场的定位与环境分析；③拟定市场营销组合，包括营销理念、企业提供给目标市场的产品或服务的组合、产品或服务的定价、批发商和零售商的分销等；④促销活动，包括广告、人员推销、营业推广、消费者购买行为分析、客户关系管理等；⑤市场营销的组织、执行和控制。

六、 研发管理

研发管理（R&D Management）是指企业为打造市场竞争力而实施的对产品或服务项目的研究与技术开发的管理活动。产品或服务研发活动涵盖产品创意、产品概念形成、产品市场研究、产品设计、产品开发、产品测试、产品发布等整个产品形成的全周期。随着知识爆炸、大数据和信息化时代的快速发展，消费者对产品的个性化、质量和消费体验等方面的要求也不断快速更新，于是，衡量研发管理优劣的三个关键指标是：产品质量做得好、研发更新换代做得快、研发成本降得低。加大研发投入，明确研发战略，采用成熟技术和新技术，加强研发管理是各类企业做强做大的核心战略。

研发管理的职能主要包括：产品战略与规划、市场分析与产品规划、产品及研发组织结构设计、流程设计、研发项目管理、研发质量管理、风险管理、成本管理、知识管理、研发团队管理、研发绩效管理、研发人力资源管理、研发平台建设与产品技术预研等。

七、 采购管理

采购管理（Purchasing Management）是指对为保障企业生产所需要的原材料、零配件、机器设备和工具、生产线等，从各类供应商进行采购的过程进行组织、实施与控制的管理活动。一次完整的物资采购管理流程包括采购申请、采购订货、签订采购合同、进货检验、收货入库、采购退货、购货发票处理、采购物流和资金流全过程的有效控制和跟踪、供应商管理、交易信息管理等环节①。

根据不同的标准可将采购分为不同的类型。按地区可分为国内采购和国外采购，按采购方式可分为直接采购、委托采购和调拨采购，按采购政策可分为集中采购和分散采购，按性质可分为一般采购和项目采购，按采购主体可分为政府采购和集体采购等。

采购管理的基本职能是：①保障供应，即保障企业生产需要的原材料、零配件、机器设备和工具、生产线等整个物资供应的按期到位，保障企业生产和生活的正常进行。②供应链管理，即有效地组织多家供应商企业建立一个协调配合的供应链系统，保证采购供应工作高效顺利进行。③资源信息管理，随时掌握资源市场信息，为企业的经营决策、产品成本的估算、风险的防范提供及时准确的资源信息支持。

八、 文化管理

文化管理（Cultural Management）是指通过企业文化建设、宣传和传播的途径、形式和方法，增进员工对企业的认同、归属感和凝聚力，满足员工的精神需要和自我实现的需要的系列管理活动。

企业文化管理的主要职能有：①导向作用，即将企业的发展宗旨、目标和核心价值观变成员工奋斗的共同理想或愿景，企业要汇聚员工之心，不能仅追求盈利，而必须有超越利润的价值观和社会责任。②激励作用，激励是企业管理的重要手段，但激励应综合考虑物质和精神的需要，物质需要可以用物质和金钱去满足，而自我实现和自尊等精神需要则要靠感情和企业文化去满足。③凝聚作用，企业文化能直接推动企业组织变革，企业文化建设和情感管理可以使员工感到企业如家，并通过企业文化的多种途径与形式表达人的丰富的情感。④塑造作用，企业文化有助于员工爱岗敬业精神、工匠精神和团队精神的培养，以及员工综合素质的提升。⑤资源整合作用，企业文化有助于改善企业与消费者、政府、合作者等个人与组织的公共关系，整合企业内外的人力资源和文化资源。⑥辐射作用，良好的企业文化能带来良好的企业形象，而好的企业形象有助于产品与服务品牌的形成。

---

① 付泉主编：《管理信息系统》，武汉：华中科技大学出版社，2013 年。

第三节
中国企业管理的发展趋势

随着近代西学东渐，西方工业强国的产品和技术，以及西方企业的管理模式、管理理念、管理方法也逐渐输入中国，中国企业管理正朝现代化、国际化和本土化的方向加速发展。

一、 企业管理的现代化

随着市场经济的发展，市场竞争日益加剧，企业要在市场经济中立足，就需要不断创新发展，与此同时企业管理也要与时俱进，采取最现代、最先进的管理模式。企业管理现代化的主要内容包括：管理思想的现代化、管理组织的现代化、管理控制方法的现代化、管理人员素质的现代化等多个方面。企业管理的现代化最终将体现在企业生产、企业产品和服务、企业形象、企业品牌、企业环境、企业文化、企业竞争力等可以观测的指标上。现代化往往意味着先进性、创新性和前沿性。以江中集团为例，可以归纳出中国企业现代化的一些基本特征：①采取了"江中药业＋中江地产"强强联合的战略，使江中集团从原来一个校办小厂发展成以两家上市公司为运营主体的，集医药制造、保健食品、房地产于一体的现代化大中型综合型企业，这种突破行业界限，两家上市公司结合的现代方式，不但很好地满足了各自发展的需要，而且增强和拓宽了企业拓展市场的能力和发展的空间。②多元产品经营，增强抗风险的能力也是现代许多企业谋求发展的一个战略，目前该集团旗下有江中医贸、江中小舟、恒生食业等数家子公司。主导产品有江中复方草珊瑚含片、江中健胃消食片、江中亮嗓、博洛克、东青胶囊、杞浓系列果酒等100多种。③注重产品的科技创新和实施知识产权保护策略是现代企业生存的基本保障。目前该企业是国家级重点高新技术企业、全国专利工作试点企业，该企业创建了江西首个"企业博士后科研工作站"，与中国军事医学科学院、江西中医药大学联合建立"中药固体制剂制造技术国家工程中心""蛋白质药物国家工程研究中心"和"军科江中新药研究中心"，共同研究开发具有重大市场价值、拥有自主知识产权、具备国际竞争力的创新产品。④坚持现代绿色企业建设和可持续发展的理念，例如，江中集团的制药基地——江中药谷建设在丛林之中，实现了自然环境与工业生产基地的有机结合，逐步形成了"源头削减—过程控制—末端治理—循环再利用"的全套节能环保管理新体系，这种绿色制造的管理不仅带来了高品质的药品质量，还有效地保护了生态环境。⑤坚持拳头产品营销强势的同时，积极响应市场需求研发新产品。江中集团除了在中药咽喉药物产品、消化类药物产品等拳头产品方面坚持强势营销之外，还积极自主研发"江中家庭"的保健食品系列和60秒杀菌达99.9%的"锐洁"消毒巾纸等实用产品，产品一经推出，便获得市场的认可和高度评价。⑥敢于开拓新的市场和营销形式，积极发展"互联网＋中医药OTC"业务，成为全国医药电子商务试点企业。

二、 企业管理的国际化

我们生活在一个日益全球化的世界里。全球化既指国家之间日益增强的经济依赖性，又指世界的科学技术、产品、服务、文化、商务、资本和信息等方面在跨国流通上不断加强的过程。在产业层面，全球化是指某一产业在全球范围内的扩张和活动，以及在全球各国家和地区间的相互依赖程度。在企业层面，全球化则是指企业在各国和各地区的收入和资产扩展的程度，以及与各国和各地区在资本、商品和信息的跨国（或跨地区）的交流程度。随着中国加入WTO，中国企业与世界其他国家和地区之间的经济往来和合作有了更广泛的发展前景，同时，随着国内市场的饱和，以及原有的劳动力成本低、市场熟悉度高的优势逐渐减弱，企业之间的竞争越来越呈现出国际化的色彩，在我国企业走向全球的今天，企业管理的国际化就显得尤为重要。

广义上，管理国际化是指企业积极参与国际分工，利用国内外资源提高自己的经营绩效，把自己的生产经营和销售管理等环节扩展到国外的过程。企业管理国际化在人员配备上有着如下特点，即经理人员选自公司总部所在国的国民，而从东道国国民中选拔管理人员。①

---

① "管理国际化"，百度百科，https：//baike.baidu.com/item/%E7%AE%A1%E7%90%86%E5%9B%BD%E9%99%85%E5%8C%96/12742588。

以广东新南方集团为例，可以总结出中国企业走向世界，以及企业管理国际化的一些特点：①选择其他国家稀缺产品进入国际市场。一般而言，企业国际化经营的进入方式主要有：出口、非股权安排、国际直接投资。新南方集团国际化经营的进入方式目前主要有治疗疟疾的中药复方青蒿素制剂——"粤特快"向非洲国家的出口和在当地开发区的直接投资。②根据国际市场的需求，加快和加大国内生产基地的建设和研发的投入。为非洲疟疾流行国家和地区提供充足的抗疟新药，广东新南方集团成立了广东新南方青蒿药业有限公司，投资 3.1 亿元建成医药产品生产基地，该基地拥有中药原材料提取厂、哌喹原料厂和现代化制药厂三个主体药厂和符合 GMP 规范的中药饮片加工厂和中药提取车间，与青蒿种植基地互相配合，打造华南地区最大的现代化、国际化中药产业基地。③实施知识产权国际专利保护是企业管理国际化的重要策略。从黄花蒿中提取的青蒿素，以及后来发明的复方蒿甲醚是我国获国际社会认可、在国际医药界最有影响力之一的原创药物。以青蒿素为主的联合疗法治疗疟疾，不但高效而且尚未发现耐药性。世界卫生组织 2004 年初已经接受全球基金的拨款，为非洲国家从中国购买以青蒿药物为基础的联合用药，作为全球抗疟疾首选药物。近 20 年来，复方蒿甲醚相继在世界多个国家、地区和相关国际专利组织申报专利，已获得包括中国、美国、日本、澳大利亚和欧共体等 49 个国家和地区的复方药物发明专利权，成为我国率先在国际上获得专利的化学药品，也是世界复方类药物中拥有发明专利保护国别最多、专利覆盖面最大的药物之一。发现青蒿素的中国科学家屠呦呦获得 2015 年诺贝尔生理学或医学奖。④结合当地文化，做好产品体验营销是产品进入国际市场的关键。新南方集团"复方青蒿素快速清除疟疾项目"团队在非洲科摩罗培训和聘任了当地国民参与该项目的宣传、普查、检测和药物发放等管理工作，最终取得了疟疾零死亡的突破性进展，得到了世界卫生组织和国际社会的广泛赞誉，并相继在多哥、巴布亚新几内亚、马拉维、肯尼亚等国家展开普及。⑤以产品带动其他经济活动。2017 年 5 月，在国家"一带一路"国际合作高峰论坛期间，新南方集团与肯尼亚 AEZ 公司签约，决定启动肯尼亚珠江经济特区建设，企业国际化经营走上一个新台阶。

三、 企业管理的本土化

中国企业管理的本土化是一个为了适应所处的环境而必须做出的调整变化。一方面，了解中国本土文化以及中国式管理的特点，是外资企业来华投资办厂必须做好的功课，所谓入乡随俗。另一方面，随着我国企业走向世界步伐的加快，中国企业在海外投资建设的规模不断扩大，如何融入当地便是中国企业在海外生存面临的挑战。为了解投资办厂所属国家的政治、经济、文化、生活习俗等情况而进行的一系列融入性调整，既有利于企业生产出来的产品能更好地满足当地消费者的需要，也节省了向海外派遣人员和跨国经营的高昂费用，有助于减少当地社会对外来资本的排斥情绪，增加就业机会，促进管理变革。

对于总部在中国本土的企业而言，吸收传统文化并将其融于管理理念和管理模式中也是非常必要的。众所周知，西方的各种管理学理论是西方社会在一定的历史条件下产生的，其管理理念、管理模式和管理方法处处体现出西方科学与人文价值观的痕迹，虽然西方管理学理论在全球许多国家和跨国企业中得到广泛应用，但也表现出一定程度的"水土不服"。对于建立在具有几千年悠久文化传统社会中的中国企业而言，企业所处的政治制度、经济环境、传统文化、思维模式都与西方国家存在着较大的差异，因此不仅有如何将西方的现代管理理论和管理方法加以改造调整以适应本土环境的问题，还有如何吸收传统中国文化，从中国社会的实际出发，建立起有中国文化和时代特征的管理学理论的挑战。

在过去的一个世纪里，日本和新加坡将美国等西方管理理论与中国儒家思想相融合，以独特的管理理念和管理模式创造了飞速发展的经济奇迹，成为世界经济强国。近年来，随着全国学习中华传统文化热潮的兴起和孔子学院在海外对中华文化的传播，国内的许多企业也开始将学习中华传统文化经典作为员工培训的一项重要内容，或者将传统文化理念运用于管理之中。下面我们结合部分中国企业的管理经验，概述中国企业将传统文化融于管理理念的一些好的做法：①将"有生于无"（《老子·第四十章》）作为企业的文化观，坚持不拘一格，鼓励大众创新。②"人皆可以为尧舜"（《孟子·告子章句下》）是儒家人本主义思想的集中体现，例如海尔集团认为"人人是人才，赛马不相马"，"你能够翻多大跟头，给你搭建多大舞台"，"人人都是一个事业部"，管理者的责任就是要通过搭建"赛马场"为每个员工营造创新的空间。人要与市场合一，使每个员工成为创造市场的自主经营的策略事业单位（Strategic Businesses Unit，SBU），让每个员工都有市场目标、市场订单、市场效果和市场报酬。海尔还极力推进让每个人通过创新实现增值的管理，即全员增值管理（Total Value Management，TVM），将品牌增值的目标细化到每个人的增值目标之中。③"苟日新，日日新，又日新"（《礼记·大学》）是儒家提倡的人生观和生活观。海尔集团运用这一思想，规定"日事日毕，日清日高"，这是指每天的工作要当天完成，每天工作要清理，并且每天要有所提高。"日清"是完成目标的基础工作，而且"日清"的结果必须与激励挂钩才有效。

中国企业管理的本土化基于对中国的文化自信。强调文化自信，对于一个国家、民族和企业来说既有助于增强国家、民族和企业员工的凝聚力，也有助于提升国家、民族和企业的文化软实力和综合竞争力。2014 年 10 月 15 日习近平总书记在文艺工作座谈会上指出："文化是民族生存和发展的重要力量。……中华文化既坚守本根又不断与时俱进，使中华民族保持了坚定的民族自信和强大的修复能力，培育了共同的情感和价值、共同的理想和精神。没有中华文化繁荣兴盛，就没有中华民族伟大复兴。一个民族的复兴需要强大的物质力量，也需要强大的精神力量。没有先进文化的积极引领，没有人民精神世界的极大丰富，没有民族精神力量的不断增强，一个国家、一个民族不可能屹立于世界民族之林。"[1] 他还指出："我们说要坚定中国特色社会主义道路自信、理论自信、制度自信，说到底是要坚定文化自信。文化自信是更基本、更深沉、更持久的力量。"[2] "我们讲要坚定文化自信，不能只挂在口头上，而要落实到行动上。"[3] 对于一个企业来说，企业管理的本土化就是对文化自信的践行。具体而言，通常包括：坚持对员工进行中国优秀传统文化教育，充分认识中国文化的丰富内涵和现实价值；坚持将中国优秀传统文化要素渗透进企业管理制度设计之中，将文化自信贯穿于企业的生产经营、产品与服务之中，让文化自信成为一种企业行动；将中国文化作为产品的附加值向全球进行推广，成为中国文化国际化的积极践行者。

---

[1] 中共中央文献研究室编：《十八大以来重要文献选编》（中），北京：中央文献出版社，2016 年，第 121 页。

[2] 习近平：《在哲学社会科学工作座谈会上的讲话》（2016 年 5 月 17 日），《人民日报》，2016 年 5 月 19 日。

[3] 习近平：《论坚持全面深化改革》，北京：中央文献出版社，2018 年，第 229 页。

第三章

企业的组织管理

组织是指一群人为了某种共同的目标，有意地协调自己的活动和效力而结成的一个系统。企业的组织结构是指企业组织内部各个组织部分相互联系的框架，也就是组织各部门及各层次之间所设立的一种人与事、人与人的相互联系方式，它是管理者实现组织目标的手段。健全的企业管理组织结构是由清晰的职权秩序、流畅的信息沟通渠道和有效的协调合作所组成的系统。

组织管理是指通过建立组织结构、规定职务或职位、明确责权关系等方法，以有效实现组织目标的过程。企业组织管理是确保以最高的效率实现企业目标，有效地配置企业内部的有限资源，按照一定的规则和程序构成的责权结构和人事安排。

第一节

企业组织结构的发展阶段与组织管理的内容

一、 企业组织结构的发展阶段

企业在不同的发展时期，其组织结构也会有很大不同。管理学家格林纳（Greiner）把企业组织结构的发展划分为五个阶段。

第一阶段是企业组织的初创阶段。其所有权与经营权往往是合一的，组织结构是非正式的，公司的主要着眼点是站稳脚跟，生存下去，这时创办者或高级管理人员的主要任务是制定制度，销售产品或提供服务。

第二阶段是企业组织的成长阶段。其组织结构逐渐走向正式化和功能化，强调集权，加强预算，并开始制定各种管理标准和工作标准，组织中的混乱现象得到克服，专业管理与指挥得到加强。管理者所面临的挑战是，既要实行集权式的指挥，面对复杂性的工作；又要保持弹性，以提高解决问题的效率。

第三阶段是企业组织的分权与授权阶段。其组织结构分别按照产品类别、地理分布等分权，高层管理者把较多的权限授予下属，以充分发挥中下层管理人员的积极性。在这一时期，专业管理进一步加强，管理者所面临的挑战是，既要分权、授权，又要加强高层管理当局在预算与控制方面的驾驭能力。

第四阶段是企业组织的协调与整合阶段。其组织结构的重点是建立产品组群，扩大集权式的参谋机构，以便于分析、协调与控制，情报也更加集中，高级管理人员的主要任务是制定强有力的管理政策，制订并审查企业发展规划，他们所面临的主要挑战是，总部与各地区分部、直线人员与参谋职能人员之间如何更多地增进相互信任。

第五阶段是企业组织的合作与解决冲突阶段。其组织结构的特征是，维持以前的权力结构，可以更加重视组织的动态化过程，并采用了一些新的组织设计方法，如矩阵组织结构的设计等，组织的弹性更大了，可能产生的冲突也更多了。此时，为了达到有效的合作，高层管理者就要扮演仲裁者、协调者和调解者诸角色。

二、 企业组织管理的内容

企业组织管理的内容主要包括组织设计、组织运作和组织调整三个方面。

（一）组织设计

1. 组织设计的内容

组织设计的主要任务是解决组织结构如何建构的问题，具体任务是提供组织的结构设计思路和编制职位说明书。

组织的结构设计思路通常都用组织结构图来表示，用组织结构图来勾画出正式组织系统的权责关系。组织结构图很直观，它使组织中的每一个员工明确自己所处的位置，以及纵向上下级之间领导与被领导的关系、横向同级之间的协作关系，沟通渠道和直线职权等。所以，人们也把它称为组织的蓝图。由于组织结构图明确规定了各领域的职责和职权，这样也使管理人员便于协调各种活动、各种关系。图3-1是一个典型的组织系统示意图。图中的方框表示各种管理职务或相应的部门，箭头表示不同职权的指向。通过直线将各方框进行连接，划清组织内正式职位系统的决策层级和联系网络，同时也标明了各种管理职务或各个部门在组织结构中的地位及它们之间的相互关系。组织结构图只反映了该组织在某一时点上的情况，随着时间的推移与组织内外条件的变化，它需要变革和发展。

职位说明书是描述组织中某一具体职务的书面说明，它不仅是组织规范化管理的文件，而且是人员培训的主要标准。完整的职务说明书的内容如下：

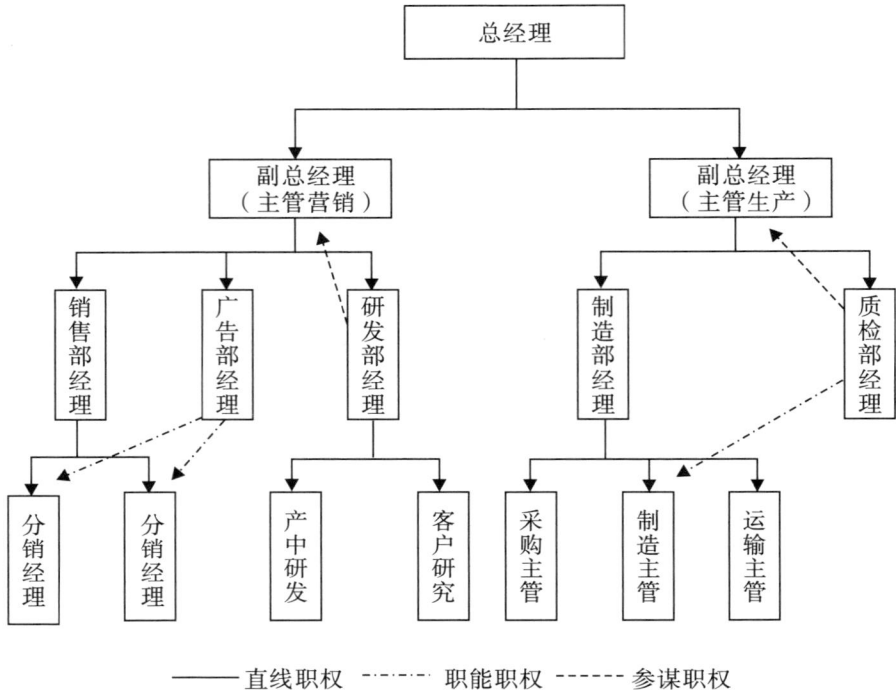

—— 直线职权　·—·—· 职能职权　------ 参谋职权

图 3 - 1　组织系统示意图

①职务名称。该职务具体名称及在组织中的层级与功能。

②直属上级。该职务的直属上级是谁，今后工作成绩考核、纪律考核、奖金的审批等均由此人负责。

③责任。该职务所负的责任，对整个组织应承担的责任。

④义务。该职务的职员应承担的义务，如何尽义务。

⑤工作项目。工作的具体内容及完成工作的绩效标准。

⑥职员本身应具备的条件。对执行工作任务的职员应具备的技术或业务专长、文化水平、工作经验及心理素质的具体要求。

⑦权力范围。职员可以独立行使的职权范围，以及可与上级商讨问题的程度，应做到权责和义务的平衡。

⑧工作关系。明确与其他职务的人员和其他相关科室的工作关系，可与哪些人沟通和联系。

⑨工资等级。职员在圆满完成任务，达到令人满意的绩效时，可能获得

的最大报酬。

⑩升迁标准。列出该职位向上一级职位升迁时应具备的条件。

2. 组织设计的依据与影响因素

任何组织的活动总是发生在一定的环境之中，受制于一定的技术条件，并在组织总体战略的指导下进行的。组织设计必须考虑该组织的属性、国家的经济发展水平与经济法规政策、组织的规模与战略规划、组织经营与工作的特点、组织的权限范围、组织领导集团的素质与能力等诸多因素的影响。此外，组织自身发展及其所处阶段不同，也会对组织的结构形式提出相应的要求。

（1）企业战略与组织结构。

战略是组织目标的各种行动方案、方针和方向实现的必要前提。为实现同一目标，组织可在多种战略中进行选择。战略选择的不同和战略重点的改变，会引起组织结构、工作重点、各部门及职务之间的关系，甚至各部门与职务在组织中重要程度的改变和调整。

（2）行业特点与组织结构。

不同的行业有不同的特点，其组织结构也有很大的差异。如广东新南方集团下有建筑公司、中药产品生产企业、中药种植公司、中医药大健康产品营销公司、提供中医服务的国医堂等服务机构，这些具有不同行业特点的企业都应建构适应行业管理活动需求和特点的组织结构。不同行业的企业由于生产方式或服务流程的不同，其管理组织机构也有所不同。例如销售产品的企业和提供服务的企业，其生产方式或服务流程显著不同，对管理的组织结构要求也不一样。

（3）专业化水平与组织结构。

一般来说，生产技术复杂的企业，专业化水平要求高，协作关系也很复杂，这就使得管理工作也比较复杂。在这类企业里，组织机构也相对复杂些，组织活动需要借助信息处理的计算机化、管理手段 ERP 化①等多种现代技术手段来进行管理，这些管理技术及装备的水平不但会影响组织活动的效率和效果，而且会作用于组织活动内容划分、组织结构和职务设计，也会对工作人员的素质提出要求。

（4）企业规模与组织结构。

企业的规模对其管理组织结构具有明显的影响。企业规模大小不同，管

---

① ERP（Enterprise Resource Planning）是指基于企业资源计划的一种管理软件，由美国 Gartner Group 公司于 1990 年提出，包括制造、财务、销售、采购和质量管理，实验室管理，业务流程管理，产品数据管理等多种功能。

理组织结构也各不相同。企业规模扩大后,其管理组织结构将变得更加复杂,组织中的部门数、管理层次数,以及相应的规章制度和管理人员等随之增加,组织活动的内容和人际交互作用会更趋复杂,如果一味追求组织在形式上的正规化与大规模化,则可能导致机构臃肿,人员编制过多,人浮于事,因此管理组织结构并不是越大越好。而小规模的企业和私营企业的管理组织则往往采用"一人多能"或"几块牌子一套人马"的精兵简政式的组织结构,其管理效率可能反而更高。

(5)社会环境与组织结构。

企业所处的社会环境影响着企业的组织结构。如果企业环境相当稳定,或只具有低度不确定性,则企业的组织结构多是传统型的,具有专业化、分工与阶层性的特征,整个组织结构的稳定性程度很高;如果企业环境动荡不定,具有高度的不确定性,则组织将不得不采取富有弹性与权变性的结构,非监督性的决策增多,整个组织更加需要复杂的沟通与整合。

一般而言,市场变化快,企业组织结构的变化也快。企业要有权变的组织结构去分别适应简单—稳定环境和简单—动态环境、复杂—稳态环境和复杂—动态环境。一般情况下,环境越动荡,其结构就越应有灵活性;环境越复杂,其结构就越倾向于放权。

(6)企业的地理分布与组织结构。

企业的各个组成部分在地理位置上的分布状态,将对企业的组织结构产生重大影响。如一个企业在国外投资办厂而成为国际企业时,它的组织结构就会做相应调整,或建立母子结构,或设立国际部,或建立全球性职能分部门结构。

3. 组织设计的原则

(1)服从企业目标任务原则。

任何组织都有特定的目标任务,组织结构设计要服从企业的目标任务,尤其是价值链上的重要目标,要体现一切组织设计为目标任务服务的宗旨。每个组织及其组成部分的设置、调整、增加、合并或取消,都应该以能否实现目标为标准,做到分工合理,协作明确。每个部门及员工的工作范围、相互关系、协作方法、权利责任等,都应有明确的规定。

(2)命令统一原则。

命令统一的实质就是要进行统一领导,避免政出多门、多头领导或无人负责的现象。为了保证上下级之间形成一条连续的,不中断的,职责、权力和联系方式明确的层级链,需要做到:①只能一个人负责一级组织,实行首长负责制。②正职领导副职,副职对正职负责。③下级组织只接受一个上级组织的命令和指挥。④下级只能向直接上级请示工作,下级必须服从上级的命令和指挥，如有不同意见，可以越级上诉；上级不能越级指挥下级，但可以越级检查工作。⑤职能管理部门一般只做同级直线指挥系统的参谋，无权对下级直线领导者下达命令和指挥。⑥在一些特殊岗位可以设置双重领导机制：即在某个部门、某个岗位上设置业务领导与行政领导，并规定二者分工合作与协调统一。例如，企业在外地的办事处的财务部门业务上归总部财务中心统一管理，而行政上则归办事处总经理管理。

（3）管理幅度与管理层级适度原则。

管理幅度（或称管理宽度、管理跨距、控制界限、管理跨度）指平均每位管理人员管理下属员工的数量。管理幅度与管理层级具有相应的反比关系，即管理幅度越大，管理层级就越少；管理幅度越小，管理层级就越多。管理者由于精力有限，有效管理幅度受到一定限制。管理幅度过小，就容易出现越级指挥、多头指挥、越权指挥的现象；管理幅度越宽，管理者的工作负担越重，管理效率下降，对管理者素质的要求越高。最适当的管理幅度设计并无定则，一般高阶层管理幅度为 3~6 人，中阶层管理幅度为 5~9 人，低阶层管理幅度为 7~15 人。

（4）责权利相对应原则。

凡设置的组织机构就应授予相应的管理责任、权力和利益。要求管理职务要实在、责任要明确、权力要恰当、利益要合理。有权无责或权大责小很容易产生瞎指挥、滥用权力的官僚主义；有责无权或责大权小就会束缚管理人员的积极性、主动性和创造性，使组织缺乏活力。因此，组织管理必须实现职责与权力、利益相对应的管理目标，避免出现职责不清、工作推诿、无人担责、不作为的现象。

（5）集权和分权原则。

组织结构设计应考虑管理权力的集中与分散的适度性。集权和分权控制在合适的水平既有利于调动各部门和管理者的工作积极性，也有助于保障企业具有良好的整体工作效率。集权与分权的关系是辩证统一，一般表现为统一领导、分级管理。集权到什么程度，应该以不妨碍下级积极性为限；分权到什么程度，应该以上级不失去对下级的有效控制为限。分权要使结果可控必须有控制系统辅助，可以使授权的上级放心分权，做到"用人不疑"，也可以防止授权者不滥用权力，保证分权能达到预期效果。特别是地域范围宽广的驻外机构，一定要在总部设立控制系统，才不会出现管理失控现象。

（6）执行和监督部门分设原则。

组织设计要将执行工作任务与监督工作任务完成质量的人员和部门分开，不能既是执行者又是监督者，如财务部负责日常财务管理，而审计部则专门监督财务部的核算工作。这意味着企业生产部门提供的产品或服务质量的好坏必须由另一个监督部门进行评价，例如，财务部门与审计部门分离。监督部门和监督人员要按照质量标准公正、客观地实施监督职责，一定不能直接参与生产或执行的工作，并且对生产或执行的结果不承担责任。要避免执行与监督合二为一的所谓自我监督的组织设计。

（7）因人设岗与因事设岗辩证使用的原则。

因人设岗和因事设岗各有各的用处。一般而言，高级技术人才或高层管理人员属于市场上难以找到的稀缺资源，为了留住核心竞争力人才，可以采用因人设岗。组织的高层人员老化，为了及时培养接班人，亦可以采用因人设岗。对于普通岗位来说，应采取因事设岗或因岗择人。

（8）精干高效原则。

精干高效原则是指精简机构和人员，减少层次。组织层次并非越多越好。管理层次多会使管理费用增多，使部门间的交流复杂化，当信息由上往下传达或由下往上传递时，信息会在层次间的流动中被遗漏、歪曲及逐渐减少，造成贯彻不力或上达不畅的消极现象，也会使计划与控制工作难于开展，易使计划失去协调和明确性，对管理人员的控制也将更加困难。组织设计应充分考虑通过工作流程与时间控制、监督控制与问责的机制等设计，提高各部门间相互协调的有效性，避免部门之间推诿扯皮，导致企业整体运营效率低下。

（9）稳定性与适应性相结合原则。

组织结构的稳定性与适应性是辩证统一的。一方面，企业组织的任何变动都会涉及人员、分工、职责、协调等多方面的调整，对人员的情绪、工作方法、工作习惯、人际关系会产生多种影响，因此组织机构应尽量保持相对的稳定性。事实上，组织机构的传统设置模式是长期实践的经验总结，有其自身的合理性、有用性和内在规律性，既有助于工作经验的传承，也有助于员工安心工作。另一方面，企业组织机构还是实现经营战略的重要工具，随着经营战略的变化，所建立的组织结构也必须与时俱进，做出相应灵活的调整，以适应新形势下企业目标任务的变化。当然任何涉及组织机构的调整都要在充分论证的基础上审慎进行，切忌凭主观臆断和短期行为做出决策，以免造成管理混乱和人心惶惶的现象。

（二）组织运作

组织结构的设计只是为实现组织目标提供了一个框架或平台，要真正发挥组织结构的作用，还需要使组织结构按照事先的设想运转起来。企业组织的有效运行必须正确处理好以下五个最重要的问题。

1. 授权

（1）授权的含义。

当今组织都注意到了纵向权力高度集中的层级模式所带来的组织僵化和臃肿，单纯地依靠高层主管进行决策可能很难动态地响应环境的变化。随着信息时代的到来，管理者越来越意识到，把权力分解下去可以更好地使组织成员自由、圆满、高效地完成组织的各项工作，因此，向下授权也就成为现代企业组织发展的一个趋势。

所谓授权，就是组织为了共享内部权力，增进员工的主观能动性，把某些职权授予下级，下级可以在其职权范围内自由决断，灵活处置问题，但同时也负有完成任务后向上级报告的责任，上级仍然保留着对下级的指挥与监督权。授权的具体含义如下：①分派任务。向被托付人交代所要委派的任务。②授予某些职权。授予被托付人相应的权力，使之能有权处理事务。③明确责任。要求被托付人对托付的工作负全责。所负责任不仅包括需要完成的指定任务，也包括向上级汇报任务的具体情况和成果。

（2）授权的条件。

要想使授权具有充分而理想的效果，组织必须提供一定的要素条件：①共享的信息。组织中的信息作为一种资源具有共享性，组织如果能够使员工充分地获取必要的信息资料，就会大大提高员工工作的积极性和主动性。②知识与技能。组织必须对员工进行及时、有效的培训，以帮助他们获取必需的知识和技能。这种培训能够有效地帮助员工进行自主的决策，提高他们参与组织活动的能力，并为组织的团队合作和组织目标的实现打下扎实的基础。③权力。组织若要充分发挥团队的作用，就必须真正地放权给团队中的各个专家和基层人员，使每个成员都能根据实际工作发挥主观能动性，这样，各种类型的权力才能够得到充分的发挥。④对绩效的奖励。组织应该制定合理的绩效评估和奖励系统，对组织成员的绩效贡献给予奖励。这种奖励系统应该既包括工资和利润提成，也包括既定的股权比例，如员工持股计划（ESOP）等。

（3）授权的过程。

授权的过程大致可以分为三个基本阶段：①授权诊断阶段。组织设计者应该重点对组织内部的权力分布状况进行全面的诊断，仔细分析是哪些因素导致了权力的不平衡和分配的不合理，进而识别在授权阶段所必须变革的基本要素。②授权实施阶段。基于诊断阶段对出现的不合理要素的改革，努力创造和提供有效授权所必须具备的一些要素条件，如共享信息、知识与技能、权力和奖励制度等。组织高层主管需要进一步明晰组织的目标和远景，使组织中的成员充分理解授权的基本要求，同时围绕新的工作需要对下属实施授权。③授权反馈阶段。一方面，通过对授权实践之后团队或员工的绩效进行考核，使贡献突出的团队或员工能够得到相应的回报；另一方面，通过对被授权者及其实施情况的考核，观察授权宽度等是否合适，并对偏差进行及时的反馈和调整。

（4）授权的原则。

有效的授权必须掌握以下原则：①重要性原则。组织授权必须建立在相互信任的基础上，所授权限不能只是一些无关紧要的部分，要敢于把一些重要的权力或职权放下去，使下级充分认识到上级的信任和管理工作的重要性，把具体任务落到实处。②适度原则。组织授权还必须建立在效率基础上。授权过少往往造成主管工作量过大，授权过多又会造成工作杂乱无序，甚至失控，所以不能无原则地放权。③权责一致原则。组织在授权的同时，必须向被托付人明确所授任务的目标、责任及权力范围，权责必须一致；否则，被托付人要么可能会滥用职权并导致形式主义，要么会对任务无所适从，造成工作失误。④级差授权原则。组织只能在工作关系紧密的层级上进行级差授权。越级授权可能会造成中间层次在工作上的混乱和被动，伤害他们的负责精神，并导致管理机构的失衡，进而破坏管理的秩序。

2. 直线职权和参谋职权

（1）直线职权和参谋职权的概念。

所谓直线职权，是指直线人员所拥有的做出决策、发布命令及执行决策的权力。直线职权由三个部分构成：一是决策权，二是命令权，三是执行权，通常又称为决策指挥权。直线职权是组织中最基本，也是最重要的一种职权，缺少了直线职权的有效行使，整个组织的运转就会出现混乱，乃至陷入瘫痪。

直线职权掌握在直线人员的手中，从公司的高层管理者到基层管理人员，都拥有各自相应的直线职权。由于他们所处管理层次不同，因而其职权大小及职权范围也有所不同。例如，主管生产的副总经理就可直接指挥车间主任；同样地，车间主任又可以直接指挥班组。于是，直线职权就从上至下形成了一条"指挥链"，由于这条指挥链贯穿了组织中的各个管理层次，故又经常被称为"层级链"或"层次链"。在这个指挥链的第一层级上，除总经理以外，都要接受来自上一级的指示和命令，并切实加以贯彻执行，同时每一级又都要接受下一级的工作汇报，并负责向下一级发布命令和指示，由此就形成了一个直线职权指挥系统。

所谓参谋职权，是指参谋人员所拥有的提出咨询与建议，或提供服务与便利，协助直线机构和直线人员进行工作的权力，它是一种辅助性职权。参谋职权是顾问性质的或服务性质的。参谋职权有以下四个特点：①参谋职权不具有指挥权。②参谋职权从属于直线职权。③参谋职权直接对它的上一级直线领导负责。④参谋人员只能在其职责范围内行使参谋职权。

（2）直线职权和参谋职权的区别与关系。

美国学者路易斯·艾伦（Louis Alan）从如下六个方面阐述了这个问题：①直线人员可做最后的决定，对基本目标负责，有最后的决定权。②参谋人员提供建议与服务。③参谋人员可主动地从旁协助，不必等待邀请，时刻关注业务情况并予以迅速的协助。④直线人员应考虑参谋人员的建议，当最后决定时，应与参谋人员磋商，参谋人员应配合直线人员朝目标进行。⑤直线人员对参谋人员的建议，如有适当理由可予拒绝。此时，上级主管不能受理，因为直线人员有选择的权力。⑥直线人员与参谋人员均有向上投诉之权，当彼此不能自行解决问题时，可请求上级解决。

3. 集权和分权

（1）集权与分权的概念。

集权和分权是组织层级化设计中两种相辅相成的权力分配方式。集权是指将决策指挥权在组织层级系统的较高管理层次上进行集中，也就是说，下级部门和机构只能依据上级的决定、命令和指示办事，一切行动必须服从上级指挥。组织管理的实践告诉我们，组织目标的一致性必然要求组织行动的统一性，所以组织实行一定程度的集权是十分必要的。

分权是指将决策指挥权在组织层级系统的较低管理层次上进行适当的分散。组织高层将其一部分决策指挥权分配给下级组织机构和部门的负责人，可以使他们充分行使这些权力，支配组织的某些资源，并在其工作职责范围内自主地解决某些问题。一个组织内部要实行专业化分工，就必须分权；否则，组织便无法高效运转。

（2）集权和分权的关系。

集权和分权是一个相对的概念。高度绝对的集权意味着组织中的全部权力集中在一个主管手中，组织活动的所有决策均由主管做出，主管直接面对所有的命令执行者，中间没有任何管理人员，也没有任何中层管理机构。高度集权容易在私营企业出现，虽有较高的管理效率，但容易导致对企业主的依赖，不易调动各管理层的积极性。绝对的分权则意味着将全部权力分散下放到各个管理部门中去，甚至分散至各个执行、操作层，这时，主管的职权就会被架空，分权程度就越大，较低的管理层次做出的决策数量越多，高效统一的组织管理也就不复存在。因此，将集权和分权有效地结合起来才是使组织既保持目标统一性又具有柔性、灵活性的正确做法。

（3）决定职权分散程度的因素。

①组织规模的大小。组织规模增大，管理的层级和部门数量就会增多，信息的传递速度和准确性就会变慢和降低，因此，当组织规模扩大之后，组

织需要及时分权，以减缓决策层的工作压力，使其能够集中精力于最重要的事务上。

②政策的统一性。如果组织内部各个方面的政策是统一的，集权最容易达到管理目标的一致性。然而，一个组织所面临的环境是复杂多变的，为了灵活应对这种局面，组织往往会在不同的阶段、不同的场合采取不同的政策，这虽然会破坏组织政策的统一性，却可能激发下属的工作热情和创新精神。

③员工的数量和基本素质。如果员工的数量和基本素质能够保证组织任务的完成，组织可以更多地分权；组织如果缺乏足够受过良好训练的管理人员（其基本素质不符合分权式管理的基本要求），分权将会受到很大的限制。

④组织的可控性。组织中各个部门的工作性质大多不同，有些关键的职能部门，如财务会计等部门往往需要相对地集权，而有些业务部门，如研发、市场营销等部门，或者是区域性部门却需要相对地分权。组织需要考虑的是围绕任务目标的实现，如何对分散活动进行有效的控制。

⑤组织所处的成长阶段。在组织成长的初始阶段，为了有效管理和控制组织的运行，组织往往采取集权的管理方式。随着组织的成长，管理的复杂性逐渐增强，组织分权的压力也就比较大，管理者对权力的偏好就会减弱。

⑥环境因素的影响。决定职权分散化程度的因素大部分是属于企业内部的，但除此以外也有一些外部的因素，其中最重要的有政府的干预，以及国家的政治、经济、法律、历史与文化传统的影响等。总之，职权分散化的程度要受多种因素的共同影响，集中与分散之间要达到一个合理的平衡点，不能搞形而上学或简单片面化。

4. 正式组织与非正式组织

任何企业中都既有正式组织，也有各种各样的非正式组织。正式组织是人们有目的、有计划地建立起来的。它的结构、程序、职能、职责、纵横关系等，是由组织的规章制度加以明确规定的。非正式组织是指由某些小群体成员，由于工作性质相近、社会地位相当、对一些具体问题的看法基本一致，或者在性格、业余爱好及感情相投的基础上随机形成的一些松散团体。

与正式组织所具有的专业的分工性、明确的分层性、法定的权威性、统一的规范性、相对的稳定性、职位的替代性等特点相比，非正式组织一般没有明确的组织目标，是组织成员自发形成的，没有明确的成文制度和规划。企业中的非正式组织对正式组织成员的情绪和士气、干劲和效率都有很大的影响。因为有些非正式组织对员工的影响是积极的、健康的和建设性的；而有些则是消极的、庸俗的或破坏性的。因此，企业管理人员要充分重视对非正式组织的控制与引导艺术，从而最大限度地克服其消极面，利用其积极面来为完成正式组织的目标服务。管理非正式组织的要点有：

（1）承认并尊重非正式组织。

非正式组织是所在组织成员通过相互交往行为而产生的，因此企业管理高层根本无法也不必对非正式组织的存在加以禁止。明智的做法是，承认、尊重它，深入地了解它，积极地引导它，使非正式组织成员的共同意见、态度和行为倾向与企业的整体目标相一致。

（2）改善与非正式组织的信息沟通渠道。

必须了解非正式组织的信息交流渠道。注意克服来自语言差异、文化差异、阅历差异、目标差异等各方面的沟通障碍，有效地提高与非正式组织成员之间的信息交流效率，以更多地增进共识。

（3）加强对非正式组织的引导。

应善于利用"领袖人物"的感召力去沟通和影响其他成员，使非正式组织成员的行为规范和价值取向与企业的目标保持一致；善于发现他们的聪明才智，并为他们提供一显身手的用武之地。正式组织还应积极组织职工开展各种文体活动，充实职工的生活，扩大人际交流，融洽各种人际关系，增进相互了解，从而将非正式组织的活动引上健康活泼的轨道。还可以从企业文化层面加强对非正式组织的引导。通过建立、宣传正确的组织文化，来影响与改变非正式组织的行为规范，引导非正式组织做出积极的贡献。

（4）从管理制度上降低非正式组织的消极影响。

合理的组织制度设计可以降低非正式组织的某些消极影响，比如，企业可以实施轮调制度，以预防"权力型非正式团体"的腐蚀性和破坏性；还可以设立合理化的建议制度，有助于消除非组织成员对组织的不满；用"掺沙子的方法"打破某些非正式组织人员在一个科室或班组中"抱团"聚众的现象。

5. 委员会管理

所谓委员会，是执行某方面管理职能并实行集体决策、集体领导的管理者群体。企业中建立各种各样的委员会，其目的各有不同，有的是为了对问题进行集体讨论、集体决策，以实现集体智慧的共享，避免了个人水平能力有限造成的各种失误；有的是防止某些人或某些部门的权力过大，因而设立委员会对此加以制约和限制，以实现权力的平衡与共享；有的是为了协调计划、立场与行动而设立；还有的是为了激发有关部门执行决定的积极性和自觉性，让有关人员参加讨论；等等。但委员会的管理工作也不是万能的，根据美国管理协会在20世纪80年代末做的一项调查报告，委员会对于处理组织的"裁判性的问题"很有效，如部门之间的某些权限争执等；而个人负责制则能明显地提高执行决策的效率。因此，在实际的管理组织工作中，应实行委员会制与个人负责制的结合，在做重大决策时实行委员会制，在决策之后的具体执行过程中则实行个人负责制。这样做既能保证决策的正确性，又能提高执行的效率。

有效发挥委员会管理功能的基本原则是：明确委员会的目标和权限；确定人数适宜的规模；选择具有代表性的合适的委员；选择好需要集体决策与讨论的议题；制定好委员会活动规则与计划；选好能坚持正义、公平、公正的委员会主席；允许并听取委员发表不同的意见；委员会决策的实施应有明确的负责人。

（三）组织调整

环境决定战略，战略决定组织。当企业的内外环境发生变化时，企业战略必然发生变化，新的战略必须有相应的组织结构来支持和保证。于是，组织结构调整势在必行。组织调整是指企业管理者为适应企业发展需要而对组织结构和组织文化进行的调整。

1. 组织调整的原则

（1）一切服从目标任务需要原则。

要根据企业面临的新环境和目标任务设置新的组织机构，选拔能担负新任务的领导者，成立新的任务团体等，并赋予这些新的机构、新任用的领导者和团队相应的职权。

（2）放权不让责原则。

对于变化中的社会环境和新的企业战略目标，有许多未知可变的因素，因此，为了更好地鼓励各级管理者发挥创新精神，在高层管理者将把某项工作委派给下属部门执行时，应同时授予完成该项工作的必需的职权。但在授权的同时，授权者和被授权者各自所应承担的责任与义务并没有随授权而转移，他们仍然各司其职，并继续向其上级承担原来的责任。

（3）谨慎越级指挥原则。

在面临新环境和新的目标任务时，由于情况不明、业务不熟悉，高层管理者有时难免产生急躁情绪，导致越级指挥，上级干下级的事。事实上，越级指挥不仅会影响直接下属的工作积极性，也会使指挥对象无所适从，因此，各级管理者在往下发布指令时，应沿垂直的指挥链逐级传达下去。非特殊情况下，各级管理者要避免这种越级指挥。

（4）管理层级适宜原则。

面临新的情况，避免设置过多和过细的管理层级，出现"一个上级，一个下级"的情况；坚持命令统一原则，避免多头领导；尽量避免横向兼职、纵向兼职、交叉兼职；为适应新情况应辩证地因岗设人和因人设岗。

（5）组织文化与时俱进原则。

随着新环境和企业目标任务的变化，企业的组织结构做了相应的调整后，企业文化也必须做出相应的变化，充分发挥组织文化的引导、整合功能。

2. 组织调整的途径与形式

（1）根据新的环境变化和企业战略目标任务，设立新的组织机构，或成立新的团队，将目标任务和相关的组织职责分配给新的人员或新建立的部门。

（2）简化、撤并或重组企业原有组织机构，提高管理的整合性，提高面对新环境的综合能力。

（3）从企业外部引进新的团队、新的人力资源，组建新的组织结构。

（4）兼并其他相关企业，或与其他企业合并重组新的更大的企业组织。

第二节

企业的管理体制与组织架构

一、 企业的管理体制

管理体制是指管理系统的结构和组成方式，即采用怎样的组织形式以及如何将这些组织形式结合成一个合理的有机系统，并以怎样的手段、方法来实现管理的任务和目的。企业的管理体制是根据企业管理系统的结构和组成方式来规定企业内部各部门的管理范围、权限职责、利益及其相互关系的准则，简而言之，是企业中的管理机构、管理机制和管理制度的总称。企业的管理体制对组织的管理效率和效能具有直接的影响。

企业的管理体制有多种形式，每种形式都有自身的特点，不同性质、不同规模的企业应根据自身的需要选择相应的管理体制形式。

1. 直线制

这种结构形式是企业最高领导直接或通过一个中间环节，领导整个企业的工作，上下级呈直线式的责权关系，如图 3－2 所示。直线制的优点是结构简单，权力集中，权责分明，行动灵敏，纪律易于维持。缺点是缺乏明确的分工，一切由个人决定，对管理者的素质要求高，容易产生独断专行。这种组织结构形式适用于规模较小、生产技术比较简单的企业。

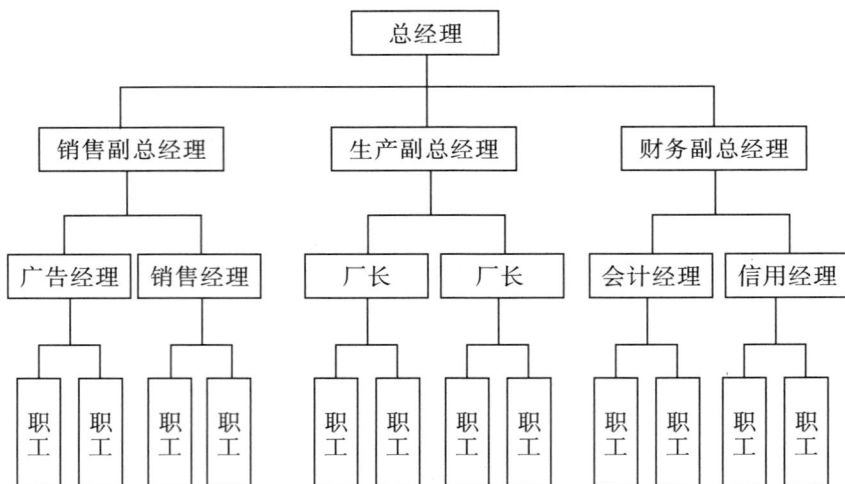

图 3－2　直线制组织结构

2．职能制

这种管理结构是指在组织中按管理职能组织专业分工，设立若干职能管理机构，各职能部门在业务范围内直接管理下级各执行机构中相关活动的组织机构，如图 3－3 所示。

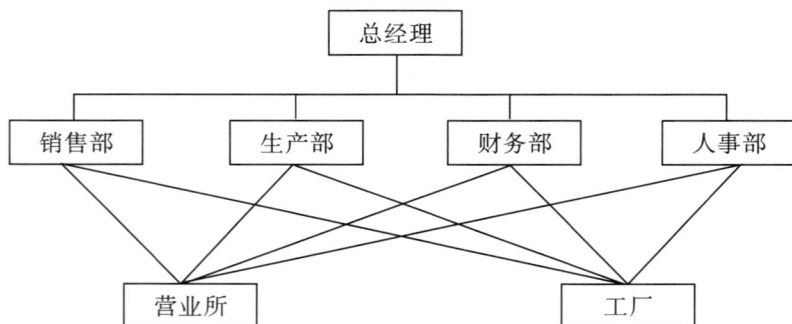

图 3－3　职能制组织结构

职能制是集权化的组织形式。采用这种管理体制的企业一般是基于本企业生产技术具有高度集中的特点或者是企业规模较小并没有分权的必要。该组织结构的优点是：各职能机构都可以进行指挥，工作细致，职能作用发挥充分，减轻了直线领导人员的工作负担；缺点是：容易形成多头领导，往往出现职责不清的局面，抢功与推过并存，并且使管理受到职责约束，易于产生本位主义。此外，还容易出现不规范的二级法人现象。例如，某房地产企业为了使本公司经营活动中的一些相关业务不外流，就单独成立了一个劳务服务公司，于是就在企业内部形成了二级法人，按照法律规定，公司是法人，公司的内部单位不是法人，因此，在企业内部形成的小法人公司是不规范的，在实践上也容易导致产权纠纷。职能制企业经济管理的特点是常常实施成本指标的"内部承包制"。

3. 直线—职能制

直线—职能制，也叫直线参谋制。这种组织结构是指在企业内设置两套系统：一套是按命令统一原则组织的指挥系统；另一套是按专业化原则组织的职能系统。职能机构和人员是直线指挥人员的参谋，不能直接对分厂长发号施令，只能进行业务指导，如图3－4所示。

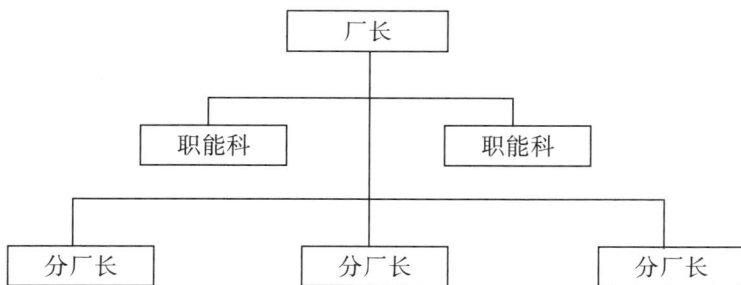

图3－4　直线—职能制组织结构

该组织结构的优点是：集中领导，统一指挥，职责清楚，灵活性强，能发挥专业管理的作用。其缺点是：协调困难，信息反馈迟缓，办事效率低。为克服这些缺点，可设立各种综合委员会或建立各种会议制度。这种组织结构是在直线制和职能制的基础上取长补短建立起来的，目前绝大多数企业都采用这种组织结构。

4. 事业部制

这种组织结构具有三个基本要素，即相对独立的市场、相对独立的利益、相对独立的自主权。其优点是：事业部制的分公司不是独立法人，组织成本较低，必须接受总公司下达的计划和指令，总公司对分公司的控制能力强；减轻了经营者的负担，责权利明确，能充分发挥各职能机构和事业部的作用。

其缺点是：分公司虽为分权化的组织类型，但分公司只是接受公司委托授权进行经营，如果出现亏损，公司必须承担无限责任，因此，事业部制的经营风险较大；追求眼前利益，机构臃肿，整体协调性差。它适用于规模庞大、品种繁多、技术复杂的大型企业，是国外较大的联合公司所采用的一种组织机构，近几年我国的一些大型企业集团或公司也引进了这种结构，如图 3-5 所示。

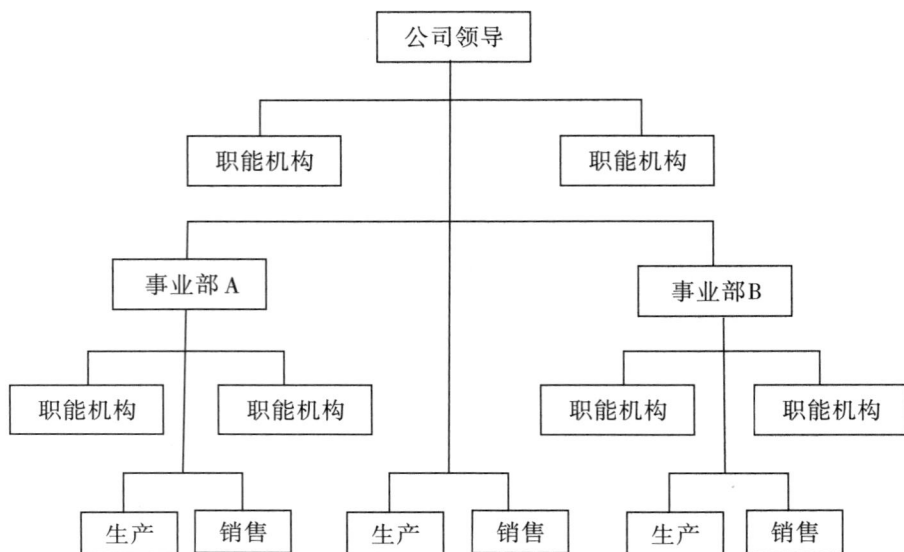

图 3-5　事业部制组织结构

5. 矩阵制

矩阵制又称规划—目标型结构，是指为了完成综合性任务而设立的实行双重领导的组织机构，即把按职能划分的垂直领导系统和按产品（项目）划分的横向领导系统结合起来，形成矩阵制组织结构。一般情况下，按项目划分的部门工作人员是从各职能部门抽调组成的，组成后由项目经理领导，项目完成后，这些人各回原来的职能部门，如图 3-6 所示。

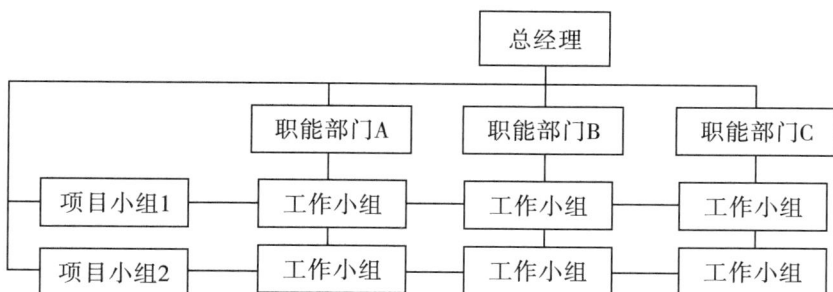

图 3 - 6 矩阵制组织结构

这种组织结构的优点是：灵活机动，任务清楚，能充分发挥专家所长，职能部门和技术部门容易沟通。其缺点是：双重领导，容易产生矛盾，组织稳定性差。它适用于一些重大攻关项目。企业可用来完成涉及面广的、临时性的、复杂的重大工程项目或管理改革任务，特别适用于以开发与实验项目为主的单位。

6. 子公司制

这是指为了发展新的公司业务，在母公司旗下成立新的子公司。其优点是：子公司是独立企业和独立法人，如果出现经营亏损，母公司只对其承担有限责任，子公司自主经营，故总体经营风险较小；分权比较彻底，有利于调动其工作的积极性，激励作用较大。其缺点是：组织机构较大、部门较多，组织成本也相应较高；子公司管理权限相对独立，母公司无法对其实行适时的指导和控制；子公司制企业经济管理的特点是常常实施投资效益指标的"内部承包制"，子公司制必须交纳两次所得税。即子公司作为独立法人，必须交纳所得税，这是第一次纳税。子公司的税后利润部分上交母公司后，母公司作为独立法人，也必须交纳所得税，即第二次纳税。

二、 组织架构

企业的组织管理架构是指组织的管理层次和管理宽度，以及各层次的分工和各层次之间的关系，企业的组织管理架构是企业经营活动规范进行的基本保证。

1. 组织管理层次

管理层次是指企业组织内部从最高一级到最低一级管理的各个组织等级。管理层次的增加是企业组织规模扩大后出现的结果，即当组织规模的扩大导致管理工作量超出了一个人所能承担的范围时，为了保证组织的正常运转，管理者就必须委托他人来分担自己的一部分管理工作，于是就产生了增加管理层次的需求。随着组织规模的进一步扩大，受托者又不得不进而委托其他的人来分担自己的工作，依此类推，从而形成了组织的层次性管理结构。管理层次的增加虽然可以提高管理强度，但也会带来管理费用和管理人员的增加，协调、控制和沟通难度的增大。

管理层次与管理宽度有关。较大的宽度意味着较少的层次，较小的宽度意味着较多的层次。这样，按照管理宽度的大小及管理层次的多少，就可分成两种结构：扁平结构和直式结构。所谓扁平结构（flat structure），是管理层次少而管理宽度大的结构；而直式结构（tall structure）的情则相反。扁平结构与直式结构各有优势。一般来说，传统的企业倾向于采取直式型组织结构，有助于提高控制性和效率；而现代化企业倾向于采用组织成员的参与程度相对较高、比较灵活和容易适应环境的扁平型结构。不同管理层次的管理结构具有不同的特点和利弊：

扁平结构有利于缩短上下级距离，密切上下级关系，信息纵向流动较快，管理费用低；由于管理幅度较大，被管理者有较大的自主性、积极性和满足感，同时也有利于更好地选择和培训下层人员。但由于不能严密监督下级，上下级协调较差，随着管理宽度的加大，也加重了同级间相互沟通的困难。

直式结构具有管理严密、分工明确、上下级易于协调的特点。但随着管理层次增多，也会带来管理人员成本、沟通时间、各层之间的沟通与协调工作的急剧增加，同时，互相扯皮和指令被曲解的事亦可能层出不穷。直式结构上下级之间的指示与服从性和严格监督性，对下级人的主动性和创造性具有一定的消极影响。

一个组织中管理层次的多少，应根据组织规模的大小、活动的点以及管理宽度而具体设计。一般说来，企业组织的管理层次分为高层、中层和基层三层。高层管理者的主要任务是从整体利益出发，对整个组织实行统一指挥和综合管理，制定组织目标及实现目标的一些大政方针。中层管理者的主要任务是负责分目标的制定，拟定和选择计划的实施方案、步骤和程序，按部门分配资源，协调下级的活动，以及评价组织活动成果和制定纠正偏离目标的措施等。基层管理者的主要任务就是按照规定计划和程序，协调基层员工的各项工作，完成各项计划和任务。

美国斯隆管理学院提出一种叫作安东尼结构（Anthony Structure）的经营管理层次结构模型。该结构把经营管理分成三个层次，即战略规划层、战术计划层和运行管理层，如图 3-7 所示。

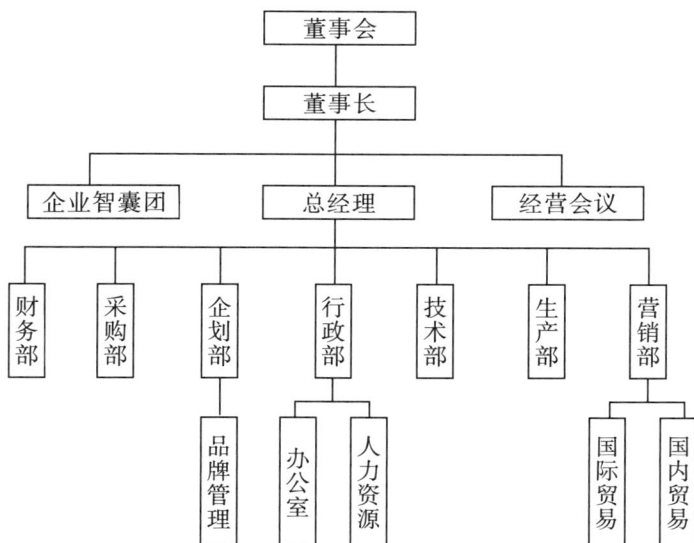

图 3 - 7　安东尼结构

2. 管理层次的设计原则

（1）系统筹划原则。

基于企业职能纵向结构分析，全面考虑影响企业职能结构的各种因素，包括企业经营领域、产品结构、规模、生产技术特点而规定纵向职能分工的不同层次，反映企业外部环境和企业内部条件的客观要求。

（2）高效率原则。

管理层次设计必须有助于提高组织效率。现代化大生产和市场经济要求企业组织具有高效率，即能够使人们以最低限度的成本实现组织的目标，这样的企业才能在市场竞争中生存和发展。这一客观要求对组织结构的各个方面都有影响，如果管理层次太少，致使主管人员领导的下属人数过多，超过有效管理幅度，那就必然降低组织效率。

3. 管理层次设计的步骤

管理层次设计一般可分为以下四个步骤进行：

（1）按照企业的纵向职能分工，确定基本的管理层次。

（2）按照有效管理幅度推算具体的管理层次。

（3）按照提高组织效率的要求，确定具体的管理层次。

（4）按照组织的不同部分的特点，对管理层次做局部调整。

第三节
企业组织管理的诊断与方法

一、 组织诊断

组织诊断（Organizational Diagnosis）是指在对组织的文化、结构以及环境等进行综合分析与评估的基础上，确定是否需要变革的活动，即管理者对于是否应该变革、哪些地方应该变革、是否具备变革条件等问题，逐一做出明确回答的调查分析活动。

1. 组织诊断的原则、内容与工具

（1）组织诊断的原则：战略导向原则；业绩导向原则；过程导向原则。

（2）组织诊断的内容：组织战略和经营策略；组织结构和形态；组织价值观和组织文化；组织管理流程和作业流程；组织效率和效能；部门设置和岗位设置；工作设计问题；组织知名度、组织能力、组织伦理、社会责任、商业信誉、品牌价值；组织内部冲突状况；人力资源诊断，包括薪酬福利状况、绩效管理状况、培训与发展状况、职业生涯管理状况、人事政策、制度问题、员工关系、员工素质。

（3）组织诊断的工具：①心态（第一要素）：包括范围和强度两个维度，范围维度包含组织层一个层面；强度维度可以分为态度、激情、信念三个等级，包含组织层、团队层和人员层三个层面。②工具（第二要素）：包括管理工具和业务工具两个维度，工具要素是指企业在战略实施过程中为达成战略目标所使用的核心技术、手段及关键管理方法或管理艺术。分为非专业化、专业化和高度专业化三个等级，包含组织层、团队层和人员层三个层面。③角色（第三要素）：包括内部角色和外部角色，分为五个等级，外部角色包括组织层一个层面，内部角色包括团队层和人员层两个层面。④流程（第四要素）：是指组织效能的主动力，是其他三个要素得以发挥的载体，可分为战略流程、人员流程和运营流程三个维度，每个维度包含组织层和团队层两个层面。

2. 组织诊断的方法

有效地进行组织诊断需要进行组织调查和组织分析。组织调查是指收集关于企业组织的各种资料和情况。在组织调查中，比较适用的方法有以下四种：

（1）系统收集现有资料。

包括：①职位说明书，包括企业各种管理职位的名称、职能性质、各项职权和责任、薪金级别以及该职位同其他有关职位的关系。②组织系统图。③组织手册，组织手册通常是职位说明书与组织系统的综合。④管理业务流程图。这是用图解的方法来表示某一子管理系统的业务工作流程，其内容包括程序和岗位，即根据程序及分工协作的要求设置若干岗位，并确定它们之间的联系；信息传递，即信息传递的载体、手续、传递路线等；岗位责任制，即各岗位的责任、权限及工作要求等。⑤管理工作标准。⑥管理工作的定员和人员配备。⑦员工的绩效考评及奖惩制度。

（2）组织问卷调查。

组织问卷调查的主要对象是管理人员，抽样比例一般为总人数的5% ~ 20%。进行问卷调查需要有科学的问卷设计、严格的调查实施和科学的结果分析。

（3）个别面谈和小型座谈会。

对高级管理人员进行调查，我们一般采取个别面谈和小型座谈会的方式。这样有利于了解到比较深层次的情况。在进行这种调查之前，应事先拟定好谈话提纲。

（4）组织分析。

在掌握了丰富、真实的资料和情况后，接下来就可以进行组织分析，明确现行组织结构在设置和运行上的问题和缺点，为组织变革打下基础。

组织分析的内容从总体上说，可以归纳为以下四个方面：

①职能分析（业务分析）。职能分析的主要内容有：A. 企业需要增加、减少或合并哪些职能。B. 确定企业的关键职能，即对企业实现战略目标有关键作用的职能。C. 分析职能的性质和类别。这里所说的职能指的是产生成果的职能、支援职能和附属职能。

②决策分析。其内容有：A. 应该制定哪些决策。B. 这些决策应该由哪些管理层制定。C. 决策制定应该牵涉到哪些有关业务。D. 决策制定后应该通知

哪些部门的负责人。

③关系分析。即管理层次间、各管理职能间的相互关系的分析。主要包括以下一些内容：A. 分析某一部门应该包括多少职能和哪些职能。B. 有哪些部门之间的职能重复过多或搭接不够。C. 这些部门应当担负直接指挥还是参谋服务的职能。D. 这些部门的业务工作应当同什么单位和什么人员发生联系。E. 要求什么人为单位提供配合和服务。F. 本部门又该为外单位提供哪些配合和服务。G. 各部门之间的协调配合和综合工作组织得如何。

④运行分析。这是对组织的动态分析，包括以下三方面：A. 人员配备状况分析。B. 管理人员的考核制度是否健全和得到贯彻。C. 奖惩制度是否完善和得到落实。

二、 企业组织管理的 "三化"

企业管理的"三化"与"六法"，是现代企业管理理论与中国企业管理的实践相结合的经验总结，是现代管理理论的中国本土化。

1. 决策层级民主化

决策层级民主化是指企业在进行各层级的决策时，要充分利用信息，要使用有效的手段科学地处理信息。广义的民主化还应包括利用外部智库资源。具体地说，董事会会议对公司重大事务进行决策。在民营企业中，董事会主席一般是企业的主要业主，由民主决策进而正确决策，实际上是业主个人财务安全和增值及企业发展的保障。所以，对重大事务的决策民主化表现为在董事会会议上按持有股份的多少行使投票表决权。重大的决策比如公司的兼并、合并、注销等必须有 2/3 以上（指持有股份的总额达到公司股份总额的2/3，而不是投票人数的 2/3）的股东同意。其他的决策要由 1/2 以上的股东同意才可形成；子（分）公司层级的决策主要是经营决策，重大事务由子公司董事会决策，日常事务由子公司经理办公会决策；职能部门事务决策由部门经理办公会进行。

2. 管理层级制度化

管理层级制度化是指企业职工的工作行为必须遵循制度中规定的工作内容、工作程序和工作方法，也是企业生产经营活动和一切管理工作所应遵循的法规。现代企业的生产经营过程极其复杂，分工协作极为严密，没有严格的规章制度，企业的生存就没有保障。所以管理层级必须按照规章制度办事，逐项落实。一视同仁地坚持有章可依，有章必依，执行必严，违章必究，即"依葫芦画瓢"。只有按章办事，才能保证政令畅通。

3. 操作层级细化与量化

操作层级是指落实各项管理和生产经营任务的工作层面，因此必须把每一项工作任务细化和量化为具体的操作行为，制定明确的岗位职责、工作目标、工作流程、效果检验指标等，形成分工合理、目标明确、人人有事干、事事有人管，既没有责任和任务重叠，也没有无人管理的空白。禁止一切形式主义和抽象空洞的口号式的目标任务。

三、 企业组织管理的 "六法"

1. 折箭法

"折箭"是一个关于团结就是力量的比喻。一个人想折断一捆箭是不可能的，但将其拆散，一根一根地折就很容易将箭杆折断。同理，在企业管理中，面对大量的事务性工作时应该怎么办？如果我们合理分配精力和工作时间就能很好地面对这种情况。精明的商人发现，在大多数情况下，其中只有20%的工作是更重要的，但这20%的工作却往往要花费80%的精力去进行处理，所以面对大量的企业管理问题，管理方法是：先解决普遍问题，再解决特殊问题；先解决今天存在的问题，再解决历史上遗留的问题，而且要一个一个地解决。将复杂的问题化整为零，每一个职能部门，每一个员工，每天解决一件，整个公司就解决了很多事情。解决问题最好的方法就是现场办公，现场办公是事事落实的最好方式。

2. 试点法

企业实施一项新的战略或新的制度等改革之时，为了降低投资和决策风险，均应在小范围的组织内进行试点。先试点再总结，先创新再推广。

3. 源头法

管理要抓住问题的关键和重点，抓住问题的源头，提纲挈领，才能治本。企业发展的源头是市场需求，为客户创造价值是企业效益的来源，企业一切管理工作的重心应围绕市场需求，有利于市场的发展和扩张，要抓主要矛盾，不要胡子眉毛一把抓，要突出重点，抓大放小，抓本治源。

4. 重心下移法

管理重心下移不仅是指企业组织管理的体制机制要朝科研研发和市场营销两头大、中间管理层级小的哑铃式管理结构发展，也指公司的高中层领导者要经常深入基层或市场一线，直接参与管理部门或本公司的某一具体工作管理，多与基层员工接触沟通，在现场发现问题和解决问题，提高管理的效能。

5. 组织放大法

企业组织是配置资源和发挥资源整合机制的平台，现代企业高层管理者要善于利用正式组织的"职能角色"发挥资源整合的优势作用；在适当的机会和场合，通过恰当的方式，调动非正式组织成员的积极性和主动性；通过外部协作组织的"利益共享"机制促进与其他合作伙伴的合作，提高市场竞争力。作为企业组织的领导，不必事必躬亲，而是要紧密依靠正式、非正式等各类组织来实施管理目标任务。

6. 高位嫁接法

这是指企业要根据自己的发展需要，可以对先进理念和技术实行"拿来主义"，站在巨人的肩上，高位起步。因为在知识爆炸和信息化时代，企业之间的分工将主要取决于企业之间的技术优势，而不是资源优势和资金优势。企业只有坚持技术不断更新，管理不断改进，营销随市场不断优化才能保持可持续发展和强劲的市场竞争力。事实上，技术开发引导着市场需求，技术变迁决定着企业产供销流程体系和企业产业的发展方向，技术创新成为企业赢得市场份额的根本途径。企业的发展离不开企业在技术创新上的优势，而企业技术优势的发挥离不开企业在管理上的创新。

第四节

新南方集团的组织管理架构与管理模式

广东新南方集团有限公司成立于 1994 年，发展到今天，是一家集中医药产业、建筑、房地产、酒店、金融、文化、零售、能源、国际投资等综合性业务的产业集团。

一、 新南方集团的组织管理架构

新南方的组织管理架构为矩阵式组织管理结构，新南方组织管理模式可以简要概括为：一个决策中心，八个职能部门，九个子公司。这种结构的设计思想是：围绕业务板块建构子公司和按职能划分管理中心（或部门），并且在执行、监督和反馈之间取得一种制衡。新南方集团的组织管理架构如图3-8所示：

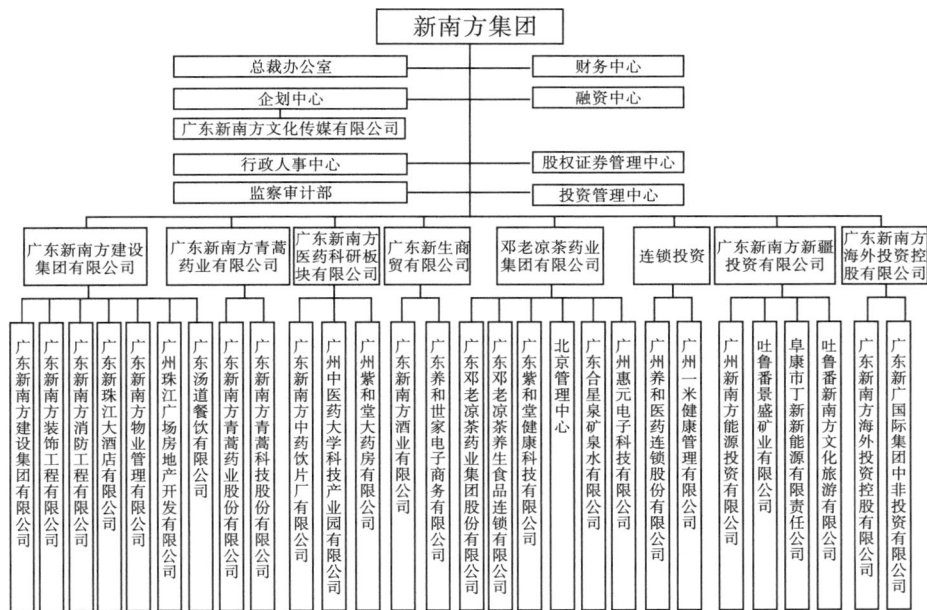

新南方集团

总裁办公室 　 财务中心
企划中心 　 融资中心
广东新南方文化传媒有限公司
行政人事中心 　 股权证券管理中心
监察审计部 　 投资管理中心

广东新南方建设集团有限公司
广东新南方青蒿药业有限公司
广东新南方医药科研板块有限公司
广东新生商贸有限公司
邓老凉茶药业集团有限公司
连锁投资
广东新南方新疆投资有限公司
广东新南方海外投资控股有限公司

广东新南方建设集团有限公司
广东新南方装饰工程有限公司
广东新南方消防工程有限公司
广东新珠江大酒店有限公司
广东新南方物业管理有限公司
广州珠江广场房地产开发有限公司
广东汤道餐饮有限公司
广东新南方青蒿药业股份有限公司
广东新南方青蒿科技股份有限公司
广东新南方中药饮片厂有限公司
广州中医药大学科技产业园有限公司
广州紫和堂大药房有限公司
广东新南方酒业有限公司
广东新世家电子商务有限公司
广东邓老凉茶药业集团股份有限公司
广州紫和堂健康科技有限公司
北京管理中心
广州合星泉水有限公司
广州惠元电子科技有限公司
广州养和医药连锁股份有限公司
广州一米健康管理有限公司
广州新南方能源投资有限公司
吐鲁番景盛矿业有限公司
阜康市丁新能源有限责任公司
吐鲁番新南方文化旅游有限公司
广东新南方海外投资控股有限公司
广东新广国际集团中非投资有限公司

图3-8 新南方集团的组织管理架构

新南方矩阵式组织管理的特点有：

从纵向管理来看，职能部门代表集团和总裁行使职能，对各经营单位进行监督和反馈管理，各经营单位要接受和配合职能部门的管理流程，不能因为职能部门办事人员的职务或级别高低而采取不同的配合态度。在矩阵式管理中，人力资源、资金、企业战略和研发核心技术由集团职能管理部门进行集中调控，能有效实现资源共享，可以在最短的时间内调配人力资源、资金和技术优势，组成一个攻关团队，有利于集中优势办大事及迅速解决困难，有利于有限的资源得到更有效的利用，能较好地实现计划、控制和监督等管理职能。

从横向管理来看，职能部门以服务为主、管理为辅，寓管理于服务之中。集团要求，职能部门要简化工作流程，充分放权，协调制度与发展间存在的问题，抓大放小，对于各经营单位文件的会签原则上不超过1个工作日。对于亟待解决的问题，如果职能中心不能及时提供解决方案，经营单位可越级上报秘书组。换而言之，授予了下属经营单位特事特办的机动权，避免出现久而不决的"扯皮"现象。

矩阵式管理的纵向管理深度和横向管理宽度需要完善的组织构架和制度建设作为支撑。集团要求确保制度管理与公司发展同步，为经营单位的发展创造健康、良好的环境，加强职能部门与各经营单位之间的沟通、合作，形成集团职能部门、经营中心和经营单位三级行政人事系统的统一管理。

矩阵式管理既体现了民营企业"七分制度，三分灵活"的管理思想，即"有领导和管理业务的灵活度与集中度"，既有集中统一性，为高效办大事提供了资源整合的强有力机制，也有"谁管理谁负责"分权制的特点，有助于调动二级公司的积极性。

但是，矩阵式管理也存在一些机制和制度上的不足。例如，经营单位和各子公司的财务双线管理，中间的衔接环节并不容易把控好，耗费的人力、物力和时间等管理成本较高。由集团扶持的子公司太多，且独立经营，容易出现对投资回报责任心不强的不作为状况。

二、 新南方集团的五星管理模式

企业组织管理中的各要素并不是孤立存在的，而是与其他要素相互关联和相互制约的，正如中医基本理论中的五行结构模型，各要素之间具有相互滋生与克制的运算关系。所谓"五星"，本源于管理水平等级的一种形象分类，即指"五个星级"。后也延伸指企业管理的要素关系，即"五个要素"。

1. 五星要素管理

图3-9是新南方集团关于管理的战略决策、组织、人才、文化和激励的五星要素管理的理念。

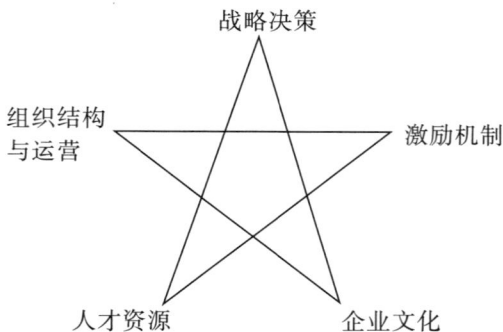

图3-9　新南方集团的五星管理要素

五星要素管理的核心思想是：一个企业产出的整体效能大于或小于各要素的总和，这取决于要素之间相互作用和协同的系统性。正如中医五行水、木、土、火、金之间相生相克的关系一样，企业之间的五个要素之间也是相互联系和相互作用的。按照中医五行理论，所谓相生，是指相互滋生、促进和助长；所谓相克是指相互制约、抑制和消耗。五行相生的规律是木生火，火生土，土生金，金生水，水生木；五行相克的规律是木克土，土克水，水克火，火克金，金克木。在相生关系中的任何一"行"都具有"生我"（即母）和"我生"（即子）上下承接的关系，又称为"母"与"子"的关系。在相克关系中的任何一"行"都具有"我克"（即所胜）和"克我"（即所不胜）对立统一的关系，又称为"所胜"与"所不胜"的关系。五行相生之中，同时寓有相克，而相克之中也寓有相生。中医认为，无论是自然界、人体，还是社会，五行相生相克是一切事物维持动态平衡的基本规律和基本条件。中医五行理论对于企业管理要素的思考具有很强的启发性。因为虽然所有企业都具有几乎相同的管理要素，但各企业整体管理水平差异很大，关键就在于如何把控好诸要素之间的生克关系，例如不同的战略目标决定了不同的组织结构和运营模式；而不同的组织结构和运营模式又决定了需要多少和什么样的人才；进而人才又决定了用什么样的激励机制和企业文化去调动人的积极性和创造性，而人才的创造性又决定了企业发展的命运。反过来，诸要素之间也存在着相互制约、抵消、破坏、拆台等消极的关系。简而言之，企业诸要素之间的协同性是企业系统管理的关键，也是组织设计、评估和变革管理的基本原则。从这种意义上看，五星要素管理是一个有助于管理者对企业管理诸要素的一致性状况进行分析评判的管理工具。

在新南方组织管理的发展过程中，朱拉伊先生多次论述了五星要素管理的思想，其基本观点可概述如下：

（1）关于市场定位和战略要素。

"战略是方向盘，对战略要界定清晰，并通过战略定位指导运营。""正确的市场定位和领先的开发理念是企业制胜的法宝。"要赢得明天，企业不能靠与对手竞争，而是要开创"蓝海"，即蕴含庞大需求的新市场空间，走价值创新的增长之路，这样能够为企业和卖方都创造价值的飞跃，使企业彻底甩开竞争对手，并将新的需求释放出来。"战略明确之前，战略决定成败；战略明确之后，细节决定成败。"

（2）关于组织管理要素。

"要建立并维护强大的管理体系。""策划要先行，制度要配套。"要先谋而后动，"先算后动"，即要先计算出成功的概率再行动。"把战略、模式、组织构架定好，这是一个企业发展的基础和根本，万丈高楼平地起，要做伟大的事业就要一砖一瓦认真打好基础。""建立强而有力、高度负责的管理团队。"

（3）关于人才要素。

公司向前发展离不开人才。人才对于一个企业的生存发展是至关重要的。要储备人力资源，不断自我提高。"如果哪个单位还是无人可用，业绩不佳，相关部门的负责人都难辞其咎。"

（4）关于激励要素。

"要强调业绩文化，以数据为准，以效益为上。""实现业绩文化，公平兑现承诺。""制度创新的重点是要建立有效的激励机制。激励机制不是一味地涨工资，而是在企业盈利的基础上，奖励在内部竞争中脱颖而出的佼佼者，从而鼓励大家共同努力去实现我们的目标。"

（5）关于文化要素。

"企业文化建设是企业竞争力最关键的核心。""我们现在做健康产业一定要以德以道为先，不能以利益取胜。""我们必须创造业绩，必须在有道的基础上去创造。""企业文化建设使企业更能经受住考验。""我们有发展的动力，有自己的核心竞争力——就是我们的企业文化，这是别人拿不走的，每一个员工都要维护它、守护它、尊重它、敬畏它。""诚信是保证我们在市场竞争中领先的有力武器。"

（6）关于诸要素整合的理念。

从世界知名企业的实践来看，不同行业的公司以及领导人的风格不同，从而对管理要素的强调各有所偏爱。朱拉伊先生反复强调五星管理诸要素的重要性，他说："要思考在战略的指引下按五星模型来完善运作管理体系。"朱先生还十分强调公司内部资源需要围绕战略进行整合，各部门之间要相互支持和协同作战，强调要建立健全执行、监督和反馈三个系统相互促进的管理系统。例如，朱先生这样说道："新南方是一个大平台，这个平台需要所有的新南方人形成统一的意识——力出一孔，利出一孔。也就是说所有的能量只有在公司这个平台上释放，所有的利益也就会在公司这个平台上获取！"又如，"提升品质就务必整合资源，共享各单位的客户资源，建立新南方统一的客户资料库，定期推荐公司新产品、新服务"等。

在新南方集团发展的过程中，困难和挫折都是不可避免的，朱先生还引导管理层运用五星模型的分类功能对问题进行有效的归因，理清工作思路。朱先生是一个推崇老子哲学、崇尚简单的人，他说"一切以简单为原则，做实做牢市场"就是他管理的基本理念。

2. 星级评价管理

新南方集团旗下的珠江大酒店、邓老凉茶连锁店、养和医药连锁药店、国医堂、汤道门店等经营单位都有提高现场管理水平的需求，现场管理水平不仅是公司治理水平的直接反映，也是影响经营单位营销绩效的主要因素之一。新南方集团也积极推进企业现场规范管理和企业卓越绩效管理有效落地的星级评价管理。星级评价是一种以国家标准《企业现场管理准则》（GB/T 29590—2013）为基础，按照6S［即整理（SEIRI）、清扫（SEISO）、整顿（SEITON）、素养（SHITSUKE）、安全（SECURITY）、清洁（SEIKETSU）］现场管理标准及可视化管理标准要求，促进企业建立优质、高效、安全、规范的现场管理系统的体系。通过星级评价管理，可以有效地全面促进企业在产品和服务的质量、成本等各方面绩效水平的提高，实现优质、高效、低耗、均衡、安全、文明的企业经营管理，增强企业的核心竞争力。"星级现场"评判结果定级分为三星、四星、五星，五星为最高等级。在十几年前，新南方集团旗下的珠江大酒店就已经获得了四星级酒店的称号，但一直致力于打造具有中医药养生特点的酒店和开发中医药膳食谱系列的品牌却一直没有止步，是区域内人气旺、品牌响、信誉好的四星级商务酒店。近年新南方集团旗下的国医馆、医药连锁店、邓老凉茶新版门店现场管理也开始实施"六优"现场管理模式，即产品和服务品质优、人员素质优、服务环境优、工作业绩优、团队和谐优、管理机制优。2019年新开张的广东汤道餐饮有限公司将书店、咖啡屋、汤道融入一店，开辟了一个全新的文创经营样板。

三、 新南方组织管理的几个特点

1. 人本素养管理

从管理学的发展来看，对组织采取以人为中心的管理方法是在任务管理后提出来的。20世纪30年代以后，管理学家们发现，提高人的积极性、发挥人的主动性和创造性对提高组织的效率更为重要。组织活动成果的大小是由领导方式与工作人员的情绪决定的，由此管理学将研究的重点转向了管理中的人本身，以行为科学为指导的欧美人际关系理论和以中国儒家文化为指导的亚洲诸国企业的人本管理理论日渐兴起。朱拉伊先生曾对中西方企业文化进行过简要比较分析，他说："中国文化很有特色，中国社会和企业也一样，与国外的'法理情'不同，它主要表现在'情理法'上，首先是情：亲情、同事之情、友情；其次，要讲道理；最后才是法律，中国文化有深刻的智慧在里面。"他认为，无论是企业的发展，还是管理体制机制的改革，"突破的永远是人的问题"。因此，他将抓好人本素养管理看成抓好企业管理的牛鼻子，是把新南方建设成为伟大企业所需的组织基础。

在朱拉伊先生看来，人本管理的核心就是如何提高员工的素养，基于中医辨证施治的方法，因人而异，对员工的素养提出了不同的标准。其中对公司高层管理者，朱先生提出了"九有"的素养要求，即"有情义、有担当、有品质、有作为、有人格魅力、有理想、有追求、有激情、有梦想"。对一般员工，朱先生则提出了需要培养具备以下八种特质的人才标准，即"始终能跟着公司一起成长的员工；对公司前景始终看好的员工；在公司不断的探索中能够找到自己位置的员工；为公司新的目标不断学习新知识的员工；抗压能力强且有耐性的员工；与公司同心同德、同舟共济、同甘共苦的员工；不计较个人得失，顾全大局的员工；雄心博大、德才兼备、有奉献精神的员工"。此外，脚踏实地，扎扎实实做事也是朱先生自己和新南方集团一贯提倡的工作作风，这种管理理念落实到操作层面就是公司推行的"3E"行为守则，即每人（everyone）、每天（everyday）、做好每件事（everything）。

人际关系的管理也是企业人本管理中的重要内容，新南方集团一方面积极推行团结协作的企业文化，另一方通过优化制度设计，杜绝拉帮结派的不良现象。既关注以"事业"为中心的管理，也重视以"人才"培养发展为核心动力；既重视职能部门的"监督"管理，也注意二级公司的"自主"管理；既重视中高层经理将帅的领头羊作用，也积极发挥"员工参与"的管理。新南方集团通过各种围绕项目组成的委员会或总裁扩大会议等形式听取更多工作一线上的经理和业务骨干对战略决策的讨论意见。

2. 国情行情教育管理

观察与分析新南方集团历届总裁扩大会议纪要和公司年终总结大会纪要，你会强烈地感受到朱拉伊先生时时处处给高中层管理人员和全体员工讲解当下政治经济形势，分析行业发展趋势，这种管理风格在私营企业中肯定都是不多见的。有如下意义：

（1）企业管理者"善谋者谋其势，势成则事成"。

朱拉伊先生曾在被人请教有什么成功的经验时，只简单地回答了一句话："我只不过是抓住了机遇而已。"看似随意回答，但的确是其核心经验的高度概括。众所周知，本来机遇对于同时代的人来说是公平的，但能抓住机遇的却是那些早有准备的人。事实上，无论是创业还是企业经营发展，都同国家发展同呼吸，与行业共命运。因此，在朱先生看来，对国内外政治经济形势的认识与把握应该成为企业战略管理的制高点。

（2）识势、造势、借势是促进企业发展的一个系统工程。

朱先生解释道：识势就是对国内外大局的认识，对趋势的研判，对方向的把握；造势就是用多种形式进行产品、服务和文化营销；借势则是当大气候来临之时，乘势而上，迅速行动，借东风扬帆起航。从"非典"事件看到发展中医治未病大健康事业的前景，从亚非各国抗疟疾困局看到开发青蒿素新药的巨大潜力都是新南方识势、造势、借势的成功案例。"企业的发展战略思维一定要清晰，不然无路可走，走慢一点不怕，但一定要找准方向，没有方向的船，任何风都不会是顺风。""蓄势待发"和"静如处子，动如脱兔"都是善谋管理的另一种表达方式而已。

（3）实现"打造新南方成伟大企业"的梦想需要有宏观的系统思维和目标管理的激励。

1954年美国著名管理学家德鲁克在《管理的实践》一书中首次提出了"目标管理与自我控制"的管理理念，随后又在《管理——任务、责任、实践》一书中对此做了进一步的阐述。德鲁克认为，并不是有了工作才有目标，而是相反，有了目标才能确定每个人的工作。所以，"企业的使命和任务，必须转化为目标"。目标管理既吸收了任务管理法要求员工活动标准化、任务目标化的优点，也充分考虑到组织与员工的自主性和创造性的发挥。目标管理是以相信人的积极性和能力为基础的，企业各级领导者对下属人员的领导，不是简单地依靠行政命令强迫他们去干，而是运用激励理论，引导职工自己制定工作目标，自主进行自我控制，自觉采取措施完成目标，自动进行自我评价。目标管理能够通过激发员工的生产和创造潜能、提高工作的效率来促进企业总体目标的实现。所谓系统管理是指始终着眼于从整体与部分（要素）之间、整体与外部环境之间、部分（要素）与部分（要素）之间的相互作用和相互制约中考察对象，从而达到统筹全局、实现整体效能最优的一种管理方法。"将新南方打造成伟大企业"是朱拉伊先生的一种梦想，但如何实现这种梦想不但需要一种系统管理，而且还需要将其化解为一组目标。2015年朱先生组织公司高层人员举行了"将新南方打造成伟大企业"的动员会。会上首次提出了要在5～10年内实现拥有8家上市企业，资产达到1万亿元的奋斗目标。为此，公司先后聘请了国内知名的券商、律师行、会计师事务所等几家中介机构进驻公司，积极推进青蒿药业、科技园、丰顺绿色食品等公司往新三板进发，力争在不太长的时间内挂牌新三板。前景诱人的股权激励和盈利预测无疑是新南方人的一个伟大的梦想，有经理甚至说，"希望在未来的黄金十年内能成为亿万富翁的一分子"，由此可见，新南方是系统管理和目标管理的实践者。当然，朱先生提醒年轻人："上市不是最终目的，而是一个阶段性目标。实现上市目标以后将会有更多的挑战，对我们的要求也更加严格。"

3. 情感管理

情感是个体对期待的事物是否满足自己的社会需要而产生的态度体验，它与态度中的内向感受、意向和认知评价具有协调一致性。企业员工的情感在企业员工管理中具有非常微妙的作用，尤其在企业发展早期，面临经营困难、薪酬福利不高或重大转型转折时，员工的情感可能会发生波折的不稳定状况，在这些特别的时候，企业管理者通过适当的宣讲动员、员工对话或其他文化活动，可以激发员工为企业愿景和目标任务而工作的情感，这种情感是员工积极工作的强大心理动力。情感是人脑对于价值关系的主观反映，从企业员工的情感需求来看，情感需求可以分为三阶段或三种类型：一是渴望交流和融入组织的需求；二是被组织肯定和认同的需求；三是自我价值实现的需求。

朱拉伊先生多次分析道：新南方集团的薪酬福利与几个兄弟相关公司相比处于较低水平，但许多人仍然选择长期留在新南方继续工作，这说明新南方的新老员工认同新南方的使命和价值观。新南方集团实施以传统文化为基准的情感教育管理，其主要特点有：

①向全体员工阐述新南方集团的远大抱负和担负的时代使命，让员工拥有一种英雄般的自豪感和自我效能感。"夫英雄者，胸怀大志，腹有良谋，有包藏宇宙之机，吞吐天地之志者也。"（《三国演义》第 21 回）"我们是一个有责任、有抱负的企业，是一个伟大的企业，因为我们所从事的事业是对国家、对人类健康有益的，这项事业需要很多人为之不懈奋斗，就像我们很多同事在非洲都非常辛苦，所以大家必须要有这样的理想、有这样的追求才能在我们的企业中发挥作用。为了实现我们的理想和目标，我们一定要有合作互助的理念，要有一往无前的勇气，要有不屈不挠的毅力，要有舍我其谁的自信，要有挑战困难的积极，要有胸怀天下的抱负。"朱拉伊先生在集团成立22 周年庆典大会上豪迈地向员工们说："希望大家能够坚持、奋斗，牢记使命，扎实工作，一步一步实现我们的战略发展目标，大家将见证我们新南方的伟大、中医药产业的伟大、中华民族的伟大，为人类健康事业做出贡献是我们的追求，也是我们的梦想，我相信我们的梦想是可以实现的！"这番高昂的情感鼓动对于一个总产值并不太高的私营企业和待遇也不太高的员工来说都是一种鼓励。令人惊奇的是，新南方人已经将"相信激情是生命力的象征"作为企业的核心价值观之一。

②道德情感教育也是提升员工自我效能感的一条途径。朱先生十分欣赏明代思想家王阳明"胜负之决，不待卜诸临阵，只在此心动与不动之间"这句话，2013 年他带领集团中高层管理人员回到他的故乡——丰顺留隍，开展了一次"回到原点，再出发"的团建活动。他曾说："回归初心，不去附和。用持续的创造力和卓然不群的商业伦理来推动新南方事业的发展。别人为利所困，然而新南方要一直坚持着自身的理想与价值，能够用更少的资源和更好的方法来创造利益。"

③忠诚是维系企业与员工关系的重要情感。朱先生借用俄罗斯总统普京的一句名言"如果没有忠诚，能力无足轻重"向员工解释道："这个忠诚是要对老板的忠诚，更要是对所有新南方人共同事业的忠诚，并不是说大家不能离开，而是我们要记住：为什么来到这里，为什么做这件事，想清楚就会走

得远。"简而言之，无论是办企业还是管企业，都既需要迸发的激情，也需要持久的忠诚情感。

4. 团队建设

朱先生几乎逢会必讲团队建设的重要性，他说："在当今社会单打独斗是不可能成功的，一个自私自利没有朋友的人也不可能成功。所以我希望建设一个最有秩序、最有纪律的团队，一个互相合作、纪律严明、彼此忠诚、善于沟通、积极向上的团队！我希望我们要勇猛、智慧、顽强、坚韧，具有非凡的气魄和雄心！我希望我们有激情，有热血，有不达目标不罢休的决心和霸气！我更希望在大家的眼睛里看不到迷茫和彷徨，而是全身心投入所做的每一件事上，找到自己的着力点！"

朱先生认为，在集团中凡是任务完成得好的单位都有一个共同的特点，那就是都有一个出色的、团结的管理团队，他在多个场合阐述过一个优秀的管理团队的基本特质："团结（团队成员之间相互包容、相互支持）、拼搏、向上、包容、有执行力、敢于迎接挑战、善于战胜困难"，"一个好的团队还有几个特点，它必须是一个善于沟通的团队，一个永远积极向上的团队，一个永远遵守公司纪律的团队，还必须要有合作、沟通、关爱、呵护、无私贡献的精神。如果我们的团队能具备这些精神，事业就一定能取得成功"。在2016年年终总结会上他再一次总结了高素质的管理团队普遍具备的几个显著要素："首先，要有自我牺牲和奉献精神；其次，要有三方面素质——掌握方向和节奏的素质、宽容的素质、团结凝聚力量的素质；再次，要有理解力、选择力、决断力和执行力；最后要有人品，有颗善良的心，做到仁爱与诚信。"

第四章

企业的人力资源管理

　　人力资源是指在一定范围内智力劳动和体力劳动的总和，而企业的人力资源管理则是指根据企业发展战略和目标任务，通过人力需求预测、人力资源规划、岗位分析与设计、招聘与选拔、培训与开发、绩效考核、薪酬福利、员工流动管理、职业生涯规划、人力资源会计、劳动关系管理、员工安全与健康管理等一系列政策与管理形式对组织内人力资源进行合理配置、有效运用，实现企业与员工发展目标的管理行为。

　　人力资源管理的理论是在 1954 年由现代管理学之父彼得·德鲁克在其著作《管理实践》中首先明确提出来的。经过不断发展，人力资源管理体系逐渐取代传统的狭隘的人事管理，不但将人视为参与生产活动可以产生利润的最重要的一种资本，而且是经营活动中最重要的、应首先考虑的因素。只有当企业满足了员工对工作环境、薪酬、尊重等各种必要的需求时，员工的工作效率和创造力才会得到极大的提升，才可能为企业发展做出更多的贡献。

第一节

人力资源管理的需求预测与现状分析

一、 人力资源需求预测的方法

　　企业员工的供求平衡是编制企业人力规划的一项重要内容，而要做到供求平衡，就必须对员工的需求和供给进行正确的预测。企业员工的需求预测是根据企业发展的要求对将来某个时期内企业所需员工的数量和质量进行预测，进而确定人员补充的计划方案。员工需求预测是企业编制人力规划的核心和前提条件，预测的基础是企业发展规划和企业年度预算。对员工需求预测要持动态的观点，要考虑到预测期内劳动生产率的提高，工作方法的改进，机械化、自动化、信息网络化水平的提高等变化因素。员工需求预测的基本方法有以下三种。

1. **经验估计法**

经验估计法就是利用现有的情报和资料，根据有关人员的经验，结合本企业的特点，对企业员工需求加以预测。经验估计法可以采用"自下而上"和"自上而下"两种方式。"自下而上"是由直线部门的经理向自己的上级主管提出用人要求和建议，得到上级主管的同意；"自上而下"的预测方式就是由企业经理先拟定出企业的用人目标和建议，然后由各级部门自行确定。用人计划最好是将"自下而上"与"自上而下"两种方式结合起来运用，先由企业提出员工需求的指导性建议，再由各部门按企业指导性建议的要求，会同人事部门、工艺技术部门、职工培训部门确定具体用人需求。最后，由人事部门汇总确定全企业的用人需求，将形成的员工需求预测交由企业经理审批。这种方式较为实用、简单，缺点是不太精确，适用于中小型企业熟悉本单位情况的人事经理操作。

2. **统计预测法**

它是运用数理统计形式，依据企业目前和预测期的经济指标及若干相关因素，做数学计算，得出员工需求量。这类方法中采用最普遍的是比例趋势分析法，其次是经济计量模型法。比例趋势分析法是通过研究历史统计资料中的各种比例关系，如管理人员与工人之间的比例关系，考虑未来情况的变动，估计预测期内的比例关系，从而预测未来各类员工的需要量。这种方法简单易行，关键在于历史资料的准确性和对未来情况变动的估计。经济计量模型法是先将企业的员工需求量与影响需求量的主要因素之间的关系用数学模型的形式表示出来，依此模型及主要因素变量来预测企业的员工需求。这种方法比较复杂，一般只在管理基础比较好的大企业才采用。

3. **工作研究预测法**

这种方法就是通过工作研究，包括动作研究和时间研究，来计算完成某项工作或某件产品的工时定额和劳动定额，并考虑到预测期内的变动因素，确定企业的员工需求。这种方式较为科学、准确，缺点是过于复杂，适用于大型和面临变革的企事业单位操作。另一个重要预测是对人才供给的预测。企业员工的供给预测就是为满足企业对员工的需求，而对将来某个时期内，从内部和外部所能得到的员工的数量和质量进行预测。员工供给预测一般包括以下几方面内容：

（1）分析企业目前的员工状况，如企业员工的部门分布、技术知识水平、工种、年龄构成等，了解企业员工的现状。

（2）分析目前企业员工流动的情况及其原因，预测将来员工流动的态势，以便采取相应的措施避免不必要的流动，或及时给予替补。

（3）掌握企业员工提拔和内部调动的情况，保证工作和职务的连续性。

（4）分析工作条件如作息制度、轮班制度等的改变和出勤率的变动对员工供给的影响，掌握企业员工的供给来源和渠道。员工可以来源于企业内部，也可以来源于企业外部。

二、 人力资源现状分析指标

一个企业的人力资源现状可以从人员的数量、结构与流动性三大维度进行分析评价。

1. 人员数量指标

一个企业的人员数量指标是指反映统计分析报告期内人员的总量，主要统计如下六个具体指标：

（1）期初人数：指报告期最初一天企业实有人数，属时点指标，如月、季、年初人数。

（2）期末人数：指报告期最后一天企业实有人数，属时点指标，如月、季、年末人数。

（3）统计期平均人数：指报告期内平均每天拥有的劳动力人数，属序时平均数指标。计算公式是：

月平均人数 = 报告期内每天实有人数之和 ÷ 报告期月日数
　　　　　 = 年初到统计时点月份的月人数之和 ÷ 月数
季平均人数 = （季内各月平均人数之和）÷ 3
年平均人数 = （年内各月平均人数之和）÷ 12

（4）员工增长率：指新增员工人数占原有企业员工人数的比例。员工增长率反映了企业人力资源的增长速度，同时也可以反映出人力资本的增长速度。将员工增长率与企业的销售额增长率、利润增长率等结合起来，可以反映出企业在一定时期内的人均生产效率。计算公式是：

员工增长率 = 本期新增员工人数 ÷ 上年同期员工人数 × 100%

（5）新员工入职人数：指现有员工人数减去原有员工人数。该项指标可以帮助企业考虑是否需要对基础职位的设置进行调整，同时，还与培训需求有较大关联。

（6）新员工转正人数：是指获得转正的员工人数占新员工入职人数的比

例。对比新员工入职人数和新员工转正人数，可以看出员工招聘的质量。同时，也可以为培训、薪酬、岗位设置等工作提供指导性数据。

2. 员工人数流动指标

该指标是指企业内部由于员工的各种离职与新进所发生的人力资源变动情况。具体包括以下指标：

（1）人力资源流动率：指报告期内企业流动人数（包括流入人数和流出人数）占总人数的比例，是考察企业组织与员工队伍是否稳定的重要指标，报告期一般为一年。计算公式是：

$$流动率 = （一年期内流入人数 + 流出人数）÷ 报告期内员工平均人数$$

流入人数指调入和新进人数，流出人数指退休、内退、调出、辞职、辞退和合同到期不再续签（即终止合同）人数。由于人力资源流动直接影响到组织的稳定和员工的工作情绪，必须加以严格控制。若流动率过大，一般表明人事不稳定，劳资关系存在较严重的问题，而且会导致企业生产效率低，以及增加企业挑选、培训新进人员的成本。若流动率过小，又不利于企业的新陈代谢，保持企业的活力。但一般蓝领员工的流动率可以大一些，白领员工的流动率要小一些为好。

（2）净人力资源流动率：指补充人数占统计期平均人数的比例。所谓补充人数是指为补充离职人员所雇用的人数。计算公式是：

$$净流动率 = 补充人数 ÷ 统计期平均人数 × 100\%$$

分析净人力资源流动率时，可与离职率和新进率相比较。对于一个成长发展的企业，一般净人力资源流动率等于离职率；对于一个紧缩的企业，其净人力资源流动率等于新进率；而处于常态下的企业，其净人力资源流动率、新进率、离职率三者相同。

（3）人力资源离职率：指报告期内离职总人数占统计期平均人数的比例。其中离职人员包括辞职、辞退、合同到期不再续签的所有人员，不包括内退和退休人员。计算公式是：

$$离职率 = 离职总人数 ÷ 统计期平均人数 × 100\%$$
$$= （辞职人数 + 辞退人数 + 合同到期不再续签人数）÷ 统计期平均人数 × 100\%$$

离职率可用来测量人力资源的稳定程度。离职率常以月、季度为单位，如果以年度为单位，就要考虑季节与周期变动等影响因素。一般情况下，合理的离职率应低于8%。

（4）非自愿性员工离职率：指非自愿离开企业的员工人数占统计期平均人数的比例。其主要表现为某员工因不能完成本职工作，不能达到绩效标准，或有严重的或故意的错误行为，不再满足运作要求而引起的员工流失。非自愿性的员工流失不但包括下岗、裁员、辞退等正常形式，而且包括因员工死亡或终身残疾等导致合同失效而引起的非正常形式的员工流失。计算公式是：

$$非自愿性员工离职率 = （解雇员工人数 + 因残疾而离岗人数 + 下岗人数）÷统计期平均人数×100\%$$

对非自愿性的员工离职数据的分析，有利于辨识员工主要的离职原因，较低的非自愿性员工离职率有利有弊。我们可以通过非自愿性员工离职率转换视角，重新审视企业的业绩和生产力问题。

（5）自愿性员工离职率：指自愿离开企业的员工人数占统计期平均人数的比例。自愿性员工离职率可能受到很多因素的影响，其中包括员工的个人境况、公司的内部环境、行业的趋势和宏观的经济形势等。计算公式是：

$$自愿性员工离职率 = 自愿性离职的员工人数÷统计期平均人数×100\%$$

如果某一企业有较高的自愿性员工离职率，可能是不健康的企业文化的反映，或者是企业对员工的认同和奖励计划没有被恰当地评估，领导不力也会造成该比率的上升，也可能是该企业应该对招聘程序进行彻底的检查以确保工作岗位和所雇用员工的能力相匹配。

（6）关键岗位员工离职率：指处于关键岗位而自愿离开企业的员工人数占统计期平均人数的比例。此指标可能受到很多因素的影响，其中包括员工的个人境况、公司的内部环境、行业的趋势和宏观的经济形势等。计算公式是：

$$关键岗位员工离职率 = 关键岗位自愿离职的员工人数÷统计期平均人数×100\%$$

（7）内部变动率：指报告期内部门内部岗位调整、在企业内部调动的人数占总人数的比例。计算公式是：

内部变动率 ＝（部门内部岗位调整人数 ＋ 企业/集团内部调动人数）÷报告期内总人数 ×100％

员工调动人次可以反映组织的相对稳定性，可以使相关单位及时关注调动员工的工作情况。

（8）员工晋升率：指报告期内实现职位晋升的员工人数占总人数的比例。计算公式是：

员工晋升率 ＝ 报告期内实现职位晋升的员工人数 ÷ 报告期内员工总人数 ×100％

进行员工晋升率统计可以反映出企业内部员工提升的情况，为改进员工发展通道、制订员工职业规划提供依据。

3. 人力资源结构指标

所谓人力资源结构分析也就是对企业现有人力资源的调查和审核，只有对企业现有人力资源有充分的了解和有效的运用，人力资源的各项计划才有意义。具体包括以下分析指标：

（1）人员岗位分布：指按照特定的岗位划分，报告期末企业（部门）各岗位上实有人员的数量以及所占总人数的比重。任何企业的人员都可以分成五大类：管理人员、技术人员、市场人员、生产人员和后勤人员（服务人员）。管理人员包括人力资源管理、财务管理、研发管理、工艺管理、质量管理、生产管理以及其他管理人员；技术人员包括研发人员、工程人员、中试人员、质检人员、工艺人员；市场人员包括销售人员、营销人员、市场技术支持人员、客服人员；生产人员包括基本生产工人和辅助生产工人；后勤人员包括招待员、清洁工、司机等。通过每年年终的数据，观察不同类别人员的变化以及同类职群不同级别人员的变化，可以得到组织人才结构性的变化情况，如高级专业员工的短缺。

（2）人员学历分布：指按照学历划分，报告期末企业（部门）所有在岗员工的最高学历情况统计，包括各学历层次相应的人数及比重。员工学历是指已经正式获得国家承认的最高毕业文凭学历。

（3）人员年龄、工龄分析指标：

①人员年龄分布：指按照年龄区间划分，报告期末企业（部门）实有人员在各年龄阶段相应的人数以及比重。年龄区间划分为 25 岁及以下、26～35 岁、36～45 岁、45 岁以上四个区间。仅仅对年龄分布进行一维分析，只能看出员工的年龄层次结构。只有当把年龄分布和其他相关的指标结合起来时，

才可以从数据中看出问题，例如将年龄分布和学历分布结合，或者将年龄分布和人员职位层次结合，组成一个二维的人员结构分析表，才能从中看出人员结构所折射出的具体情况。对年龄分布进行分析，可以判断组织人员是年轻化还是日趋老化，组织人员的稳定性和创造性，组织人员吸收新知识、新技术的能力，组织人员工作的体能负荷和工作职位或职务的性质与年龄大小的可能的匹配要求等，这些均将影响组织内人员的工作效率和组织效能。企业员工理想的年龄分配，应以呈金字塔型为宜。顶端代表 45 岁以上的高龄员工；中间部位次多，代表 36～45 岁的中龄员工；而底端人数最多，代表20～35 岁的低龄员工。

②平均年龄：指报告期末企业（部门）所有在岗员工年龄的平均值。一般情况下，平均年龄与员工的知识更新速度和接受新知识的能力成正比。平均年龄越小，员工的知识更新速度越快，知识结构层次越全，接受新知识的能力越强，企业的知识资源也就越丰实。

③人员工龄结构分析：指按照工龄区间划分，报告期末企业（部门）实有人员在各工龄阶段相应的人数及比重。工龄指标为员工在某公司工作工龄，截止日期为报告期期末，工龄超过半年按一年计算，半年以下按半年计算。通常工龄越长代表员工忠诚度越高，经验越多。工龄区间划分为 5 年及以下、6～10 年、11～15 年、16～20 年、20 年以上五个区间。

④人员资质等级结构：指按照职称体系划分，报告期末企业（部门）各职称等级上实有人员的数量以及所占总人数的比重。人员资质等级反映公司人员组建建构是否合理。

⑤新增职位数量：指每年比上一年新增加的职位数量，可以反映职位管理系统的变化程度。

⑥某职位人员更换频率：指以年为周期，统计某职位上人员的更换频率。如果某个职位上人员更换频率太高，则需考虑该职位的要求是否合理，是否应该安排更高职位的人员任职等问题。

第二节

员工招聘的途径与方法

企业人员的招聘途径一般有两种，不同的途径各有其特点。

一、 内部招聘

1. 内部招聘的途径

（1）内部提升。

当企业发生职位空缺时，通常首先考虑的是从内部提升人员进行补充。内部提升的员工一般在原来的职位上表现优异，对业务十分精通。有调查表明，90%以上的管理职位都是由企业内部提拔的人员担任的，对于一些专业的技术人员、办公室职员的选拔，采用内部招聘方式的企业也为数不少。但是，这种方法也存在一定的弊端，比如内部选拔引起人员竞争，失败者的士气会受到挫伤。另外，这种方法选择的范围相对较小，容易出现"近亲繁殖"现象。

（2）工作调换。

也称为"平调"，是指职务的级别不发生变化，只是工作岗位变动而已。工作调换可为员工提供从事多种相关工作的机会，积累经验，为将来的晋升做准备。员工通过工作调换能够扩展兴趣范围，掌握多种技能，对企业来说这是不断增强竞争力的一个方面。这种方法多用于中层管理人员，且在时间上可能是较长的，甚至是长久的。

（3）工作轮换。

也称为岗位轮换，和"工作调换"的主要区别是动机不同，时间长短不同，应用对象不同，前者主要是为了消除员工因为做同一种工作而产生的枯燥和无聊情绪，所以工作轮换往往是定期执行的，多用于一般员工的培养和发展。

（4）返聘。

它是指组织将解雇、提前退休、已退休或下岗待业的员工再召回组织来工作，通常这是一种经济有效的方式。因为返聘员工一般会更加珍惜自己的第二次工作机会，而且他们对工作和组织很熟悉，有一定技能，不需要过多培训，能够节省大量费用。据调查，80％的下岗员工表示如果企业情况好转，愿意回到原单位工作。

2. 内部招聘的方法

为了有效实施内部招聘，企业常常利用工作公告、人事档案或直接推荐等方法来寻找最适合组织空缺的人选。

（1）工作公告。

在确定了空缺职位的性质、职责、要求和条件等情况以后，通过橱窗、布告栏、内部刊物等载体向全体员工公布这些信息，鼓励符合条件的员工参加选拔。对空缺职位有兴趣的员工可以直接到主管部门或人力资源部门报名申请，然后经过公开的考核择优录取，这是最常见的内部招聘方法。

在西方，工作公告的应用领域极为广泛，不仅适用于蓝领阶层的工作，而且扩展到政府部门和一些私人企业，它有利于发挥组织中现有员工的积极性，激励士气，鼓励员工在本企业建功立业，是激励员工发展的有效方式。

（2）人事档案。

人力资源部门一般都有每个员工的档案记录，从中可以了解员工在教育培训、经验、技能、绩效等方面的信息，帮助用人部门与人力资源部门进行选拔。如果组织建立了完善的人力资源信息系统，这种方法将具有快捷迅速的特征，可以节省大量的搜索时间和精力，但是这种方法需要档案记录和资料的全面、及时和准确。另外，由于缺乏员工参与，透明度小，所以一般需要和其他方法一起配合、互相补充。

（3）直接推荐。

它是由本组织员工根据组织的需要推荐其熟悉的合适人选，以供人力资源部门和用人部门选择的方法。直接推荐的优点是：第一，被推荐人往往和介绍人有过合作关系，能力已经获得他人的认可，具备团队合作的基础和个人能力；第二，它不需要做很多的资历调查，节约了时间和精力；第三，因为组织对被推荐人比较了解，所以能够很快安排其进入角色，发挥作用，启动时间短。但是直接推荐法的弊端也很明显，容易出现诸如裙带关系、内部小团体、引荐亲信等问题，这些方面需要特别留心和控制。

二、 外部招聘

组织外部是劳动力的巨大来源，在内部劳动力供给不能满足需要时，就可以将招聘的目标集中到组织外部。

1. 外部招聘的途径

（1）发布招聘广告。

招聘广告是外部招聘常用的一种方法，它通过新闻媒体向社会传播招聘信息，其特点是信息传播范围广、速度快，应聘人员数量大、层次丰富，组织的选择余地大。现代企业可以选择的广告媒体有很多，如电视、广播、报纸、杂志、网络等。各种媒体都各有利弊，企业在选择时，要综合考虑空缺岗位、广告价格、潜在应聘者所在的地区和工作特性等因素。

（2）校园招聘。

学校是人力资源的重要来源，我国高等院校每年有几百万毕业生走出校门，进入社会。高校毕业生已成为组织技术人才和管理人才的最主要来源。一些组织为了不断地从学校获得所需人才，与学校横向联合，在学校设立奖学金，资助优秀或贫困学生，借此吸引学生毕业后去该组织工作；有的为学生提供实习机会和暑假雇佣机会，以期日后确定长久的雇佣关系；有的组织采用与学校定向培养、委托培养等方式直接从学校获得所需人才。

校园招聘是一种两点式招聘，即在学校和企业两点间进行。校园招聘的方式通常有三种：一是组织到校园去公开招聘；二是组织参加政府举办的每年一度的应届毕业生招聘会；三是组织联合多所学校接受应届毕业生直接到本组织中实习，从中挑选合格者留用。

（3）职业中介机构。

随着人才流动的日益增多，各种各样的职业中介机构应运而生，如人才交流中心、职业介绍所、劳动就业服务中心、猎头公司等。这些机构承担着双重角色，既为组织择人，也为求职者择业。借助于这些机构，组织与求职者均可以获得大量信息，同时也可以传播各自的信息。这些中介机构通过定期或不定期的人才招聘会，让供需双方见面商谈。

（4）网络招聘。

随着计算机技术的发展，网络招聘开始盛行，组织通过在互联网上发布招聘信息来征集应聘者。网络招聘具有传播范围广、速度快、成本低、供需双方选择余地大，且不受时间、地点限制等优点。目前，我国计算机网络应用正处于高速发展阶段，因此网络招聘在我国具有良好的发展前景。

2. 外部招聘的方法

（1）报名及其资格审查。

在发布招聘信息后，需要对简历和申请表进行筛选。初步筛选方法是对应聘者是否符合岗位基本要求的一种资格审查，目的是筛选出那些背景和潜质都与职务规范所需条件相当的候选人，并从合格的应聘者中选出参加后续选拔的人员。最初的资格审查和初选是人力资源部门通过审阅应聘者的个人简历或应聘申请表进行的。

①筛选简历的方法。应聘简历是应聘者自带的个人介绍材料，对于如何筛选应聘简历，实际上并没有统一的标准来对应聘简历进行评估，因为简历的筛选涉及很多方面的问题。

第一步，分析简历结构：简历的结构在很大程度上反映了应聘者的组织和沟通能力。结构合理的简历都比较简练，一般不超过两页。通常应聘者为了强调自己近期的工作，书写教育背景和工作经历时，可以采取从现在到过去的时间排列方式。相关经历常被突出表述。书写简历并没有一定的格式，只要通俗易懂即可。

第二步，审查简历的客观内容：简历的内容大体上可以分为两部分，主观内容和客观内容。在筛选简历时，注意力应放在客观内容上。客观内容主要分为个人信息、受教育经历、工作经历和个人成绩四个方面。个人信息包括姓名、性别、民族、年龄、学历等；受教育经历包括上学经历和培训经历等；工作经历包括工作单位、工作起止时间、工作内容、参与项目名称等；个人成绩包括学校、工作单位的各种奖励等。主观内容主要包括应聘者对自己的描述，例如本人开朗乐观、勤学好问等对自己的评价性与描述性内容。

第三步，判断是否符合岗位技术和经验要求：在客观内容中，首先要注意个人信息和受教育经历，判断应聘者的专业资格和经历是否与空缺岗位相关并符合要求。如果不符合要求，就没有必要再浏览其他内容，可以直接筛选。

第四步，审查简历中的逻辑性：在工作经历和个人成绩方面，要注意简历的描述是否有条理，是否符合逻辑。比如一份简历称自己在许多领域取得了什么成绩，获得了很多证书，但是从他的工作经历分析，很难有这样的条件和机会，这样的简历要引起注意。如果能够断定简历中有虚假成分存在，就可以直接将这类应聘者淘汰掉。

第五步，对简历的整体印象：通过阅读简历，问问自己是否留下了好的印象。另外，标出简历中感觉不可信的地方以及感兴趣的地方，面试时可询问应聘者。

②筛选申请表的方法。申请表的筛选方法与简历的筛选有很多相同之处，其特殊地方如下：

第一，判断应聘者的态度。在筛选申请表时，首先要筛选出那些填写不完整和字迹难以辨认的材料。为那些态度不认真的应聘者安排面试，纯粹是在浪费时间，可以将其淘汰掉。

第二，关注与职业相关的问题。在审查申请表时，要估计背景材料的可信程度，要注意应聘者在以往经历中所任职务、技能、知识与应聘岗位之间的联系。如应聘者是否标明了过去单位的名称、过去的工作经历，其与现在申请的工作是否相符，工作经历和教育背景是否符合申请条件，是否经常变换工作而这种变换却缺少合理的解释等。在筛选时要注意分析其离职的原因、求职的动机，对那些频繁离职人员加以关注。

第三，注明可疑之处。不论是简历还是应聘申请表，很多材料都或多或少地存在内容上的虚假。在筛选材料时，应该用铅笔标明这些疑点，在面试时作为重点提问的内容之一加以询问。如在审查应聘申请表时，通过分析求职岗位与原工作岗位的情况，要对高职低就、高薪低就的应聘者加以注意。为了提高应聘材料的可信度，必要时应该检验应聘者的各类能证明身份及能力的证件。

值得注意的是，由于个人资料和招聘申请表所反映的信息不够全面，决策人员往往凭个人的经验与主观臆断来决定参加复试的人选，带有一定的盲目性，经常产生漏选的现象。因此，初选工作在费用和时间允许的情况下应坚持面广的原则，应尽量让更多的人员参加复试。

（2）笔试。

笔试是一种最古老而又最基本的选择方法，它是让应聘者在试卷上笔答事先拟好的试题，然后根据应聘者解答的正确程度予以成绩评定的一种选择方法。这种方法主要通过测试应聘者的基础知识和素质能力，判断该应聘者对招聘岗位的适应性。对基础知识和素质能力的测试，一般包括两个层次，即一般知识和能力与专业知识和能力。一般知识和能力包括个人的社会文化知识、智商、语言理解能力、数字才能、推理能力、理解速度和记忆能力等。专业知识和能力即与应聘岗位相关的知识和能力，如财务会计知识、管理知识、人际关系能力、观察能力等。现在有些单位也通过笔试来测试应聘者的性格和兴趣，但性格与兴趣通常要运用心理测试的专门技术来测试，仅靠笔试中的一部分题目很难得出准确的结论。

（3）面试。

由于人员资格审查与初选不可能全面反映应聘者的全部信息，使组织不能对应聘者有深层次的了解，同时，应聘者也无法得到关于组织的更为全面的信息，而采用面试的方法，则使这一问题迎刃而解。

面试时供需双方通过正式交谈，使用人单位能够客观全面地了解应聘者的业务知识水平、外貌风度、工作经验、求职动机等信息。同时，也使应聘者能够更全面地了解招聘单位的相关信息。

由于面试非常复杂，人们首先按照一定的标准将面试进行分类，目的是掌握相应的特点。

①初步面试和诊断面试。从面试所达到的效果来看，面试可分为初步面试和诊断面试。初步面试用来增进用人单位与应聘者的相互了解，在这个过程中应聘者对其书面材料进行补充（如对技能、经历等进行说明），组织对其求职动机进行了解，并向应聘者介绍组织情况、解释岗位招募的原因及要求。初步面试类似于面谈，它比较简单、随意。通常初步面试是人力资源部门中负责招聘的人员主持；不适合的人员或对组织不感兴趣的应聘者将被淘汰掉。

诊断面试则是对经初步面试筛选合格的应聘者进行实际能力与潜力的测试，它的目的在于招聘单位与应聘者双方补充深层次的信息，如应聘者的表达能力、交际能力、应变能力、思维能力、个人工作兴趣与期望等，组织的发展前景，个人的发展机遇、培训机遇等。这种面试由用人部门负责、人力资源部门参与，它更像正规的考试。对于高级管理人员的招聘，则组织的高层领导也将参加进来。这种面试对组织的录用决策与应聘者是否加入组织的决策至关重要。

②结构化面试和非结构化面试。根据面试的结构化程度，可分为结构化面试和非结构化面试。结构化面试是在面试之前，已经有一个固定的框架或问题清单，面试考官根据框架控制整个面试的进行，按照设计好的问题和有关细节逐一发问，严格按照这个框架对每个应聘者分别进行相同的提问。这种面试的优点是对所有应聘者均按同一标准进行，可以提供结构与形式相同的信息，便于分析、比较，减少主观性，同时有利于提高面试的效率，且对面试考官的要求较少。缺点是谈话方式过于程式化，难以随机应变，所收集的信息的范围受到限制。

非结构化面试无固定模式，事先无须做太多的准备，面试者只要掌握组织、岗位的基本情况即可。非结构化面试可以说是漫谈式的，即面试考官与应聘者随意交谈，无固定题目，无限定范围，海阔天空，无拘无束，让应聘者自由地发表言论、抒发感情。这种面试的主要目的在于给应聘者充分发挥自己能力与潜力的机会，通过观察应聘者的知识面、价值观、谈吐和风度了解其表达能力、思维能力、判断能力和组织能力等。由于这种面试有很大的随意性，需要面试考官有丰富的知识和经验，以及掌握灵活的谈话技巧，否则很容易使面谈失败。同时，由于面试考官所提问题的真实意图比较隐蔽，要求应聘者有很好的理解能力与应变能力。其优点是灵活自由，问题可因人而异，可深入浅出，可得到较深入的信息；其缺点是这种方法缺乏统一的标准，易带来偏差，且对面试者的要求较高。

第三节

员工的培训与开发

一、　员工培训的需求分析

1. 员工培训需求分析的层面

（1）组织范围内的培训需求分析。

目的是保证培训计划符合组织的整体目标与战略要求。组织层面的分析涉及以下问题：组织的发展目标分析、组织的人力资源需求分析、组织效率分析、组织文化分析。

（2）对工作体系运行状况的分析。

目的是从职位工作角度确定培训需求。工作状况层面分析的内容有：职位工作职责，包括各项工作任务及其难易程度等；职位任职资格，即履行工作职责应具备什么样的素质条件，需要掌握哪些相关的知识、技能。

（3）任职者培训需求分析。

即从任职者的角度来考察培训需求，将员工目前的实际工作绩效与组织的员工绩效标准进行比较，或者将员工现有的知识技能水平与组织对员工的知识技能要求进行比照，发现两者之间存在的差距。任职者培训需求等于职位工作所需达到的绩效减去职位工作实际所达到的绩效。

2. 员工培训需求分析的作用模型

培训需求分析的作用模型见图 4 −1。

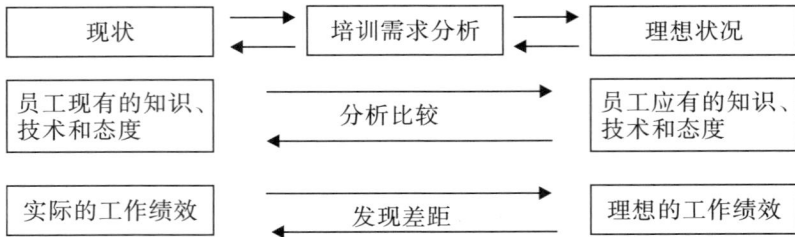

图4-1 培训需求分析的作用模型

通过处理、对比当前现状和理想状况，进而找出两者之间的差距，分析哪些差距是可以借助内部劳动力市场操作，尤其是培训和开发现有员工来缩小的。该过程如图4-2所示。

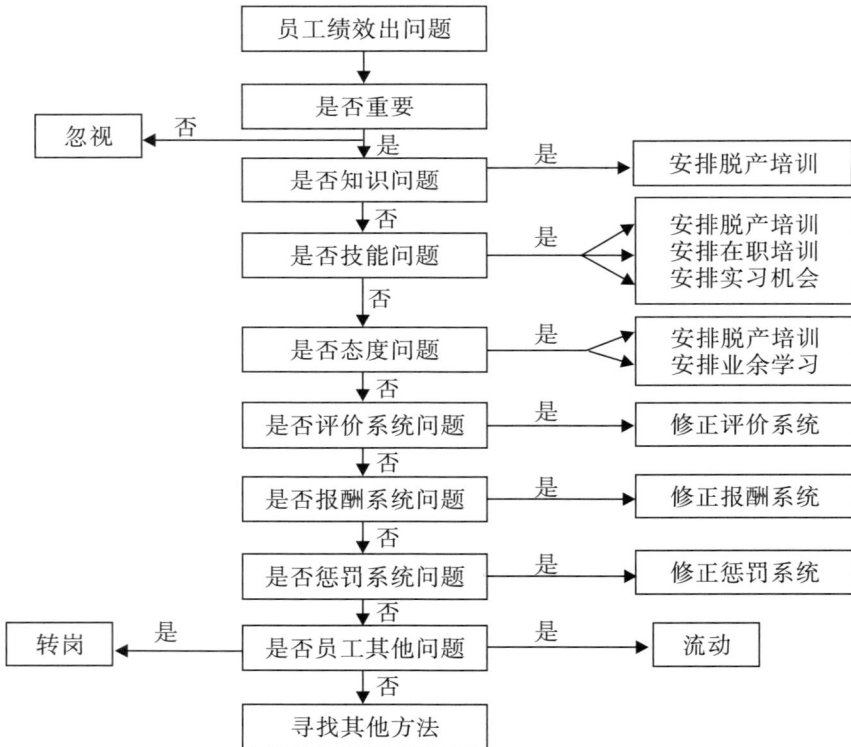

图4-2 培训需求的绩效分析模型

3. 员工培训需求分析的技术方法

培训需求分析的技术方法有很多，包括顾问委员会法、评价中心法、态度调查法、集体讨论法、面谈候选培训对象法、调查管理层法、员工行为观察法、业绩考核法、关键事件法、问卷调查与清单法、技能测试法、评估过去项目法、绩效档案法等多种方法。表4－1对上述方法进行了比较。一般来说，培训需求分析过程中常用的分析方法有以下几种：绩效考评法、差距分析法、现场观察法、面谈征询法、资料分析法、问卷调查法。

表4－1　培训需求分析比较

培训需求分析 技术方法	被培训者 参与程度	管理层 参与程度	分析过程 耗时程度	培训需求 分析成本	分析过程 量化程度
顾问委员会法	低	中	中	低	低
评价中心法	高	低	低	高	高
态度调查法	中	低	中	中	低
集体讨论法	高	中	中	中	中
面谈候选培训对象法	高	低	高	高	中
调查管理层法	低	高	低	低	低
员工行为观察法	中	低	高	高	中
业绩考核法	中	高	中	低	高
关键事件法	高	低	中	低	高
问卷调查与清单法	高	高	中	中	高
技能测试法	高	低	高	高	高
评估过去项目法	中	低	中	低	高
绩效档案法	低	中	低	低	中

二、 员工培训的形式与方法

1. 员工培训的形式

（1）使用标准化培训产品。

这是最基础的培训形式。发放各种类型的公开培训教材，具有标准化、资源丰富、费用廉价等优点。使用公开培训教材也有利于为学员的自我学习创造条件。

（2）工作轮换形式。

让受训者在预定时期内变换工作岗位，使其获得不同岗位的工作经验的培训方法。以管理岗位的工作轮换培训为例，让受训者有计划地到各个部门学习，如生产、销售、财务等部门，在每个部门工作几个月。可实际参与所在部门的工作，或仅仅作为观察者了解所在部门的业务，扩大受训者对整个企业各环节工作的了解。

（3）特别任务法。

特别任务法是指企业通过为某些员工分派特别任务对其进行培训的方法，此法常用于管理培训。其具体形式如下：

①成立委员会或初级董事会。这是为有发展前途的中层管理人员提供的培养分析全公司范围问题能力，提高决策水平的培训方法。一般"初级董事会"由 10～12 名受训者组成，受训者来自各个部门，他们针对高层次的管理问题，如组织结构、经营管理人员的报酬以及部门间的冲突等提出建议，并将这些建议提交给正式的董事会，通过这种方法为这些管理人员提供分析公司高层次问题的机会。

②行动学习。这是让受训者将全部时间用于分析、解决其他部门而非本部门问题的一种课题研究法。4～5 名受训者组成一个小组，定期开会，就研究进展和结果进行讨论。这种方法为受训者提供了解决实际问题的真实经验，可提高他们分析、解决问题以及制订计划的能力。

（4）个别指导法。

个别指导法和我国以前的"师傅带徒弟"或"学徒工制度"相类似。目前我国仍有很多企业在实行这种帮带式培训方法，其主要特点在于通过资历较深的员工的指导，使新员工能够迅速掌握岗位技能。这种培训主要是将经理人作为培训资源。经理人主要是通过对下属的工作进行指导、召开会议和开展专题讲座这三种形式发挥作用。利用经理人作为培训资源的优势在于：首先，这样的培训更能针对企业的特点进行；其次，经理人的参与会帮助一般员工从管理和经营的角度看待问题，扩展考虑问题的视野；再次，由于员工的广泛参与，便于加强部门之间的相互了解和沟通；最后，经理人也会通过这样的机会树立个人威信。

（5）培养企业内部培训师。

设立内部培训师岗位不仅可以节省部分培训支出，也可以作为企业培养后备人才以维系业务发展的重要手段。内部培训师通常在企业中工作多年，具有丰富的工作经验和优秀的业绩，可以将自己的工作心得与实际问题结合起来，有针对性地开展培训工作。

（6）成立员工互助学习小组。

员工互助学习小组旨在通过相互的交流提升小组成员的整体技能水平。它可以随时随地根据需要进行，调动参与者的积极性；小组成员可以从更宽阔的视野去分析问题、了解企业整体运作，也可以为岗位轮换等培训手段的实施做准备。成功的员工互助学习小组也为企业集中精力去转变培训职能奠定了基础。

（7）邀请专业培训公司。

专业培训公司主要承担大型公开课，企业内训课程的设计、开发、实施工作，具有丰富的培训经验和培训资源，所开设的培训课程可以根据企业需要细分为知识的传播、热点问题的讨论与实战经验的传授等内容。

（8）邀请咨询公司。

以自有资源为主向企业提供服务是咨询公司有别于一些专业培训公司的首要特点。经验丰富的咨询公司对自己服务过的客户及其行业有深刻的认识和了解，在这种情况下开展的培训业务是为企业量身打造的，也能保证培训的质量。

（9）与商学院校合作。

企业可以通过多种形式与商学院校合作，包括与商学院校开设联合课程，为企业定向培养员工；派出员工到商学院校脱产学习；对商学院校的教学计划提出修改意见；由商学院校提供长期的以知识传播为主的培训；由商学院校与企业共同开展案例编撰、企业文化研究等专项课题。

（10）构建配套的培训制度与文化。

为确保企业培训项目设计的有效落实，应使企业培训制度与培训资源相配套，以尽量避免可能出现的问题，偏离培训设计的初衷，使组织培训发挥最大的作用。对此，一要建立配套制度，规范企业人员培训流程；二要建立企业培训档案，根据培训档案组织针对性的培训，避免重复培训和无效培训；三要建立培训奖惩制度和激励保障体系，把培训结果与奖惩挂钩；四要建立培训时间保证制度，保证企业培训活动能够系统化、规范化地开展和推进；五要营造良好的培训文化，建立促进学习与成长的学习型组织。

2. 员工培训的方法

（1）授课法。

属于传统的培训方式，主要是由培训者讲授知识，受训者记忆知识，中间穿插一些提问之类的交互形式。如教师按照准备好的讲稿系统地向受训者传授知识。

授课法是在培训员工的教学中运用范围最广的基本技法，在方法选用中应予以最大的重视。在授课时首先应注意授课条理性，抓住重点，突破难点。其次要注意听觉与视觉的结合，最好能活用黑板、幻灯片等辅助教具，配合自己的表情、手势，达到双重效果。授课法的缺点在于授课中指导教师只是单向的传授，学员则只是被动的接纳，参与性不强，而且学员会因接受能力不同而导致学习效果的差异。

（2）视听技术法。

通过现代视听技术（如投影仪等工具），对员工进行培训。优点是运用视觉与听觉的感知方式，直观鲜明。但学员的反馈与实践较差，且制作和购买的成本高，容易过时。它多用于企业概况、传授技能等培训内容。

（3）研讨会法。

研讨会法是指由指导教师组织研习人员以团体的方式对工作中的问题进行研讨并得出共同的结论，让研习人员在讲座过程中相互交流、启发，以提高研习人员知识和能力的一种培训方法。按照费用与操作的复杂程序可分成一般小组讨论与研讨会两种方式。研讨会法并不注重知识的传播，"集思广益"是研讨会的基础，其目标在于方法培养和灵感的激发。在实际运用中，研讨会法应与多种教学方式综合使用。例如，根据一个主题，先分成小组讨论，小组内进行充分的交流，意见达成一致，然后小组推举一人在全体成员参加的讨论会上发言。

（4）案例教学法。

案例教学法是指通过向培训对象提供相关的背景资料，让其寻找合适的解决方法。案例教学法是把案例作为一种教学工具，使学员有机会身临其境地将自己置于决策者或解决问题者的地位，认真分析案例中错综复杂的案情，找出解决问题的方法。案例教学并没有唯一的答案，它所追求的是学员在开放的教学环境中能积极参与，发挥主观能动作用，以增强消化和运用知识与经验的能力。案例教学法的局限在于：学员必须具备必要的基础理论知识和专业基础知识，以及一定的社会实践和管理经验，这样才能较好地分析和理解案例情景，较快地进入案例中的角色，对案例所给事实提出合乎情理的分析和看法，从而取得较好的教学效果。

（5）角色扮演法。

这是指在模拟的人际关系情景中，设计一系列尖锐的人际矛盾和人际冲突，要求受训者扮演某一角色并进入角色情景去处理各种问题和矛盾。这种方法可展示人际沟通中的不同观念与技艺，为体现各种行为并对这些行为进行评价提供了一种有效的工具。角色扮演法对时间、演出场地要求严格，同时可辅以授课法、研讨会法、案例教学法等，共同结合使用。

（6）计算机网络培训法。

这是近年来流行的一种新型的培训方式，投入较大，但使用灵活，符合分散式学习的新趋势，节省学员集中培训的时间与费用。如通过计算机在网络上学习人力资源管理课程。

（7）现场观摩法。

这是指通过现场演示方法进行培训。可用于基层生产工人培训，如让受训者通过观察教练工作和实际操作，掌握机械操作的技能。也可用于各级管理人员培训，让受训者与现任管理人员一起工作，后者负责对受训者进行指导，一旦现任管理人员因退休、提升、调动等离开岗位时，训练有素的受训者便可立即顶替，如设立助理职务培训和开发未来的高层管理人员。

（8）互动小组法。

互动小组法也称敏感训练法。此法主要适用于管理人员的人际关系与沟通训练。互助小组法常采用集体住宿训练、小组讨论、个别交流等活动方式。具体训练日程由指导者安排，内容可包括问题讨论、案例研究等。讨论中，每个学员充分暴露自己的态度和行为，并从小组成员那里获得对自己行为的真实反馈，同时了解自己的行为如何影响他人，从而改善自己的态度和行为。

三、 人力资源的二次开发

学校的专业教育只是给人力资源注入了一定的知识和技能储备，而这些人力资源要适应各类企事业组织岗位的要求，还必须经过二次开发，这不仅包括专业知识技能方面的职业化教育，还应包括企事业组织内的政策制度与职业行为规范和职业道德等诸多方面的教育。因此，对人力资源进行二次开发主要是通过对员工进行培训，让员工能够在岗位上发挥最大作用。

1. 员工培训的意义

员工培训是指公司为了开展业务及培育人才的需要，采用各种方式对员工进行有目的、有计划的培训和训练的管理活动。其意义体现在以下几个方面：

首先，员工培训是增强企业竞争力的有效途径。随着知识和技术更新速度的加快，企业需要不断创新和引进新设备、新技术、新工艺、新知识，这就要不断地对员工进行培训。通过培训可以增强员工对企业决策的理解和执行能力，使员工掌握先进的管理方法、技术，不断提高企业的市场竞争力。

其次，员工培训是提高员工素质、调动员工积极性的一个重要渠道。在现代企业，培训已经成为激励员工的一项重要手段。加强对员工的培训，可以提高员工的专业技能与综合素质，极大地开发员工的潜能，最大限度地调动员工工作的积极性，不断提高员工的工作效率和工作质量。

最后，员工培训是建立优秀组织文化的一个有效方式。每个组织都有自己的文化、价值观、基本行为准则，员工培训的重要目标就是要通过对组织中各个成员，特别是对新聘管理人员的培训，使他们能够根据环境和组织的要求转变观念，逐步了解并融于组织文化之中，形成统一的价值观，按照组织中普遍的行为准则来从事管理工作，与组织目标保持同步。

2. 员工培训的类型

（1）知识培训。

通过培训使员工具备完成本职工作所需的基本知识，了解组织的基本情况，如组织的发展战略、目标、经营状况、规章制度等。

（2）技能培训。

目标是使员工掌握从事本职工作的必备技能，如操作技能、处理人际关系的技能、谈判技能等，并以此培养、开发职工的潜能。

（3）态度培训。

通过这方面的培训建立起组织与员工之间的相互信任，培养员工对组织的忠诚，培养员工应具备的精神状态和工作态度，增强组织观念和团队意识。

3. 员工培训的基本程序

从人力资源的开发与管理来看，员工培训通常分为培训需求分析、培训计划的制订与实施、培训效果评估三个阶段，如图 4 - 3 所示。

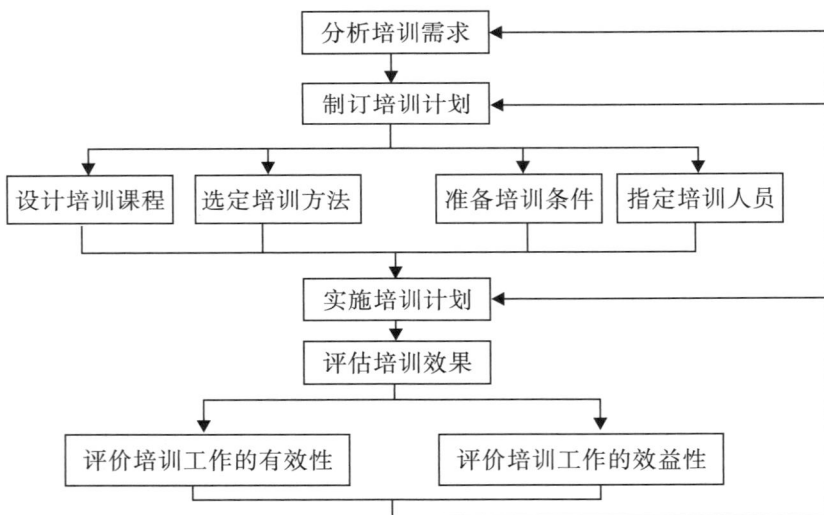

图 4 - 3　员工培训的基本程序

第四节

员工的绩效与薪酬福利管理

绩效考核又称绩效评估，是指对照工作目标或绩效标准，采用科学的方法，评定员工工作目标的完成情况、工作职责的履行程度和自身的发展情况等，并将评定结果反馈给员工的过程。

一、 绩效考核的作用

1. 绩效考核是人员配置的依据

首先，绩效考核是企业人员任用的依据。为了合理任用人员，组织必须通过考核，对人员的政治素质、思想素质、心理素质、知识素质、业务素质等进行评价，并在此基础上对人员的能力和专长进行评价。其次，绩效考核是决定人员调配和职务升降的依据，人员调配之前，必须了解人员试用的情况与人员配合的程度，其手段就是绩效考核。人员职务的晋升和降低也必须有足够的依据，而不能只凭领导人的好恶轻率决定。通过全面、严格的考核，若发现一些人的素质和能力已超过所在职位的要求，则可晋升其职位；若发现另一些人的素质和能力已不能达到现职的要求，则应降低其职位；若发现还有一些人用非所长，或其素质和能力已发生了跨职系的变化，则可以进行横向调动。

2. 绩效考核是人力资源培训的依据

培训是人力资源开发的基本手段，但是培训必须要有针对性。组织必须根据每位员工的特点为其制订培训方案。绩效考核的作用就是通过评价员工的行为、表现及工作结果来判断员工行为与组织目标和岗位要求的一致程度，并从中找出差距。这种差距为人员的培训提供了指导。培训的前提是准确了解员工的素质和能力，了解其知识和能力的结构、优势和劣势，以及与组织要求的符合程度，即进行培训需求分析。而绩效考核无疑提供了这种对素质和能力的评价结果。另外，绩效考核也是判断培训效果的重要手段。由于绩效考核是对员工工作结果及影响工作结果的行为、表现和素质等做出的评价，通过对员工培训前后不同事情的考核，组织可以得出员工培训前后的绩效比较数据，作为判断培训效果的衡量手段。

3. 绩效考核是确定员工工作报酬的依据

工作报酬必须与员工的实际能力和贡献相结合，这是组织分配制度的一条基本原则。为了鼓励员工出成绩，组织必须设计和执行一个公正合理的绩效评估系统，对那些富有成效的员工和小组给予明确的加薪奖励。对于许多企业来说，绩效考核的主要目的就是为确定员工报酬提供依据。

4. 绩效考核是员工激励的依据和手段

激励和惩罚是激励制度的主要内容，奖罚分明是激励的基本原则。要做到奖罚分明，就必须科学地、严格地进行考核。一方面，绩效考核的结果正是实施激励的依据，企业根据绩效考核结果来决定奖罚的对象及奖罚的等级。另一方面，绩效考核本身就是一种激励手段，通过考核，肯定成绩，找出长处，鼓舞斗志，坚定信心；通过考核，指出缺点和不足，批评过失和错误，指明努力方向，鞭策后进，促进进取；通过考核，使员工明确自己工作中的成绩和不足，可以促使其在以后的工作中发挥长处，改善不足，提高整体工作绩效。

二、 绩效考核的方法

1. 评级量表法

评级量表法是广泛应用的一种考核方法。这种方法主要是借助事先设计的等级量表来对员工进行考核。使用评级量表进行绩效考核的具体做法是：根据考核的目的和需要设计等级量表，表中列出有关绩效考核的项目，并说明每个项目的具体含义，然后将每个考核项目分成若干等级并给出每个等级相应的分数，考核者对员工每个考核项目的表现做出评价和记分，最后计算出总分，得出考核的结果。

2. 排序考核法

排序考核法是依据某一考核维度，如工作质量、工作态度，或者依据员工的总体绩效，将被考核者从最好到最差依次进行排序。在实际操作中，有两种具体做法：简单排序和交替排序。简单排序就是将员工按照某一标准从最好到最差依次排出顺序；交替排序就是先排出最好的和最差的，然后排出次好的和次差的,以此类推,直至结束。排序考核法最大的优点就是简单易行,省时省力。但是,由于没有具体的考核指标,只是在被考核者之间进行比较,若两个人的绩效水平相近,就很难确定正确的排列顺序;而且,这种方法的主观性太强。此外,这种方法确定的排列顺序不能给被考核者提供改进建议和措施。

3. 对偶比较法

对偶比较法也叫作两两比较法或配对比较法,是一种较为细化和有效的方法。对偶比较法是将被考核员工进行两两比较,在两两比较中,绩效水平相对高的员工得 1 分,相对较差的员工得 0 分,在进行完所有的比较后,将每个人的所有得分进行相加,所得总分就是被考核者的绩效得分,并根据这个分数来评价所有被考核者绩效的优劣次序。对偶比较法实质上是将全体被考核的员工看作一个有机系统,其准确度比较高。但是,只要经过简单计算,我们就能知道如果采用这种方法进行考核,每个考核要素的对比次数为 $N(N-1)/2$ 次。如果被考核的员工人数为 10 人,针对每个考核要素进行对比的次数是 45 次,如果有 6 个考核要素,则整个考核活动就需要进行 270 次对比。可见这种考核方法不适用于人数很多的情况,一旦超过 20 人,就相当费时费力了。这种方法的另一个缺点是难以得出绝对评价,只能给出相对的位置,如果一些人的得分相同就难于比较了。

4. 强制分布法

强制分布法也称为强制正态分布法。这种方法基于这样一个假设,也就是组织的所有部门都同样具有优秀、一般、较差的员工。因此,在运用强制分布法进行绩效考核时,要求考核人员根据正态分布的规律,按"中间大、两头小"的分布,预先确定等级及各等级在总数中所占的百分比,然后按照被考核者的优劣程度将其列入其中的某个等级。例如,把最好的 10% 的员工放在最高等级中,次之的 20% 放在倒数第二个等级中,最差的 10% 放在最后一个等级中。当然,具体的比例和等级的数量可以根据具体情况进行调整,但总的来说,各等级人数的分布要符合正态分布的规律。

强制分布法适用于被考核人员数量较多的情况,操作起来也比较方便。由于遵从正态分布规律,可以在一定程度上减少由于考核人员的主观性所产生的偏差。此外,该方法也有利于管理控制,尤其是在引入员工淘汰机制的组织中,它能明确地筛选出被淘汰的对象,由于员工担心因多次落入最差的等级而被淘汰,因而具有较强的激励和鞭策功能。但是,由于该方法的核心是事先按照正态分布规律确定各评价等级的比例,而在现实工作中,并非每个部门的员工都符合分布的规律,有可能存在某一部门业绩很好,但是使用强制正态分布法后,导致一些员工对考核结果不认同的情况。

5. 客观考核法

（1）关键事件法。

关键事件法是以记录直接影响工作绩效优劣的关键性行为为基础的考核方法。所谓关键事件，是指员工在工作过程中做出的对其所在部门或组织有重大影响的行为。这种影响包括积极影响和消极影响。使用关键事件法对员工进行考核，要求管理者将员工日常工作中非同寻常的好行为或非同寻常的坏行为认真记录下来，然后在一定的时期内，主管人员与下属进行沟通，根据所做的记录来讨论员工的工作绩效。

关键事件法通常可以作为其他评价方法的很好的补充，因为它具有以下优点。一是对关键事件的记录为考核者向被考核者解释绩效考核结果提供了一些确切的实施依据。二是它可以确保在对员工进行考核时，所依据的是员工在整个考察期间内的工作表现，而不是员工在近期内的表现，也就是说，可以减小近期效应所带来的考核偏差。三是通过对关键事件的记录可以使管理人员获得一份关于员工通过何种途径消除不良绩效的实际记录。但是，关键事件法在实施时也存在一定的不足。最明显的一点是，管理人员可能漏记关键事件。在很多情况下，管理人员都是一开始忠实地记录每一个关键事件，到后来失去兴趣或因为工作繁忙等原因而来不及记录，等到考核期限快结束时再去补充记录，这样，有可能会夸大近期效应的偏差，员工也可能会误认为是管理人员编造事实来支持其观点。

（2）行为锚定等级考核法。

行为锚定等级考核法是由美国学者史密斯（P. C. Smith）和肯德尔（L. Kendall）于1963年提出的一种考核方法。这种方法利用特定行为锚定量表上不同的点的图形测评方法，在传统的评级量表法的基础上演变而来，是评级量表法与关键事件法的结合。在这种考核方法中，每一水平的绩效均用某一标准行为来加以界定。

建立行为锚定等级考核法通常需要经过以下5个步骤：

①确定关键事件。由一组对工作内容较为了解的人（员工本人或其直接上级）找出一些代表各个等级绩效的关键事件。

②初步建立绩效考核要素。将确定的关键事件合并为几个（通常是5~10个）绩效要素，并给出绩效要素的定义。

③重新分配关键事件，确定相应的绩效考核要素。向另外一组同样熟悉工作内容的人展示确定的考核要素和所有的关键事件，要求他们对关键事件进行重新排列，将这些关键事件分别归入他们认为合适的绩效要素中。如果第二组中一定比例的人（通常是50%~80%）将某一关键事件归入的考核要素与前一组相同，那么就能够确认这一关键事件应归入考核要素。

④确定关键事件的考核等级。后一组的人评定关键事件的等级，确定每个考核要素的"锚定物"。

⑤建立最终的行为锚定评价表。在设计行为锚定评价表的过程中，设计人员将众多的关键事件归纳为 5~8 种绩效标准，使得各绩效指标之间的相对独立性较强。

（3）目标管理法。

目标管理法始于管理大师彼得·德鲁克的目标管理模式，是目前较流行的一种绩效考核方法，基本步骤见图 4-4。

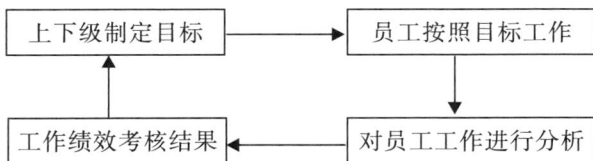

```
┌──────────────┐        ┌──────────────┐
│ 上下级制定目标 │ ─────▶ │ 员工按照目标工作 │
└──────────────┘        └──────────────┘
        ▲                       │
        │                       ▼
┌──────────────┐        ┌──────────────┐
│ 工作绩效考核结果 │ ◀───── │ 对员工工作进行分析 │
└──────────────┘        └──────────────┘
```

图 4-4 目标管理法基本步骤

①上级领导和员工共同讨论最近一段时间内需要实现的工作目标，并将员工的个人发展目标融合于该工作的目标中，据此制定员工所需达到的绩效目标。

②在员工工作期间，主管领导和该员工根据变化的环境对工作目标进行调整，使其符合实际情况，切实可行。

③一段工作结束后，负责考评的管理者和该员工共同讨论目标实现程度及成功或失败的原因。

④主管领导和员工联合制定下一个评价期的工作目标和绩效目标。

目标管理法的优点是，绩效评价者的作用从判断者转为顾问和促进者，员工也从被动的考核者变成了积极的参与者，充分发挥了员工的积极主动性。这种考核误差的概率较小。更为重要的是，它把对员工的培训开发融于其中，既有利于员工的个人发展，又有利于组织人力资源的开发，提高了原有人力资源的质量。目标管理法的缺点：一是浪费时间，因为目标的制定和修改都要花费不少的时间；二是这种评价方法不便在员工之间和各个工作部门之间建立起统一的工作目标，更不便对员工和各个工作部门的工作绩效进行横向的比较，因此不能作为奖金的分配依据，也不能为日后的晋升提供支持。该考核方法适用于员工素质较高的组织，比如高科技行业的组织。

（4）KPI 考核法。

关键绩效指标（Key Performance Indicator，KPI）考核，是通过对工作绩效特征的分析，提炼出最能代表绩效的若干关键指标体系，并以此为基础进行绩效考核。KPI 必须是衡量企业战略实施效果的关键指标，其目的是建立一种机制，将企业战略转化为企业的内部过程和活动，以不断增强企业的核心竞争力和持续地取得高效益。确定关键绩效指标有一个重要的 SMART 原则：S 代表具体（Specific），指绩效考核要切中特定的工作指标；M 代表可度量（Measurable），指绩效指标是数量化或者行为化的，验证这些绩效指标的数据或者信息是可以获得的；A 代表可实现（Attainable），指绩效指标在付出努力的情况下可以实现，避免设立过高或过低的目标；R 代表现实性（Realistic），具有达成的可能；T 代表有时限（Time-bound），注重完成绩效指标的特定期限。KPI 考核法强调抓住企业运营中能够有效量化的指标，提高了绩效考核的可操作性与客观性。

（5）平衡记分卡。

平衡记分卡（the Balance Score Card，BSC）是美国著名管理大师卡普兰和诺顿在总结了多家大型企业的业绩评价体系的成功经验的基础上提出的，它从财务、顾客、内部业务过程、学习与成长四个方面来衡量绩效。一方面考核企业的产出（上期的结果），另一方面考核企业未来成长的潜力（下期的预测）；再从顾客角度和内部业务角度两方面考核企业的运营状况参数，把公司的长期战略与公司的短期行动充分联系起来，把远景目标转化为一套系统的绩效考核指标。BSC 模式从企业战略出发，不仅考核现在，还考核未来；不仅考核结果，还考核过程，适应了企业战略与长远发展的要求，但不适合对初创公司的衡量。

（6）360°反馈。

360°反馈也称全视角反馈，是被考核人的上级、同级、下级和服务的客户等对其进行评价，通过评论知晓各方面的意见，清楚自己的长处和短处，以达到提高自己的目的。360°绩效反馈评价有利于克服单一评价的局限，但应主要用于能力开发。

三、 绩效考核的误区

绩效考核是绩效管理的一个核心环节，也是人力资源管理的一个重要内容。公正、合理的绩效考核能有效地激励员工，改善员工的行为，调动员工的积极性，使其取得更好的绩效。然而，在实际运作过程中，员工甚至一些高层管理者对绩效考核的认识还存在不少误区，从而使得绩效考核的效果大打折扣。

1. 考核力求完美性

对待绩效考核，管理层和人力资源部门往往会进入一个追求完美的误区，如追求绩效表格的规范性和完整性，追求绩效工具和绩效方法的先进性，追求所有员工对绩效考核的满意度，追求绩效考核流程的规范性等。其实，企业绩效考核从无到有，从有到完善，是企业员工和管理层逐步接受的过程；而且，企业所处的环境是不断变化的，为考核建立的方法和指标会随着时间的推移发生变化。因此，考核很难顾及全面。同时，考核是要付出成本的。考核目标的选定、考核指标的设置和考核流程的执行需要花费时间、耗费成本，企业在完善绩效考核的同时，必须考虑到绩效考核的投入产出比。另外，完美的考核往往会导致主次不分，考核目标过多，容易分散精力，使员工无所适从。

2. 考核只关注个人绩效

在传统的基于岗位的人力资源管理中，详细的岗位说明书明确地规定了员工的职责。岗位所要求任务的完成情况是考核的重点，考核强调要落实到个人。但在当今社会，工作变得越来越复杂，过分强调落实到个人的考核强化了员工的本职行为，却在无形之中限制了员工的超职责行为，淡化了员工的合作意识和团队精神，影响了周边绩效。

从绩效的分类来看，绩效不仅有个人绩效，还有组织绩效、团队绩效和流程绩效等，因此企业在设定绩效考核指标时，需要根据各岗位的实际情况来选择是否要适当加入一些与团队绩效和流程绩效（尤其是一些跨部门流程）相关的指标。因为，从绩效目标的来源来看，不仅有岗位应负职责，还有自上而下的战略目标分解，还有内外部客户的需求。

3. 考核是人力资源部的事

人们普遍认为，绩效考核是人力资源部的事，与其他部门无关。这种观点是值得商榷的。首先，绩效考核的目的是考核整个公司员工的绩效，发现优势，找出差距，并就考核结果与被考核者进行沟通，以有效地改善被考核者的行为。绩效考核的结果影响着被考核者的薪酬与晋升，与被考核者的利益息息相关。从这个角度来看，绩效考核不仅是人力资源部关注的事，更是被考核者关心的事。其次，在绩效考核过程中需要对多个不同的指标进行考核，有定性的也有定量的，而这些数值与结果的获得需要不同部门甚至企业外部的大力配合。实际上，人力资源部只是绩效考核的组织者和执行者，被考核者是绩效考核的主人公，而其他部门或考核者则担任参与者的角色。

4. 考核敌不过情面

一段时间内，很多企业将绩效考核定位于扣工资的一个手段。这种定位在企业一开始实施绩效考核时起到了一定的积极作用，因为绩效考核从无到有，员工对其产生新鲜感，并且也获得了发表评论与看法的机会；同时，员工都害怕自己的成绩不好，影响到收入和面子。但是，经过了一段时间运作后，部门间、上下级之间开始互相包庇，出现考核分不相上下的局面；即使有工作失误，考核时被扣分，也感觉无所谓，因为就是扣几块钱的问题，考核开始流于形式化。

越来越多的员工甚至一些主管都认为绩效考核只是一种形式，起不到其应有的作用，可有可无；在情面面前，绩效考核显得那么苍白无力。造成这种情况的原因可能有：①绩效考核相关培训不充分。②绩效考核没有得到高层领导的实际支持。③绩效考核指标本身设置不合理，促成了主观性、不可控制性的发生。④人际关系因素的影响。⑤各部门、上下级缺乏有效的沟通机制。⑥"对事先对人"的惯性与文化。

5. 500 强企业运用的绩效考核方法都是好的

很多企业存在这种想法，国内外 500 强企业，管理中的每个环节基本上都是完善的，因此他们所运用的绩效考核方法也是优秀的。其实不然，国内外 500 强企业之所以取得了成功，是因为他们在长期的运营过程中构建了自身的核心竞争优势，或是差异化的产品，或是营销渠道，或是售后服务等。但他们在管理的其他环节中不一定有过人之处，而且也不能排除存在问题的可能。而且，一般企业与国内外 500 强企业在企业性质、发展阶段、规模、工作特点、员工构成、管理水平、管理风格及文化特点等方面都存在很大的差异性。对于大多数公司而言，没有必要刻意模仿一些国内外 500 强企业的绩效考核方法，只要找到适合自己的绩效考核方法，只要能通过这种方法达到激励员工、改善工作绩效的效果，哪怕其仅是一种简单的记录或打分，那也是成功的。

6. 绩效考核只是一种奖惩手段

在很多人心中都有意无意地把绩效考核与奖惩画上等号，认为绩效考核就是淘汰、惩罚不合格的员工，升迁、奖励优秀的员工。这样想也不无道理，毕竟对员工进行优、良、中、差的评定结果应该有物质形式上的体现，但绩效考核体系不应该单纯为了奖惩员工而设立和存在，它应当成为提升企业整体绩效和员工个人绩效的推进器。武断地把绩效考核等同于一种奖惩手段是陷入了绩效管理认识上一个比较常见的误区。在实践中，绩效考核应该从强调人与人之间的比较转向每个人的个人自我发展诊断，将考核者与被考核者的对立关系变成互助伙伴关系，考核的目的应该更多地定位于企业与员工多方受益、共同发展。对于企业而言，绩效管理是企业文化的一部分，公正科学的绩效考核可以优化自身的组织结构，提升整体业绩；对于员工来说，绩效管理营造出了一种积极向上的工作环境，通过绩效考核，使员工正确地认识自己的优缺点，及时对自身的发展方向进行修正，从而获得更多的发展机会和更大的发展业绩。

四、 员工的薪酬管理

薪酬管理是指根据企业总体发展战略的要求,通过管理制度的设计与完善、薪酬激励计划的编制与实施,最大限度地发挥各种薪酬形式如工资、奖金和福利等的激励作用,为企业创造更大的价值。

1. **企业薪酬管理的基本目标**

(1) 保证薪酬在劳动力市场上具有竞争性,吸引并留住优秀人才。

(2) 对各类员工的贡献给予充分肯定,使员工及时地得到相应的回报。

(3) 合理控制企业人工成本,提高劳动生产效率,增强企业产品的竞争力。

(4) 通过薪酬激励机制的确立,将企业与员工长期、中短期经济利益有机地结合在一起,促进公司与员工结成利益关系共同体,谋求员工与企业的共同发展。

2. **薪酬管理的基本原则**

实际上,薪酬管理的原则是一个企业给员工传递信息的渠道,也是企业价值观的体现。它告诉员工,企业为什么提供薪酬,员工的什么行为或结果是企业非常关注的,员工的薪酬构成是为了对员工的什么行为或结果产生影响,员工在什么方面有提高时才能获得更高的薪酬等。目前,企业普遍认为进行有效的薪酬管理应遵循以下原则:

(1) 对外具有竞争力原则。

支付符合劳动力市场水平的薪酬,确保企业的薪酬水平与类似行业、类似企业的薪酬水平相当,虽然不一定完全相同但是相差不宜太大,薪酬太低则使企业对人才失去吸引力。

(2) 对内具有公正性原则。

支付相当于员工岗位价值的薪酬。在企业内部,不同岗位的薪酬水平应当与这些岗位对企业的贡献相一致,否则会影响员工的工作积极性。薪酬的设定应该对岗不对人。无论男女老少,在同一岗位上工作都应当享受同等的薪酬。它的前提是每个员工都是按照岗位说明书经过严格的筛选被分配到该岗位的,岗位与员工相匹配。

(3) 对员工具有激励性原则。

适当拉开员工之间的薪酬差距。根据员工的实际贡献付薪,并且适当拉开薪酬差距,使不同业绩的员工能在心理上觉察到这个差距,并产生激励作用,使业绩好的员工认为得到了鼓励,业绩差的员工认为值得去提高绩效,以获得更好的回报。

（4）对成本具有控制性原则。

在实现前面三个基本原则的前提下，企业应当充分考虑自己的财务实力和实际的支付能力，根据企业的实际情况，对人工成本进行必要的控制。

一般来说，在企业全员劳动生产率以及经济效益没有明显提高的情况下，不能盲目地提高员工的薪酬水平，企业应当始终坚持"效率优先、兼顾公平、按劳付酬"的行为准则，才能有效地实施薪酬管理。

3. 薪酬管理的内容

概括来说，薪酬管理包括薪酬制度设计与完善、薪酬日常管理两个方面。

（1）薪酬制度设计与完善。

薪酬制度设计主要是指薪酬策略设计、薪酬体系设计、薪酬水平设计、薪酬结构设计等。薪酬制度设计是薪酬管理最基础的工作，如果薪酬制度方面有问题，企业薪酬管理不可能取得预定目标。完善企业薪酬制度设计是企业薪酬管理的一项重要任务，包括薪酬结构完善，即确定并调整不同员工薪酬项目的构成，以及各薪酬项目所占的比例，还包括薪酬等级标准设计和薪酬支付形式设计，即确定薪酬计算的基础。不同的薪酬制度有不同的适用对象和范围，关键是要选择与企业总体发展战略以及实际情况相适应的薪酬制度。

（2）薪酬日常管理。

薪酬日常管理是由薪酬预算、薪酬支付、薪酬调整组成的循环，这个循环可以被称为薪酬成本管理循环。薪酬制度建立起来后，应密切关注薪酬日常管理中存在的问题，及时调整公司薪酬策略，调整薪酬水平、薪酬结构以及薪酬体系，以实现效率、公平、合法的薪酬目标，从而保证公司发展战略的实现。

企业薪酬水平有宏观和微观两个层次。宏观薪酬水平即企业工资总额的额度，它反映了企业总体的人工成本状况。工资总额管理不仅包括工资总额的计划与控制，还包括工资总额调整的计划与控制。国家统计局对于工资总额的组成有明确的界定，工资总额的组成是：

$$工资总额 = 计时工资 + 计件工资 + 奖金 + 津贴和补贴 + 加班加点工资 + 特殊情况支付的工资$$

事实上，对于国家来说，工资总额的准确统计是国家从宏观上了解居民的收入，衡量员工的生活水平，计算离退休金、有关保险金和经济补偿金的重要依据；对于企业来说，工资总额是人工成本的一部分，是企业掌握人工成本的主要信息来源，是企业进行人工成本控制的重要方面。因此，必须充分认识工资总额统计核算的重要性。工资总额的各项组成均与企业经济效益等因素直接相关，因此，工资总额的调整在所难免，确定工资总额调整的幅度也是十分重要的。

确定合理的工资总额需要考虑的因素包括企业的支付能力、员工的生活费用、市场的薪酬水平以及员工现有的薪酬状况等，然后以工资总额与销售额比的方法来推算合理的工资总额，也可以采用盈亏平衡点的方法或工资总额占附加值比例的方法。

企业微观薪酬水平即企业员工个体的薪酬额度。企业要明确界定各类员工的薪酬水平，以实现员工与企业之间公平的价值交换，这是薪酬管理的重要内容。其基本原则是按照员工对企业的贡献大小确定不同的薪酬水平。同时，为了体现薪酬管理对外竞争性的基本原则，还必须根据劳动力市场的供求关系以及社会消费水平的变化，及时对企业员工的总体薪酬水平进行调整。

薪酬日常管理工作具体还包括：①开展薪酬市场调查，统计分析调查结果，写出调查分析报告。②制订年度员工薪酬激励计划，对薪酬计划执行情况进行统计分析。③深入调查了解各类员工的薪酬状况，进行必要的员工满意度调查。④对报告期内人工成本进行核算，检查人工成本计划的执行情况。⑤根据公司薪酬制度的要求，结合各部门绩效目标的实现情况，对员工的薪酬进行必要调整。

第五节

员工关系管理

从广义上讲，员工关系管理（Employee Relations Management，ERM）是指在企业人力资源体系中，各级管理人员和人力资源职能管理人员，通过拟定和实施各项人力资源政策和管理行为，以及其他的管理沟通手段调节企业和员工、员工与员工之间的相互联系和影响，从而实现组织的目标并确保为员工、社会增值。从狭义上讲，员工关系管理就是企业和员工的沟通管理，这种沟通更多采用柔性的、激励性的、非强制的手段，从而提高员工满意度，支持组织其他管理目标的实现。其主要职责是协调员工与管理者、员工与员工之间的关系，引导建立积极向上的工作环境。

一、 劳动关系管理

劳动关系管理一般是指传统的签合同、解决劳动纠纷等内容，表现为公司所制定的劳动管理制度，具体内容包括总则，劳动合同的订立、履行、变更、续签和解除，保密协议与赔偿准则，附则等。

1. 劳动关系管理的意义

通过规范化、制度化的管理，使劳动关系双方（企业与员工）的行为得到规范，权益得到保障，维护稳定和谐的劳动关系，促使企业经营稳定运行。

2. 劳动关系的三要素：主体、内容、客体

（1）劳动关系的主体是劳动法律关系的参与者，即劳动者、劳动者组织和用人单位。

（2）劳动关系管理的主要内容包括员工招收、录用、企业内部人力资源的配置与协调等事务，表现为劳动合同的订立、履行、变更、解除和终止的法律行为，即保障与实现主体双方各自依法享有的权利和承担的义务。

我国《劳动法》第三条规定，劳动者享有的主要权利有平等就业和选择职业、取得劳动报酬、休息休假、获得劳动安全卫生保护、接受职业技能培训、享受社会保险和福利、提请劳动争议处理等。劳动者承担的义务有完成劳动任务，提高职业技能，执行劳动安全卫生规程，遵守劳动纪律和职业道德。

《劳动法》第四条规定，用人单位应当依法建立和完善规章制度，保障劳动者享有劳动权利和履行劳动义务。

（3）劳动关系的客体是指劳动主体的劳动权利和劳动义务共同指向的事物，如劳动时间、劳动报酬、劳动纪律、安全卫生、福利保险、教育培训、劳动环境等。

3. 劳动关系管理的基本原则

（1）兼顾各方利益原则。即兼顾劳资双方各自的利益分配。

（2）协商解决争议原则。如劳资双方在利益等分配问题上出现分歧时，应优先协议解决矛盾，取得和解。

（3）以法律为准绳的原则。劳动关系管理必须以国家有关劳动法规为指导，不得制定任何违法的管理规定。

（4）劳动争议以预防为主的原则。劳动关系管理应以建立和谐关系、预防劳资纠纷为原则。

4. 劳动关系管理的基本要求

（1）规范化—合法性（依据国家法律、法规的规定）。

（2）统一性（全体员工执行的统一，在同一时期内的统一）。

（3）制度化—明确性（明确职责、权限、标准）。

（4）协调性（随企业的发展进行阶段性调整）。

5. 正确处理与不断改善劳动关系的意义

（1）保障企业与员工的互择权，通过适当的流动实现生产要素的优化组合。

（2）保障企业内部各方面的正当权益，开发资源潜力，充分调动积极性。

（3）改善企业内部劳动关系，尊重、信任、合作，创造心情舒畅的工作环境。

6. 改善劳动关系的途径

（1）依法制定相应的劳动关系管理规章制度，进行法制宣传教育；明确全体员工各自的责、权、利。

（2）培训经营管理人员。提高其业务知识与法律意识，树立良好的管理作风，增强经营管理人员的劳动关系管理意识，掌握相关的原则与技巧。

（3）提高员工的工作生活质量，进行员工职业生涯设计，使其价值观与企业的价值观重合，这是改善劳动关系的根本途径。

（4）员工参与民主管理。企业的重大决策，尤其涉及员工切身利益的决定，在员工的参与下，可以更好地兼顾员工的利益。

（5）发挥工会或职代会及企业党组织的积极作用。通过这些组织协调企业与员工之间的关系，避免矛盾激化。

7. 劳动者派遣的特点与派遣机构的管理

（1）形式劳动关系的运行。

劳动者派遣机构是形式劳动关系的主体之一，是以劳动力派遣形式用工的用人单位，其职责是派遣劳动者的招聘、甄选、考核和录用，将劳动者派遣到接受单位，支付工资、提供福利待遇、为受派遣劳动者缴纳社会保险、督促派遣劳动者的接受单位执行国家劳动标准和劳动条件。

受派遣者享有和履行劳动合同约定的权利和义务，以及劳动者派遣协议约定的应由本人承担的权利和义务。

（2）实际劳动关系的运行。

派遣劳动者的接受单位是实际劳动关系的主体之一，是获得劳动者实际劳动给付的用工单位。

（3）劳动争议处理。

①派遣机构与接受单位之间发生的争议虽然也会涉及派遣者的利益，但不属于劳动争议，而是属于民事纠纷。

②在形式劳动关系与实际劳动关系的运行中发生的劳动争议，应当依照一般劳动争议的处理原则与程序进行处理。

③在形式用人主体和实际用人主体合谋共同侵害劳动者合法权益时，形式用人单位和实际用人单位都应当作为被诉人。

④在组合劳动关系的任一用人单位单独承担法律责任的争议中，如果争议处理结果与另一用人单位有直接的利害关系，前者作为被诉人，后者作为第三人。

⑤处理异地劳动争议：派遣劳动者与派遣机构的劳动争议，由派遣机构所在地管辖；派遣劳动者与接受单位的劳动争议，由接受单位所在地管辖；派遣劳动者与派遣机构和接受单位的劳动争议，可由劳动合同或劳动者派遣协议约定，由当事人选择派遣机构所在地或接受单位所在地管辖。

（4）劳动者派遣机构的管理。

①资格条件：劳动者派遣机构必须具备企业法人设立的条件，依法设立法人治理机关，并具有一定数量的专业从业人员，有健全的管理制度，达到法定标准的注册资本（50万元），有足以抵御可遇见的系统风险的风险保证金。

②设立程序：劳动者派遣机构的设立应当实行许可制度：营业服务范围在一地的，由当地政府劳动保障部门特许；从事异地劳动者派遣业务的，应当由派遣机构所在地和接受单位所在地政府的劳动保障部门双重特许。

取得劳动者派遣许可证后，经工商行政部门登记注册，方可营业服务。

二、 纪律管理

纪律管理指员工应遵守公司的各项规章制度、劳动纪律，提高员工的组织纪律性，在某种程度上对员工行为起约束作用。

1. 劳动合同管理制度

①劳动合同履行的原则。

②员工招收录用条件、招工简章、劳动合同草案、有关专项协议草案审批权限的确定。

③员工招收录用计划的审批、执行权限的划分。

④劳动合同续订、变更、解除事项的审批办法。

⑤试用期考查办法。

⑥员工档案管理办法。

⑦应聘人员相关材料保存办法。

⑧集体合同草案的拟订、协商程序。

⑨解除、终止劳动合同人员的档案移交办法、程序。

⑩劳动合同管理制度修改、废止的程序等。

2. 劳动纪律

劳动纪律是企业依法制定的，全体员工在劳动过程中必须遵守的行为规则。每位员工都必须按照规定的时间、地点、质量、方法、程序和有关规程的统一规则要求履行自己的劳动义务，保持全体员工在劳动过程中的行为方式和联系方式的规范化，以维护正常的生产、工作秩序。其主要内容如下：

①时间规则。作息时间、考勤办法、请假程序等。

②组织规则。企业各直线部门、职能部门或各组成部分及各类层级权责结构之间的指挥、服从、接受监督、保守商业秘密等的规定。

③岗位规则。劳动任务、岗位职责、操作规程、职业道德等。

④协作规则。工种、工序、岗位之间的关系，上下层次之间的连接、配合等的规则。

⑤品行规则。语言、着装、用餐、行走、礼节等规则。

⑥其他规则等。

制定劳动纪律，应当符合以下要求：

①劳动纪律的内容必须合法。应当在法律允许的范围内约束劳动者的行为，不能侵犯劳动者的人格尊严，不得非法限制和剥夺劳动者依法享有的权利和自由，不得强迫劳动，对于违纪员工的处罚不能超过规则以外的措施。

②劳动纪律的内容应当全面约束管理行为和劳动行为，工作纪律、组织纪律、技术纪律全面规定，使各个岗位的行为与职责都能做到有章可循、违章可究。

③标准一致。行为模式标准应当一致，纪律的执行应当宽严一致，各类管理行为、劳动行为应当受到同等的约束。

④劳动纪律应当结构完整。劳动纪律作为一种规范应具有严密的逻辑结构，适用条件、行为模式标准、奖惩程序、措施与责任都应有明确的规定。

3. 劳动定员定额规则

主要包括以下内容：

①编制定员规则。企业依据自身的实际情况制定企业机构的设置和配备各类人员的数量界限。除法律、行政法规规定的以外，企业按照生产经营的实际需要，自主决定内部机构的设立、调整、撤并和人员配备。

②劳动定额规则。在一定的生产技术水平和组织条件下，企业制定的劳

动者完成单位合格产品或工作所需要的劳动消耗量标准，分为工时定额和产量定额两类。

劳动定员定额与劳动者的利益密切相关，直接关系到劳动者的工资、工时和职业稳定性。制定劳动定员定额应注意以下事项：

①必须紧密结合企业现有的生产技术组织条件，确定定员水平，应执行适合本企业的技术组织条件的定员标准，对于强制性定员标准应严格执行，并严格履行定员制定程序。

②制定劳动定额的技术组织条件必须是企业现有的或是按照劳动合同的规定企业可以提供的条件，不能超过这种约定条件的劳动定额标准。

③劳动定额所规定的劳动消耗量标准应当以法定工作时间为限，并符合劳动安全卫生的要求。

④制定、修订劳动定员定额的程序必须合法等。

4. 劳动岗位规范

劳动岗位规范是企业根据劳动岗位的职责、任务和生产手段的特点对上岗员工提出的客观要求的综合规定。在劳动关系协调、组织劳动过程中，劳动岗位规范是安排员工上岗、签订上岗协议和对员工进行岗位考核的依据和尺度，包括岗位名称、岗位职责、生产技术规定、上岗标准等。

5. 劳动安全卫生制度

包括生产安全制度、消防安全制度、安全分析与事故报告制度、施工组织安全制度、特殊作业人员安全制度、危险品储存使用制度、特种设备管理制度、安全材料与安全设施检查制度、实验室安全制度、信息安全制度、食品安全管理制度、药品安全管理制度、食堂卫生管理制度等。

6. 其他制度

包括工资制度、福利制度、考核制度、奖惩制度、培训制度等。这些制度都与协调劳动关系有着直接的联系，并且反映着劳动关系的实质内容。

第六节

新南方集团人力资源管理的特点

广东新南方集团以人为本，重视人才的培养开发，拥有大批高学历、专家型的各类人才。在公司的发展过程中，积累了人力资源开发、培养、激励和管理的一些经验。

一、以"德才"为标准的经理人才观

1. 各部门经理是公司的主要业务骨干

新南方集团对职业经理人有多方面的素质和技能要求，简而言之就是"德才兼备"。曾国藩说"德若水之源，才即其波澜；德若木之根，才即其枝叶"，朱拉伊先生认为对经理人来说最基础也最关键的，是"德行"。"德"是指导行为的准则，是评判是非的标准，也是才干和效果所能起作用的方向。德表现在为人就像大海一样博大、平和、庄重，有宽广的胸怀和丰富的感情，最终铸就一种伟大和成就。有德者的直接表现就是"仁"，孔子曰"能行五者于天下，为仁矣"，而这五者就是恭、宽、信、敏、惠。"恭则不侮，宽则得众，信则人任焉，敏则有功，惠则足以使人。"（《论语·阳货》）以这五点为努力方向，则必将成长为一个全方位领先的成功经理人。

在具备良好品德的基础上，经理人也必须掌握科学的工作思维和技能。要实现新南方伟大而宏伟的目标，需要每个经理人必须做好自己的本职工作，这就要求经理人团队必须做到：要用战略的眼光看待事情；要建立与战略目标相匹配的支撑体系；要建立具有强大战斗力的管理团队；要有踏实的工作作风，以及艰苦奋斗、坚韧不拔的精神。

经理人在做事方面，必须要坚持一些基本准则，才能做到高效而事半功倍。经理人必须要有清晰的思维，对工作做到心中有数，要善于把复杂的东西简单化，从千头万绪中理出思路，做到化繁为简。经理人的时间是最宝贵也是最稀缺的，因此必须做到要事第一，重点解决主要问题和主要矛盾，同时学会辩证地看待问题。经理人必须懂得有效领导的技巧，善于选人用人，打造高效执行力的团队。经理人要及时落实检查，事前就有明确的计划规划，知道检查什么、关注什么、达到什么效果和目标，并以此建立奖励机制。经理人还必须善于通过对市场进行分析，设定目标并制订实施计划。

经理人应具备良好的素质和心态，包括勇于承担责任，能够起到榜样作用；做有文化的人，树立相对开明的文化，打造企业核心竞争力；善于打造核心团队，让高层骨干认同一个共同的价值观；建立规范的制度、规章、流程；能够建立满足客户价值的盈利模式，并要求团队尽量执行，保障团队绩效持续增升；善于复制，让中层做传承、员工做专注、战略可分解；懂得竞争和进化，用机制和文化优化团队，形成有竞争力的团队；懂得战略，要有战略思想并能理解和执行更高层的战略思想，能够带领团队实现各个战略目标；关注中期，决胜未来，建立战略的执行体系；具有毅力和耐心，毅力是坚持，相信能克服困难；正确判断未来，看别人看不到的地方，算人家算不到的账，做别人想不到的事情。在团队里面要做好事情，利用别人的知识做好自己的事情，建立可复制的机制。

经理人必须培养良好的解决问题的思维方式。无论是提出问题（即公司存在什么问题），还是准备做什么事情，思路都必须清晰，这样才能完全投入实施。不能正确提出问题的公司在战略上就可能会左右摇摆，以致被甩在后面，不能发展。管理者一定要深入第一线，及时发现问题，高效解决问题。处理问题时，要想得透，考虑全面，灵活运用发散性思维，做好比较分析，选择最优解决方案。一个合格的管理者，当遇到问题和困难的时候，他总是主动去找方法解决，而不是找借口回避责任，找理由为失败辩解。

2. 新南方员工准则

新南方考量人才以"德"为先，以"才"为重，并认为与无德无才者相比，有才无德者对企业造成的危害可能要大得多。

新南方充分调动和挖掘人的潜力，尽可能安排能充分发挥个人才华的岗位。即使是新入职的员工，也有机会"担当大任"，获得锻炼，发挥能力。内部的培训、考核和晋升制度以及一系列的激励机制，让每个员工都有发展和提升的机会。新南方关注员工个人素养的提升，要求每一个员工具备几个方面的特质，即要有责任、有激情、有胸怀、有抱负、有智慧、要包容、要勤俭。朱拉伊先生认为，伟大的事业需要伟大的人来做，现在新南方的事业正处于天时、地利、人和的有利时机，员工同心协力，一定可以众志成城，为实现一个伟大企业的理想而奋斗。

二、 人才招聘与引进双线并行

新南方集团的人才招聘注重毕业生的招聘与培养，早期以欠发达地区的名校学子为重点对象。例如，早期地产行业和中医药行业就在江西高校招到不少可用之才，因为江西与广东接壤，而且江西高校学子较向往经济更为发达的广东沿海。主要招聘模式是通过学长回母校宣讲，带动企业口碑宣传，吸引优秀学子来粤工作。

随着教育水平的不断提高以及对高水平人才的需求，新南方开始对招聘方向进行重新定位，开始重视毕业生培养与引进中高端人才双线并行。在培养毕业生的基础上，对于部分专业性强、需要资源与经验的产业，注重外部人才的引进。

三、 人才选拔科学化

新南方集团人才选拔越来越科学化。随着企业发展，新南方集团越来越注重人才价值观与企业价值观的匹配。由于集团涉及行业的范围包括房地产、中医药、酒店服务领域等，因此针对不同的行业，选拔人才时需考虑人才与企业价值观的匹配程度。例如，中医药产业是一项需要长期投入的事业，在短期内不会有爆发性的产出，由此在人才选拔上尤其要注重人才对中医药文化的认同度的考察，不会选拔重用急功近利者。

公司实行人才分类管理，晋升分为行政级别与技术级别两类，希望让管理类人才和技术人才的工作积极性都得到调动。

四、 人才培养方式多样化

新南方集团的培养方式多种多样：其一，老板亲自带，通过座谈、轮岗培养等形式让人才由熟悉企业到了解企业，再到能够参与企业决策。这种形式沿用至今。其二，对于每一个级别的晋升，都需要完成一定的培训才能获得资格。建立了各种培训制度，梳理了矩阵式等人才管理结构。其三，与高校合作，如与澳门科技大学、中山大学 EMBA 联合培养企业高管。其四，随企业不断发展，原先的人才培养方式已经不能满足企业的发展需求。对于毕业生、中层管理者等人才，通过定期开展管理类、通识技能类培训和访谈等形式跟踪培养，搭建人才梯队。

五、 绩效管理规范化

新南方集团的绩效管理经历了三个发展阶段，在企业成立之初，采用固定工资模式，无独立的人力资源部，仅有一人兼任人事行政工作。在 2000 年至 2007 年，企业绩效管理进入专业化阶段：2000 年成立人事部；2001 年开始初步确立全员绩效考核制度；2005 年明确绩效工资占 30%，与单位业绩挂钩，由岗位、业务设置具体的指标与权重。

专业化阶段的主要特点为：①动态考核。根据具体的公司业绩、个人业绩（工作表现）、行为价值观、经济环境等有一定的浮动。②对于新公司、新项目，有一定的孵化期，在长期看好的前提下允许项目在短期内有一定的亏损，主要以进度考察业绩。③组织保障。有专门的委员会考核业绩，对领导主要以高指标为导向（达不到目标业绩可能出现工资倒扣），对基层员工则以奖励为主（完成业绩有额外奖金），激发其积极性。绩效考核的价值导向是：奖勤罚懒。

到 2008 年以后，新南方绩效考核管理进入规范化阶段。集团绩效考核管理根据总裁授权，由集团"绩效考核委员会"及单位"绩效考核小组"依据管理层级、管理对象，分别组织开展。其中，绩效考核委员会为集团绩效考核管理工作的统筹、组织、审核及监督机构；各单位绩效考核小组，在绩效考核委员会的指导和各业务集团总经理的领导下，组织开展除单位责任人以外的员工的绩效考核管理工作。

对绩效考核制度进行编制，设定具体的适用范围（考核对象）、考核周期、考核维度、绩效考核指标体系、绩效考核过程的检查和实施、绩效评价等内容，以及对考核结果的具体运用流程做了明确规定，确保绩效管理的规范化。

六、 激励的薪酬体系

根据绩效考核结果，新南方集团建立了更加具有竞争力的薪酬体系，除基本薪资外，还设立了绩效奖金、业绩提成、年终奖金、其他物质奖励和非物质奖励。另有其他激励机制，使员工的薪酬水平与个人能力相匹配，激发竞争意识，促进企业发展。

绩效奖金与绩效考核评价结果挂钩。采用月度、季度为考核周期的单位员工，考核周期绩效奖金基准为其间各月份绩效奖金基准的累计数，以考核期的绩效考核评价结果来核算该考核期的绩效奖金，多退少补。核算方式如下：

实得绩效奖金＝考核周期绩效奖金标准×当期绩效奖金得分系数。

对于一线业务类岗位，如采用"底薪＋提成"的薪酬结构，绩效考核结果不用于绩效奖金的核算，仅作为业绩提成、岗位调整的必要条件。

业绩提成是销售类岗位的主要激励手段，其设立与分配应基于个人通过努力所达成的业绩，对于非员工个人行为或者非其主导行为产生的业绩，不能核算和计发提成。提成的提取方式可采用"全额提成""目标超额提成"或"分级累进提成"等形式；对于以业绩全额作为提成核发基数的，必须规定提成计发的前提条件（如达到一定的业绩标准为提取的前提条件，低于该业绩标准的，不计发提成）。

年终奖励分为全员奖励和管理团队奖励两类，其中"盈利奖励"（双薪）、"盈利奖金"适用于全员奖励；"超额利润奖金"适用于奖励管理团队和核心骨干人员。

除绩效奖金、业绩提成、年终奖金外，各单位可根据岗位及团队建设需要，设立其他临时性、个性化的物质激励项目（其他特设物质奖励）。

其他非物质奖励包括但不限于：免费外训、带薪假期、免费旅行、部门聚餐、通报表扬、授予相关荣誉称号等，由各绩效考核管理机构拟订方案，报绩效考核委员会备案后组织实施。

为更好地吸引和保留核心人才，充分调动员工积极性和创造性，使核心人才的利益与公司的长远发展紧密相连，实现企业的可持续发展，在常规绩效考核之外，各单位可自拟方案，对管理团队、核心骨干适当增加中长期激励。其中包括：项目跟投、内部合伙人制、承包责任制、虚拟股票。

第五章

企业文化管理

广义上，凡属人类所创造而区别于自然的一切东西都是文化。狭义上，文化是指人类全部精神活动及其产品。企业文化，或称组织文化是指一个企业在生产经营和管理活动中所创造的具有该企业特色的精神财富，及其赋予的精神内涵的符号与物质形态，包括其秉持的文化理念、价值观念、企业的群体意识、道德规范、杰出员工、行为准则、职工素质、优良传统、企业制度、文化环境、文化活动、企业识别系统（CIS）以及其他赋予了企业精神的各种产品和物态。

第一节

企业文化管理的特点、目的与功能

一、 企业文化管理的特点

有企业，就必然有企业文化。企业有什么样的企业文化，就决定了它是一个什么样的企业。企业文化并不是自发形成的，而是企业经营管理者根据企业经营、管理、发展的需要而有意创造、贯彻或者宣传引导形成的，因此，任何企业文化都是为企业的特定目标服务的，不可避免地具有鲜明的目的性或功利性。企业文化也是员工的一种精神需求，员工不仅为获得经济利益在企业工作，而且也希望工作本身具有社会意义，在工作中实现自己的价值。由于每个企业都有自己独特的发展历程、市场定位、发展目标和经营管理方式，以及企业家具有独特的人格和传承于不同的文化系统，因此，每个企业的文化都是独一无二的，既没有什么固定的模式，也没有定量的评价指标。企业文化无处不在，无时不有，既渗透于企业生产经营的一切活动之中，又超越于一切具体的企业活动之上。企业文化是企业经营者选择什么样的管理理念和方法的价值观，而不是指某种具体的管理方法；是激发和维护某种企业行为的原因，而不是指某次行为活动；是调节员工人际关系的处世哲学，而不是指某种人际关系状况；是员工对工作的情感与态度，而不是指工作本身；是对权力地位的心态，而不是指权力地位本身；是服务中体现的精神境界，而不是指服务过程。

二、 企业文化管理的目的与功能

与企业绩效管理和目标管理把员工当作管理对象不同，企业文化管理的目的是用文化教化员工，从而让具有丰富创造性的员工成为自觉追求最大效益和企业管理的主体和中心。从本质上看，企业文化就是以人为本，强调人的理想、道德、价值观、行为规范在企业管理中的核心作用，注重人的全面发展，用企业愿景鼓舞人，用企业精神凝聚人，用制度机制激励人，用文化环境培育人。

企业文化管理的功能主要有：

①导向功能。企业文化理念的形成和内化，可以引导职工价值观念和思维方式的转变，从而对生产经营活动中的工作思路、价值取向、管理模式和个体行为带来深刻的影响，有气魄、胆识和远见的企业文化能激发员工的使命感，是企业最重要的前进动力之源。

②凝聚功能。企业文化能增进员工的归属感，而归属感是人的基本心理需要，有助于让来自不同文化氛围的员工有共同的梦想而增强凝聚力，例如发动职工积极参加"我为企业献计献策"的合理化提议活动，可以提高企业员工的主人翁精神。企业文化能加强员工的责任意识，这有助于员工将个人奋斗目标融于企业发展的整体目标之中，将自己的职业前途与企业的发展命运紧密地联系在一起，促进精神共同体的形成。

③激励功能。企业文化能实现员工的成就感和荣誉感，企业为员工的职业发展提供了平台，企业的繁荣和员工的成就感、自豪感和社会荣誉感如影随形，继而也将会促进员工更加努力进取和多做贡献的情感。

④约束功能。企业制度是企业文化的重要内容和员工必须遵守的规定，从而形成约束行为的规范，例如同仁堂药店"济世养生、精益求精、童叟无欺、一视同仁"的文化就是要求员工必须严格工艺规程操作，严格质量管理。

⑤竞争功能。企业文化管理对提升企业市场竞争力具有协调作用，企业文化建设要以人为本，既需要采取先进评比、职称晋升、技术比武、知识竞赛等精神和物质激励的方式调动员工对企业的认同感和工作积极性，也要求协调和整合各部门和员工之间经营运行中的关系，促进企业市场竞争力的整体提升。

第二节

企业文化管理的基本内容

一、 做好规划， 领导垂范

企业文化建设与管理是一项事关企业发展大局的系统工程，企业要把企业文化建设与管理纳入企业发展整体规划，包括明确企业文化建设的目标、主要任务、分步实施方案、职能部门与人员责任、有关制度与规范、检查与总结、奖惩工作程序、企业文化园地载体，以及企业文化建设的经费投入等保障措施。企业文化管理需要有一个整体模式建构的规划，即包括企业物质文化、行为文化、制度文化和精神文化形态等文化结构的设计。同时，规划还要充分考虑发挥企业党组织、工会、妇联、共青团、各类协会和非正式组织的协同作用，形成企业文化建设与管理的合力。

什么样的企业领导决定了有什么样的企业文化。企业领导不仅是企业文化的倡导者和组织者，而且企业领导的文化修养、价值取向、道德观念、人格心理素质在很大程度上影响着企业文化的模式和企业的命运；企业领导的身体力行和实践行为更是企业文化确定、形成和维护的重要推动力。企业领导对社会文化变迁的前瞻性和应变能力是企业文化不断丰富和充实的重要前提。优秀的企业家能倡导出优秀的企业文化，优秀的企业文化能创造出优秀的企业，而优秀的企业能培养出优秀的员工和生产出好的产品。行话说得好："做一年的企业靠运气，做十年的企业靠经营，做百年的企业就要靠文化。"如果说厂房、机器、技术和产品是企业的硬实力，那么人才、精神、信仰、制度等文化则是软实力。企业领导只有两手抓，软硬兼备，企业才真正具备可持续发展的核心竞争力。

二、 文化教养， 内化于心

汉语"文化"一词出自《周易·贲·象传》："刚柔交错，天文也；文明以止，人文也。观乎天文以察时变，观乎人文以化成天下。"文化的英文 culture 一词则源于拉丁文 colere，原意指通过人之能力的培养及训练，使之超乎单纯的自然状态之上。人类的发展历史告诉我们，古今中外，大到国家和民族，小到部落与家庭，统治者都少不了对被管理民众或成员进行文化教育，换言之，所有民族的性格和个体的人格都是这种后天文化教养社会化的结果。对于一个企业而言，企业文化不仅是对内部员工进行精神充电或再社会化的教育过程，而且是对外树立企业形象，影响或改变消费者认知情感的过程。企业文化如果不深入员工心里，并且内化为一种信念和价值观，那么企业文化就无异于一种形而上的口号，因此，企业文化管理要将企业文化普及当作一项基础性工作常抓不懈，扎实推进企业文化培训活动，设计方便完善的文化展示和学习载体，采取多种形式塑造生动活泼、富有吸引力和感染力的企业文化宣传环境，使企业文化的宣传展示固定化、日常化；抓好企业文化的实践载体，紧密结合企业实际，积极开展企业文化主题实践活动，让员工在生产经营中感悟企业文化的作用，成为实践企业文化的自觉的人。

三、 完善制度， 固化文化

企业文化不能只是说在嘴上，贴在墙上，更需要贯彻落实到企业管理制度安排和工作实践中。这些制度包括职务晋升制度、用人竞争择优制度、民主参与管理和决策制度、奖勤罚懒制度、分工协作制度、绩效评价与分配制度、福利制度、员工培训制度等，形成科学合理的企业制度文化。这些制度不仅需要形成正式的文件，公开宣传，人人知晓，而且要严格遵守，兑现承诺。文化制度的设计要做到公平公正，充分听取全体员工的各种意见，一旦形成颁发的正式制度，就要坚决贯彻执行，加强关键流程和重要岗位人员监控，严肃查处各类违规行为，做到内控违规"零容忍"。

四、 树立标杆， 知行合一

企业员工知行合一的实际表现是对企业文化的最好阐释，否则企业文化就成了纸上谈兵，标杆人物是指企业文化在员工身上的人格化，可以为其他员工提供一个鲜活的榜样，对企业文化的宣传和强化具有极为重要的作用。

为此，企业文化管理者要寻找和塑造本企业的劳动模范和优秀员工等文化代言人，通过他们的工作业绩和言行来阐释企业的价值追求和文化形象。标杆人物是企业优秀文化的一种象征，一般来说，企业的创办人就是企业的英雄式人物，因为没有他的远见和胆识，没有他的勇敢和毅力，就不可能有该企业的诞生，自然也就没有众多员工在这个企业就业和共事的机会。因此，向员工讲述企业的创办历程非常有价值，企业家的人格和理想抱负也正是本企业文化形成的原型。换而言之，有什么样的企业家，就有什么样的企业文化模式。企业文化还应该通过产品和服务流程设计、企业之歌、旗帜、符号等形式变成视觉和听觉等可以感知的物化形象。

五、 铸造特质， 持续发展

优秀的企业文化不仅需要在继承中创新，还应该有自身独一无二的特质。中国的企业应该有不同于国外的或者合资企业的文化，而私营的企业也应该有与国有企业相区别的文化特质。

在企业文化特质中，以下五个要素尤为重要。

①企业使命，是指创办本企业的根本目的、宗旨、经营哲学，经营的活动范围和层次，企业在社会经济发展中所担当的角色定位和社会责任的总体认知。企业使命是企业确立经营思想、经营目标和制定发展战略的根本依据。

②企业价值观，是指企业员工对企业生产经营目的和宗旨的认同的集体意识。企业有了正确的和统一的价值观，全体员工才会奋力追求价值目标。因此，企业价值观关乎企业生存发展的长远利益。急功近利的或只顾企业自身经济效益的价值观，不仅可能使企业失去更大的市场，还可能导致企业的破产倒闭。

③企业精神，是指企业基于自身的性质、定位、任务、宗旨、价值观，对员工具有感召力的一种信念和主导的集体意志，是企业进取精神、内心态度、意志状况和思想境界的集中表现。企业精神的表现形式常有厂歌、厂训、厂规、厂徽等。企业精神是企业市场意识、质量意识、效益意识、文明道德意识等现代意识与企业价值观、经营宗旨、价值准则、管理信条、发展目标等个性相结合的一种集体意识，是建构企业文化的基石。

④企业道德，是指调整本企业与其他企业之间、企业与顾客之间、企业内部职工之间关系的行为规范的总和。善与恶、公与私、荣与辱、诚实与虚伪是规范和评价企业生产经营行为的道德范畴。企业道德与强制性的法律规范不同，需要高度的自觉性、自律性作为条件。

⑤企业形象，是指企业通过外部特征和经营方式表现出来的被客户和公

众所识记的企业总体印象，包括由招牌、门面、徽标、广告、商标、服饰、营业环境、企业形象、视觉识别系统（如 VIS 系统）等直观的外部印象，以及通过人员素质、生产经营能力、管理水平、资本实力、产品质量等表现出来的深层形象。只有以扎实的深层形象为基础的表层形象才是持久美好的，例如，优美的购物环境和品牌形象必须建立在可靠的产品质量和性价比合理的价格基础之上，才能赢得广大顾客的持久信任。

综观世界知名企业，每一家企业都有自己独特的企业文化。虽然各企业文化都有自己的一些特质，但有两点具有共性的文化管理要素非常突出：一是以诚信为核心，建构为客户提供满意的优质产品和服务体系；强化"以质量求生存、以诚信求发展"，"以人为本、科技为先、质量为上、信誉为重"的企业文化精神。二是以忠于企业为核心，培育和谐、廉洁的企业文化，鼓励员工与企业同呼吸，共命运，让企业愿景成为员工共同的思想理念和强大的精神动力。

第三节

中医药文化的内容

中医药文化植根于数千年的中国传统文化，是中华民族优秀传统文化的重要组成部分，也是中医药医疗服务和产业发展的社会基础。国家中医药管理局颁发的《中医医院中医药文化建设指南》（国中医药发〔2009〕23 号）关于中医药文化的定位是："中医药文化是中华民族优秀传统文化的重要组成部分，是中医药学发生发展过程中的精神财富和物质形态，是中华民族几千年来认识生命、维护健康、防治疾病的思想和方法体系，是中医药服务的内在精神和思想基础。"具体而言，中医药文化是由历代中医学家所创造的体现中医药哲学、价值观、道德规范、优良传统、诊疗与养生特色的精神文明和物质文明的总和。中医典籍、中医名家、中医文物、中医史迹、中药、针灸、中药处方、中药炮制等制药技术是中医药文化的主要载体。

正确理解中医药文化关乎百姓接受中医药服务的信心和对中医药价值的认同，影响着中医学子的专业信心，影响着中医工作者对中医药技术的临床自信，影响着中医药科研工作者对中医药研究方向和理论的自信，影响着中医药发展道路和制度建设的自信。中医药是中华文明的优秀代表，是向海外传播中国文化的有效载体，是世界医学体系中最具特色和优势的传统医学，缺少了对中医药的文化认同，中医药的道路自信、理论自信与临床自信就失去了根基，中医药发展就会迷失正确的方向，中医现代化的道路就会摇摆不定，中医药的科学性问题就会迷惑不解，中医药的临床有效性与安全性便会遭到质疑。因此，加强中医药文化建设与传播是开拓中医药服务国内外市场的必要前提。中医药文化是中医药事业持续发展的内在动力，是中医药学术创新进步的不竭源泉，也是中医药行业凝聚力量、振奋精神、彰显行业形象的重要抓手，从事中医药产业与服务的所有工作者都应该增强传承和发展中医药文化的自觉性和主动性。

中医药文化与其他传统文化一样，具有传承与创新发展的统一性，相对于现代医学和其他文化类型而言，中医药文化的以下几个特点尤其要准确把握。

一、 中医药文化的系统观

首先，中医药文化扎根于中华民族文化的土壤之中，必须将其放到中华民族的文化大系统中才能得到合理的解释；其次，中医药文化中的语言观、本体论、认识论和方法论等各要素之间是相互依存和相互作用的，牵一发而动全身，中医药的理论特质和构造现象只有从文化结构主义视角才能得到合理阐释。所谓结构主义就是一种主张运用整体观及其结构的方法来考察事物的系统方法论。中医是最早以整体性观点看待人的一切生理和病理现象的结构主义。在中医眼中只有生活在自然环境中的活人，人的体质和生理变化都与环境相关，而没有可孤立考察的人，即所谓"人与天地相参也，与日月相应也"（《灵枢·岁露论》）。中医永远是从整体观来看待病理机制的，认为疾病总是内外因素相互作用的结果，即"以身之虚，而逢天之虚，两虚相感，其气至骨，入则伤五藏"（《素问·八正神明论》）。在中医看来，世上只有结构，而没有孤立的元素。在一个文化系统结构中，结构转换规则才是最重要的，这是指那些组成结构成分的相互关系的规律。从这种意义上说，结构就是转换（或变换）关系的体系，而不是某种静止的形式，也正是由于这些转换关系的规律构造了结构。将结构看成是运算的组成规则或平衡形式，认为运算是结构的第一性的观点，可以称为运算结构主义。所谓运算结构主义可以理解为一种动态地看待结构，而不是静态地分析结构的思想方法。中医阴阳运算的思想十分突出，所谓"数之可十，离之可百，散之可千，推之可万"（《灵枢·阴阳系日月》）。在这里，虽然数符只有阴和阳两个，但有数、离、散、推等多种运算。在中医的视野中，人体的各种生理系统都是由阴阳消长和五行的生克关系等种种运算规则组成的体系，它靠转换规则而保持自己的平衡和使自己本身得到充实。《素问·玉机真藏论》中认为五藏病机病理系统的运算规则是："五藏受气于其所生，传之于其所胜，气舍于其所生，死于其所不胜。""五藏相通，移皆有次，五藏有病，则各传其所胜。"五藏相关是中医结构论中最重要的转换关系之一。结构的转换可以是非时间性的，也可以是时间性的，治疗上亦要遵循这样的规则，即"谨候其时，病可与期，失时反候者，百病不治"（《灵枢·卫气行》）。结构既是整体的，守恒的，也是相对封闭的，这样才能维持其结构的稳定性。因此，分解的结构就不再是原来的结构，分解出来的部分就不再隶属于原来结构的成分，就不再具有结构的整体性质。所以结构不可以分解，但可以扩展。结构的总边界可以变化，但没有取消原来结构的边界。因此，从这种意义上说，中医理论就是一个结构套箱，拆开了就不再是原来的中医理论模型，这正是中医理论超稳定性的根本原因。中医药文化的整体结构性、结构转化的可运算性、结构的发展包容性决定了中医药文化既具有高度的超稳定性，又表现出对环境变化所具有的应变性和灵活性。

二、 中医药文化的生活观

人类医学在生物进化中首先是作为一种生存的技术而存在的，因而它必定具有广泛的民众认识和实践的基础。当一种民族医学体系在形成的胚胎期，一种广为流行的民俗观念和习惯就可能作为不证自明的公理影响或进入理论的建构，它甚至作为一种"原核"，组建出日渐复杂精致的理论体系，以至于我们今天对某些医学理论只是感到"天然的"合理性，而不识其原来的真面目。民族医学体系中的技术方法也必以民俗的经验为发明的基石，依民俗的价值观念而接受。人类观念形态的东西最先必发源于生存的领域，在生存领域最先形成的观念和民俗便成为后起的观念和民俗的基础。以阴阳观念为例，它是中医学解释一切具有对立关系的物质、运动和时空特性及其规律的工具。然而，阴阳观念来源并不复杂，而是源于上古人们的居住习俗。如《诗经·大雅·公刘》上说："既景乃冈，相其阴阳，观其流泉。"朱熹注云："相，视也。阴阳，向背寒暖之宜也。"这种最初形成于居住习俗中的阴阳观念被逐渐泛化，推广到其他事物上，最终成为中医解释一切现象的纲领性工具。

华夏民族的饮食文化与中医食疗、中药药理的建构具有"药食同源"或"医食同源"的历史关系。中药的发现，中药的四气五味、升降沉浮等理论源于华夏民族农耕文化的采集活动和烹饪习俗，从历史发展的逻辑来看，食疗应先于药疗，先有"食宜"和"食禁"的发现，而后才有"药宜"和"药禁"的中医理论。

中医各种治疗方法也源于不同地域的民俗经验，如《素问·异法方宜论篇》中就描述了不同中医技术的来源地及其产生这种技术的文化原因，如"东方之域，天地之所始生也，鱼盐之地，海滨傍水，其民食鱼而嗜咸，皆安其处，美其食，鱼者使人热中，盐者胜血，故其民皆黑色疏理，其病皆为痈疡，其治宜砭石，故砭石者，亦从东方来。""毒药者，亦从西方来。""故灸焫者，亦从北方来。""九针者，亦从南方来。""导引按跷者，亦从中央出也。"

三、 中医药文化的哲学观

中医学并非只是一种临床经验医学，也不只是一种养生技艺和发现了众多天然药物的伟大宝库，还是蕴含有深邃哲学智慧的独一无二的知识体系。与那些试图摆脱哲学影响的现代医学相反，传统中医不仅具有鲜明的哲学色彩，而且将这些独特的哲学思想一以贯之地运用于整个知识体系的建构，中医药广泛吸收了古代儒家、道家等诸子百家学说的一些理论，建构了具有中医药特色的中医哲学，其主要表现在：

（1）基于面向生活实际的现象学。事实上，中医原本就不是来源于实验室，而是以中国古人的日常生活世界为基础建构起来的。中医的健康观、疾病观、诊断观和治疗观都与日常生活世界的观察和生活方式的选择密切相关，中医理论的"合理性"是建立在人的日常生活世界的自明性哲学之基础上的。所谓自明性（或明见性）是指认识中的一种直观的被给予，最初直观的意向体验就是指对事物的视觉感知，它是不能再作进一步规定的东西。例如白天与黑夜、热与寒、男与女、上与下、内与外、虚与实、动与静、出与入等中医的始基范畴都来源于不须再问为什么的生活体验。这也就是说，对中医原理的理解需要立足于生活世界的现象学观点。从时间现象学的观点来看，中医学理论的建构与技术操作具有一种独特的寰宇性的整体时间的视野，即中医学正是在自己建构的寰宇性的整体时间的视野结构中来看待、分析和操持这个世界中的其他一切存在，用自己独特的时间框架来阐释人的气血生理、病邪变化、疾病流行的规律，以及用以指导用药、针灸施行和健康养生行为。

《灵枢·阴阳系日月》的篇名最直接地告诉我们，中医之基本范畴——"阴阳"正是来源于古人对人的生存与日月地关系的领会，所谓"天为阳，地为阴，日为阳，月为阴，其合之于人"（《灵枢·阴阳系日月》）。日—月—地—人关系也即是中医的世界观，是人在这个世界中生存的基本枢纽，是中医领会生命和病理，以及解释医理的总纲，所谓"阴阳者，天地之道也，万物之纲纪，变化之父母，生杀之本始，神明之府也"（《素问·阴阳应象大论篇》）。

（2）建立了"司外揣内"的认识论。中医基于"有诸内，必形诸外"（《孟子·告子下》），"五藏之气，阅于面者"（《灵枢·师传》），"五藏之象，可以类推；五藏相音，可以意识；五色微诊，可以目察"（《素问·五藏生成篇》）的假设，通过"司外揣内"的方法，由外及内，由表及里，建立了望闻问切的四诊体系，继而提出了"辨证施治"的诊疗体系和经络学说，以及与此相适呼应的针灸技术。

（3）建立了以我知彼的方法论。中医学通过以我知彼的方法论，发现了人情志的意向结构（所谓情志），发现了"目者，心使也"的眼动现象，发现了"心动则五脏六腑皆摇"的躯体形式障碍，发现了人不自知如何患病的神经症的潜意识现象，还创造了"以志闲而少欲，心安而不惧"等调神养生方法。

（4）中医文化始终具有对立统一、普遍联系等辩证思维的特质，例如中医理论的基本概念都是由两极对立的词汇构成，如阴阳、上下、内外、虚实、正邪、进退等；在治疗中，坚持扶正祛邪、标本配合，心身兼治，未病先防和既病防变，同病异治或异病同治；在中药配伍中，则全面考虑各药物之间相须、相使、相畏、相杀、相恶和相反的关系，等等。中医文化的哲学性不仅说明中医学绝不只是一门经验医学，而且可以通过中西哲学的比较，说明中医哲学仍具有很强的时代意义与实用价值。

四、 中医药文化的价值观

国家中医药管理局在颁发的《中医医院中医药文化建设指南》（国中医药发〔2009〕23 号）中指出：中医药文化的核心价值观就是：医心仁，医道和，医术精，医德诚。

（1）医心仁。儒家认为，仁者爱人。中医认为，"医者仁心"，而"医乃仁术"。这里有两重含义：一是从医者必须有仁心道德，二是要将这种仁心道德贯彻整个诊疗过程。可见，"仁心"是"仁术"的前提，医术是仁心道德的体现。如古人所言："良医以仁术救世。"（《太平圣惠方》）"医者，圣人仁民之术也。"（刘纯《玉机微义》）行医者自当将"人命至重"视为最高的价值，如古人所说："天覆地载，万物悉备，莫贵于人。"（《素问·宝命全形论》）"人命至重，有贵千金。"（孙思邈《备急千金要方》）中医认为，医者为患者诊疗就是受托别人的生命，责任重大，所以"夫医者，非仁爱之士不可托也，非聪明理达不可任也，非廉洁淳良不可信也"（《褚氏遗书》）。

行医者对患者还应该有很好的设身处地的共情能力，如清代喻嘉言所说："医，仁术也，视人犹己，问其所苦，自无不到之处。"（《医门法律》）"见彼苦恼，若己有之"（孙思邈），"以局外之身，引而进之局内，而痛痒相关矣"（清代徐延祚《医粹精言》）。因为"恻隐之心，仁之端也"（《孟子·告子上》），所以"凡欲为大医，必当安神定志，无欲无求，先发大慈恻隐之心，誓愿普救含灵之苦"（孙思邈《大医精诚》）。医者仁心还意味着无差异地对待每一个求医者，所谓普同一等之心。如孙思邈所言："若有疾厄来求救者，不得问其贵贱贫富，长幼妍媸，怨亲善友，华夷愚智，普同一等，皆如至亲之想。"

（2）医道和。这是指中医医理和医术的价值观，包括天人合一的整体观，阴阳平和的健康观，调和致中的治疗观，以及医患信和、同道谦和的道德观。"和"或"中和"是中国传统文化中非常重要的观念，是中庸之道的主要内涵，如《礼记·中庸》中所说："喜怒哀乐之未发谓之中，发而皆中节谓之和；中也者，天下之大本也，和也者，天下之达道也。致中和，天地位焉，万物育焉。""和"不是混合，也不是相同，而是使相对的事物互相制约、抵消，从而产生更加和谐的最优状况。所谓"冲气为和"，"和而不同"。在中医药学里，中和思想体现在各个理论和技术层面，认为健康就是天人相应、形神相和、情志和、气血和、五脏六腑调和；养生的法则就是"法于阴阳，和于术数"（《素问·上古天真论》）；认为患病就是阴阳不和，治病就是调和阴阳，所谓"谨察阴阳所在而调之，以平为期"，"阴阳之要，阳密乃固，因而和之，是谓圣度"。

（3）医术精。"精"是指对行医者所掌握的医术熟练精深程度的要求。疾病现象复杂，医道精微，行医者务必通过精勤治学，精研医术，博采众方，精益求精，才能真正地实现仁心仁术的目的。依据行医者术精的不同水平，中医将行医者分为上工和下工，所谓"上工之取气，乃救其萌芽，下工守其已成"（《灵枢·官能》）。要成为"上工"，就要专心医道，审问慎思，明辨笃行，持之以恒。

（4）医德诚。《说文解字》说："诚，信也。"《孟子·离娄上》中有"诚者，天之道；思诚者，人之道"的训诫。医德诚是指医者要心怀至诚于内，言行诚谨，诊治行为要诚笃端方，戒诳语妄言、弄虚作假。对医者来说，为何医德诚尤为重要，这是因为客观上医患之间掌握的有关信息不对称，对于一个处于病患之中，痛苦不堪或羸弱无助的患者，医者必须以至诚之心相待，痛病人之所痛，苦病人之所苦，要推己及人，换位思考，才能实现医者仁术的效果。在疾病诊治信息不全，知识不足的患者面前，医者尤其应该诚信求真，慎独自律。如《大学》中所说："此谓诚于中，形于外，故君子必慎其独也。"《中庸》也说："是故君子戒慎乎其所不睹，恐惧乎其所不闻。莫见乎隐，莫显乎微。故君子慎其独也。"在没有人在场或监督的细微之处医者一定要"慎独"，始终保持医德之"诚"，不欺天、不欺人。

五、 中医药文化的语言观

中医药学是由汉语文言文建构起来的，其思想观念、理论体系都具有鲜明的汉语文言文的特质，而作为思维工具的语言对于使用者的观察、描述、记录、思维和表达都具有深远的影响，语言作为一种文化结构，它的底层就是思维的模式。医学范式与语言符号系统及其符号关系式之间必然存在着一种基本联系。

（1）古汉语的字形为表形文字，识记与阅读文字的主要途径为视觉，语言类型为一字一义的分析语，语音为单音节制和声调语言，句子结构为紧缩型的意合法，以及中医理论中"有名而无形""一词多义"和独特的通假现象等古汉语的这些特点不仅对中医理论文本的表述风格和理解带来了深刻的影响，而且也是现代中西医沟通和结合中的最大困局。

（2）汉字依类象形，字形字义几乎与中医学基本概念含义一致，而且造就了中医象思维的特质，古汉语偏爱譬如的言说特点对中医学的概念、判断和推理各个思维层次的影响无处不在。在概念层次，中医以象本身作为概念；在判断层次，"拟诸其形容，象其物宜"；在推理层次，"无譬则不能言"。

（3）语言类型与认知尺度有关，汉语和英语等其他语言相比，在表达同一对象时有"切分"之精细程度上的差别和语词表达方式的区别。汉语属于分析语类型，即这种语言一般会用独立的语词来分别表达各种不同的概念。即使是描述同样的人体肤色，中、西医等语言在词的义位、义素数量和精细程度上都具有差别，例如关于黑的肤色，中医学里就有比西医丰富得多的颜色词记载。这既是认知在语言上的反映，反过来也是语言影响后继认知的基础。

（4）对中医理论的词汇结构进行语义场分析，可以发现中医理论在词汇结构上具有非常明显的文化特质。中医的阴阳、五行分类义场不仅涵盖面极广，而且可以贯通生理、病理、诊断、药物、天文气象、地理等不同的领域，这与西医分类义场互不通约的情况截然不同。中医还有非常丰富的反义义场的词汇语义结构。据统计，仅《内经》一书能确认的反义词就有 174 对。如"凡刺之方，必别阴阳，前后相应，逆从得施，标本相移。"（《素问·标本病传论》）中医理论中的两极义场以"阴阳"概念最为典型。

（5）中医具有"立象尽意"语用观和制器以尚象的技术观，且能看透语言带来的同异分立的缺陷，以及名实的相对关系，古人提醒我们注意："阴之与阳也，异名同类。"（《灵枢·邪气藏府病形》）"血气者，异名同类。"（《灵枢·营卫生会》）中医还采取"以意为运量"的临床策略，所谓"医者，意也"。

第四节

新南方集团企业文化建设的经验

广东新南方集团经过 20 多年的艰苦奋斗，从几十个人的小公司发展成为一个拥有中医药、房地产、金融投资、酒店等多元化产业，业务遍及海外多个国家和地区的大型私营企业，逐渐形成了具有传统中医药特色的企业文化，这种企业文化不仅是凝聚全体员工精神的向心力，也是决定企业愿景和发展战略的关键性因素。

一、 凝练经验， 树立信念

企业文化建设是一个关乎企业精神、经营哲学、经营道德、企业凝聚力、企业形象等多方面工作的重要战略，如果企业高层对此没有足够充分的认识，那么，企业文化建设就会沦为企业的装饰和表面功夫，根本无法全面融入企业生产、经营和管理的各个环节和层面。判断一个企业管理高层对文化建设的意义是否具有充分的认识，可以从企业高层领导的历次讲话、企业文化规划和企业具体行为等方面来进行判断。对于将中医药产业作为自己的主营业务的新南方集团而言，其企业文化建设具有鲜明的中国传统文化和中医药文化特色是不言而喻的。

新南方集团总裁朱拉伊先生出生于一个具有浓厚传统文化气息的家庭，又求学于中医药高等学府，对企业文化和中国传统文化在企业发展中的意义和作用的看法尤其接企业之地气。他认识到企业文化的内涵是非常深刻的，不是嘴上说的那么简单，认为文化应被看作是一个潜在的社会控制系统，一个企业要发展离不开文化，应成为企业的核心准则。因为文化是一种机构内成员共有的信念与期望的形成，这些信念与期望所产生的准则，有力地引导着个人和团体的行为。所以，他要求员工一定要自觉遵守新南方的文化。企业文化并不是从外部嫁接而来，而是企业在自身长期发展中形成的思想和道德准则，是企业面对市场变化，自我进化、自我提升和自我创新的东西，是一种独特的能力和组织行为方式。企业文化也是有实际功能的或曰"功利"的，是支持企业战略目标，为企业的发展战略进行服务的。谈企业文化不应只有理论，更要落实到每个员工的行动上。企业文化的作用需要经过实践的检验，新南方的发展印证了企业的发展离不开企业文化，任何取得成功的发展都有其成功的要素，做对了不成功是很难的，做错了想成功也是很难的，这是一个具有辩证关系的哲理。正因此，新南方人一直坚持走下来，并开创了一个个新的事业。朱先生认识到文化信仰在企业文化建设中高屋建瓴的重要作用，他多次呼吁"为促进祖国繁荣富强和促进人类社会进步与发展，走正道、树正气、弘扬正义"是我们提出的伟大使命。这样的终极目标是永远没有尽头的，这也意味着我们的追求永无止境，我们奋斗的脚步不能停息。为实现我们的使命和追求，我们依然坚定不移，相信有志者事竟成、苦心人天不负。"一只船如果没有方向，什么风都不是顺风；一只船如果没有动力，它也无法前进。动力是一种激情，一种激励机制。成功需要激情，需要一种向上的抱负。"

在中国传统文化中，国家就像一个多民族的大家庭，对于企业来说，营造一个大家庭的文化也符合传统文化精神的策略。朱先生多次强调："新南方公司提供的是一个舞台，我们要利用这个舞台，奉献我们的青春，展示我们的价值。企业不是老板个人的，企业是大家的家，老板和员工只不过是岗位和职责不同罢了。如果你把新南方公司看成是自己的，它就是你的，若将其看成不是自己的，不去努力，那它就不是你的。这个平台是大家构造的，大家应该为之奋斗。套用一句宣传口号，可以这样说：'新南方是我家，公司未来发展靠大家！'"

二、 目标引领， 责任为先

要实现追求就要肩负责任，没有责任的追求就没有价值。将新南方的企业文化打造成别人学不到的、不可复制的、具有独有的核心竞争力是集团一直坚持的理念。新南方人亲身体会到，企业从无到有，从小到大，虽然发展过程是曲折的，但还是走过来了，关键就在于新南方形成并拥有自己独有的企业文化和特有的经营理念，培养了一批自己的中高层管理人才，建立了自己的管理团队和管理体系。

朱先生一直反复强调的新南方人的三大意识、八大理念、团队精神和十六条共同价值观，就是要求每一位新南方员工都能理解，并能把它们作为平时的经营过程中的行为准则，也是作为衡量和评价一个员工是否能提拔晋升的标准。他说："什么是有社会责任感和企业责任心呢？我们的十六条共同价值观，就是社会责任感在我们企业文化中的体现，是企业发展的道德基础。"新南方集团走到现在，已成为一个有高度社会责任感的民营企业，提出的以"诚、信、义"为核心的行为准则，也是使企业走到今天，成为被社会尊重，自己引以为傲的企业的文化基础。职业道德教育是企业文化建设中的重要内容，新南方集团特别强调责任感的职业道德教育，要求每位员工都要做到各尽其责，每件工作都要做到责任到人。尤其是公司的高层管理者和中层负责人，更要仔细思考自己的职责，要勇于承担，敢于负责。每一个工作岗位，都应该履行自己的责任。"有责任心，这是有'德'的表现，没有责任心就是没有职业道德"，因为有责任心才能为公司做贡献、创造价值，才能够对得起跟随你的员工，才能对得起客户或消费者。对于一个生产企业来说，有社会责任感就会将产品质量安全当作企业长远发展的第一要素和根本之道，在研发、生产等环节严把质量关，高度重视规范化管理，尤其是作为生产关系大众健康产品的企业，产品生产一定要严格按照规范标准进行操作，不能有一丝疏忽，一定要对得起社会，对得起大家对企业的信任。要对消费者负责、对社会负责，一定要把这种理念、思想贯彻到每个员工。新南方所有的员工每做一件事情都一定要认真、负责，要有高度的责任感。社会责任感是一个企业的核心竞争力，是企业持续发展的动力。一个企业只有具备了社会责任感，将创造社会价值、服务社会作为其发展的战略目标，其生产出来的产品才能给消费者带来更多的附加值，才能促进产品的销售，真正赢得市场。因此，必须把创造社会价值纳入公司战略目标，打造具有社会责任感的企业，追求企业社会价值的长期化。走正道、树正气，做出对国家有益，能回馈社会的事业，才是于自己、于企业、于国家、于社会真正有价值的根本所在。

对于一个将传承与发展中医药产业作为己任的企业来说，让全体员工热爱、信任、忠诚、献身于中医，具有文化自信尤其重要，因为这是让员工明确为什么而工作的精神动力。事实上，不少年轻人受西方文化影响较深，看不到与现代医学相比的中医药文化的优势和特色，反而将中医药历史悠久、内容与形式传统古朴、方法简单易行、中药疗效相对平和缓慢视为中医药的缺点和落后，缺乏对中医药文化的自信，甚至一些曾经学过或经营过中医药的人还扬言要告别中医，将中医药像古董那样放到博物馆去陈列起来。因此，加强中医药文化在企业员工中的普及宣传，促进全体员工中医药文化素养的提高都是非常迫切的任务。

早在 2004 年新南方 10 周年庆典上，朱先生就豪迈地向员工宣布新南方的发展目标是要成为中医药产业的十强之一，在打开全国市场的同时也要在世界主要城市发展公司业务，把中医药这个中国特色产业、传统文化推向世界，形成以邓老凉茶系列产品，中医药的种植、研发、生产以及网络服务为主要发展方向，其他中医药项目为辅的发展格局。虽然中医药大健康是一个非常有发展前景的产业，新南方人有信心在这个产业里做好自己的工作。另外，新南方人也清晰地认识到中医药产业是研究型的，回收期是较长的，但新南方人已经做好了通过房地产等多元经营所获得的利润来支援中医药产业链发展的长远打算和充分准备。为此，新南方一直致力于将企业之大定位于思想境界之大。朱先生这样说道：大是无形之大，是一个企业知识、智慧、思想、观念、习惯、经验、教训、悟性、远见、判断力、掌握的资源以及对事情分寸拿捏把握的综合反映，这些内在的东西外化到企业中每个人身上，就成了一种"气"。这种"气"在不同时候有不同的表现。即在决断大事时表现为一种"大气"；在敢为人先、挑战困难、承担责任时表现为一种"勇气"；在为实现目标努力时表现为一种"志气"；在自信、行动坚定、执意进取、志在必得时表现为一种"霸气"；在处理公司内外的大是大非面前表现为一种"正气"。

三、 文化传承， 渗入素养

优秀的企业文化才能吸引更多优秀的有志青年人才，也只有当员工的世界观、人生观、价值观和荣辱观与企业一致时，才能够让员工与企业一道面对困难，共渡难关，共同进步。优秀的企业文化能够规范员工的行为举止，激励员工奋进，爱岗敬业。新南方集团注重对人才的培养，要求把企业文化渗透到每个员工身上去，希望每一位员工都是融入新南方企业文化的人才。新南方集团认识到，一旦一个企业文化的体系已经基本形成时，如何将企业文化理念完整地渗透到每一位员工，使新南方企业文化充分体现在每一位新南方人身上，成为新南方员工独有的特质，实际贯彻并指导经营活动，这条路是非常漫长的。未来是属于向上的人的，新南方集团注重企业文化的相传性，认为企业文化要融入员工的人格气质之中。新南方集团注重企业文化对人才培养的作用，注重文化对所有员工的精神渗透，希望每一位员工都是融入新南方企业文化的人才。新南方集团对于人才的态度是，德才兼备的一定要重用，有德无才的可以培养，有才无德的则一定不能使用。

企业文化建设通常最容易变得形式主义的空洞无物，与员工个人好像无关。但新南方集团非常注重在个人主义和集体主义文化之间取得一种平衡，将企业文化建设与对员工个人修养的要求和精神激励机制紧密地联系在一起。新南方集团为不同类型的人搭建了不同的发展平台，鼓励百花争艳，百家争鸣，鼓励员工成为优秀的管理者和行业内的专家。对于在创新和探索中犯错的人，新南方的文化，允许犯错误，做错了事改正了就没有关系，但不允许重复做错三次，因为这不是能力问题，是态度问题、责任问题，新南方一直用包容心态对待自己的员工，耐心帮助员工纠正错误。倡导低调做事、宽宏做人。人才对一个企业的生存是至关重要的，但必须要求德在前，才在后，德的表现首先就是高度的责任感，没有责任感是不道德的表现，在其位谋其职，要承担相应的责任，要有所担当。尤其是对于经理人，德就是对员工、对企业、对社会负责任。德表现在为人，要像大海一样博大、平和、庄重，有宽广的胸怀和丰厚的情感。让理想、信念和激情永远陪伴着我们，是新南方集团着力提倡的文化精神。

四、 团队精神， 文化把手

新南方集团随着业务的不断拓展，下属的子公司数量和多元化的业务也越来越多，仅仅依靠集团总部和总裁的集中管理是不现实的，因此，重视各业务板块的团队建设就显得尤为必要。一个工作团队就是企业的一个战斗队，具有相对的独立性，团队的强大与否是决定企业事业成败的关键因素，而团队精神的形成与培植就是企业文化建设的重要内容。

新南方集团经过多年发展，逐渐认识到，生产经营任务好的单位都有一个共同的特点，那就是都有一个出色的、团结的管理团队。例如养和连锁扭亏为盈就是很好的例子。新南方人认为，一个优秀管理团队的基本特质可以归纳为：团结、拼搏、向上、包容、有执行力、敢于迎接挑战、善于战胜困难。新南方人信奉"一群狼可以斗过一头雄狮"的道理，认为只有形成互动的团队才更加具有力量。例如新南方房地产开发中心就是一个能自我完善、自我提高，有问题能自行解决的优秀团队，已经成为新南方所有中心学习的榜样和领头团队。

新南方集团一直将团队内部的团结，团队存在的问题、优势，在发展中可能碰到的问题和解决办法，以及团队之间的关系协调情况作为组织诊断的关注点。新南方人提倡将互相欣赏、互相包容、互补互助、互相沟通、真诚相待作为协调团队之间关系的指导准则，并用管理机制和企业文化提升优化团队，形成有竞争力的团队，而将不准在企业内部拉帮结派作为禁止的纪律底线。要求员工不该说的话不要说，少说话、多做事，少谈人、多谈事，营造一个公开、公正、和谐的工作环境。新南方集团要求员工在寻求别人尊重自己的同时，应该要多思考自己有无值得他人尊重的东西，多关注自己工作有没有做好，有没有对公司、社会做出贡献。经理人执着于工作上的高标准与员工彼此之间宽厚相待并不矛盾。企业的文化应该是符合人性的和有温度的，领导对各级员工要宽以待人，别人做错了事，要给别人纠错、改错的机会，要给别人台阶下，不要让他难堪；别人做好了，要欣赏他，赞扬他，妒忌他是绝对不行的。

企业文化建设归根结底是要为生产经营的目标服务的，对于一个私营企业来说，防止投资者的主观武断而影响企业的良性发展尤为必要，因此，建立一个团结、互信、高效的管理团队的重要目的就是要发挥集体智慧，形成共识，共同决策，避免专断独行。

五、 企业文化， 重在践行

企业文化精神必须落实在行动上，表现在实践中的才是活的文化和有功用的文化。

企业文化必须知行合一，必须与企业的生产经营等经济行为相结合。企业是一个营利性的组织，要持续向前发展，就一定要盈利。新南方集团已经清晰地看到社会效益和经济效益两者相辅相成的辩证关系。只有在为社会提供优质的产品和服务，满足消费者需求的基础上产生的盈利才是正当的、合乎道德的。企业文化建设在强调社会责任和企业愿景的同时也不能脱离对员工美好生活期盼的需求。新南方创造了一种新的激励机制，鼓励员工参与集团风险很小的投资项目，通过这种投资形式，既可以让员工得到较好的经济回报，也可以促使员工更加关心企业管理和提高对企业文化的认同性。

一方面，新南方集团在激励机制上强调业绩文化，以数据为准，以效益为上。单位业绩与个人业绩挂钩，上到老总下到普通员工都要一视同仁，希望每个人都能理直气壮地多拿奖金。另一方面，坚决抵制腐败。新南方集团相信自私会贫穷，而奉献会富有。提倡员工与集团共同进步，鼓励大家过得更好，但要"取之有道"，不该拿的利益绝对不能拿。不能只是"小精明"，而要有大智慧，多为别人着想，自己才能成功。事实上，能否树立光明正大和理直气壮的绩效文化和建立严肃的反腐文化是检验企业文化健康与否的准绳。人与人之间在待遇等方面进行的比较也是很常见的心态，对此，新南方文化中宣传这样一种辩证观：得到多或少，占得大或小都是相对的，虽然我占比小，但大家都做大了，我也就变大了。

企业文化建设的成绩或者说企业文化践行的结果还要接受社会的检验，例如，外界对新南方房地产板块的评价都很好，认为他们有正气、有激情，这就是说该公司的企业行为体现了新南方的价值观，真正做到了先做对人，再做对事。

六、 文化搭台， 产品唱戏

自古以来，中医药文化的特质是通过中医药的方药、针灸和服务形象彰显出来的，新南方集团很好地理解和把握了中医药文化传播的传统精神，将中医药文化传播与产品营销紧紧地结合在一起。以邓老凉茶的开发与营销为例，这是新南方集团进军中医药产业后的第一个上市产品。时逢 SARS 横行，作为国家中医药管理局任命的中医药防治"非典"专家小组组长的邓铁涛教授研发了"邓老凉茶"，在新南方集团的支持下，"邓老凉茶"在大样本的建筑工人群体中被免费试用，表现出不俗的抵御外感邪气的功效。随着"邓老凉茶"市场的不断扩大，新南方制定了在出售凉茶产品的同时，还着力传播中医药凉茶的历史、典故、人物故事和中医药精神的销售策略。2006 年，中医药凉茶被国务院正式认定为国家级非物质文化遗产，在当年入选的 54 种凉茶配方中，邓老凉茶的 9 个配方全部入选，并被认定为第 1 到 9 号配方，位居凉茶行业榜首。"邓老凉茶"的秘方受到《世界文化遗产保护公约》及国家法律的永久性保护，"邓老凉茶"终于成为凉茶的代表作。

民以食为天，中药的发现源于古代食物的采集过程，我国自古就有"药食同源"之说，所谓"天食人以五气，地食人以五味"，在大众"吃"的过程中传播中医药文化能达到显著的效果，新南方将中医药文化融入饮食产品的生产经营过程，不仅开发了龟苓膏、药酒、富硒矿泉水等系列中医治未病、促进养生的大健康产品，还创办了邓老凉茶连锁店、书吧—咖啡—汤道三合一的文创餐饮业，建设了丰顺县留隍古镇中医药特色小镇、温泉养生酒店等多个中医药文化与旅游休闲文化相结合的产业项目，让历史悠久的中医药文化成为新南方大健康产品最强大的品牌。

此外，新南方青蒿抗疟产品的研发及青蒿种植、生产、国际营销的成功也离不开中医药文化的宣传与传播工程。

综上所述，中华传统文化中的许多哲学思想给现代企业文化建设和管理带来许多有益的启示。新南方人对中国传统文化的传承与发展的态度是博采众长、不拘一格的。简而言之，对于企业高层管理人员，提倡顺势而为，尊重社会发展和自然发展规律的道家哲学；对于中层管理，提倡"诚、信、义"的儒家思想；对于基层员工，更多主张赏罚分明，强化执行力的法家思想。新南方集团文化建设凝聚了广大新南方人艰苦奋斗的智慧心血，它的创立和发展来之不易，它不仅需要宽阔的胸怀、远大的理想、高瞻远瞩的战略眼光，更需要锲而不舍的坚持。新南方集团的企业文化建设承载着新南方人要建立一个伟大企业的梦想，而它将成为中国中医药企业的一道独特的风景。

表 5-1 新南方集团企业文化的核心价值观

简称	原文释义
诚信义合	我们的理念诚信义要保持不变。 坚持事业意识、服务意识、品牌意识、人本意识、制度意识、创新意识、专业意识、协作意识
精气神和	大气、正气、勇气、志气、霸气。 我们鼓励有个性的人，欣赏英雄主义，支持大家成为行业的专家，业界的精英，但同时我们也重视发挥团队的力量：坚韧智勇、严礼协和、理想卓越是我们的团队精神。 我们相信激情是生命力的象征。 我们相信理想会不断实现
知行合一	我们注重自己的承诺，"言必行，行必果"是我们的作风
责任奉献	我们赞赏坦率、正直、奉献和高度的责任感，我们认为没有责任心，不做事是不道德的，要敢于承担责任。 我们需要物质做基础，但我们崇尚精神享受。 我们不喜欢为物质享受侵吞企业和他人利益的人。 我们感到为社会、公司和他人做出贡献，能使人生充满意义。 我们相信自私会贫穷，而奉献会富有

（续上表）

简称	原文释义
知识创新	我们宁可因为知识而受约束，不愿因无知而感觉自由，我们追求知识，不断学习，充实生活。 我们要创造品牌，铸就品牌，我们相信品牌的价值力量。 对于创新、理性的分析和创造性的技能以及有履约能力的，我们都应褒奖
包容有礼	我们认为包容是一种美德，互相欣赏，互相支持，有礼仪是应该提倡的美德

第六章

中医药大健康产业
管理

大健康（Comprehensive Health）是指贯穿人的生命全过程的生理、心理、生活方式、社会与道德行为等方面的全面健康。大健康概念是基于当代社会发展、民众消费需求与疾病谱的改变而提出的一种新的健康理念。从健康消费需求和服务提供模式角度划分，大健康产业可分为医疗性和非医疗性健康产业两大类，主要有四大基本产业群，即以医疗服务机构为主体的医疗产业，以药品、医疗器械以及其他医疗耗材产销为主体的医药产业，以保健食品、健康产品产销为主体的传统保健品产业，以个性化健康检测评估、咨询服务、调理康复和保障促进等为主体的健康管理服务产业。美国著名经济学家保罗·皮尔泽（Paul Pilzer）在《财富第五波》一书中预言，健康产业将成为继IT产业之后的全球"财富第五波"。中国大健康产业尚处开发初期，发展空间巨大。2017年大健康产业规模达4.4万亿元，2018年达5.4万亿元。

第一节

中医药医疗服务的发展

一、 中医医疗机构与规模

根据《2018中国卫生健康统计年鉴》，截至2017年，我国目前有中医类医疗机构54 243个，其中中医类医院为4 566个（包括中医医院3 695个，中西医结合医院587个，民族医院284个）、中医类门诊部2 418个、中医类诊所为47 214个，中医类研究机构45个。从中医类医疗机构的占比来看，我国中医类医院数量占全国医院的比例不足15%，而且近年来呈下降趋势，而中医类门诊部与诊所占全国医疗机构的比例则呈上升趋势。

2010—2017年全国中医类医院房屋建筑面积增加2 957.1万平方米，增幅为84.6%，编制床位增加47.38万张，增幅达99.2%。2017年，全国中医类医疗机构编制床位 951 356 张，综合医院中医类临床科室床位数为 95 069 张，专科医院中医类临床科室床位数为 16 208 张，乡镇卫生院中医类临床科室床位数为 59 571 张。

数据表明，近年来我国中医药卫生事业得到了快速发展，以公立中医类医疗机构（含中西医结合医院、民族医院）为主体的覆盖城市和农村的中医医疗服务体系基本形成，基本能够满足人民群众对中医医疗服务的需求。目前，我国初步建立了以县（市、区）级中医医院为龙头，乡镇卫生院、社区卫生服务中心中医科为骨干，村卫生室、社区卫生服务站为网底的基层三级中医药服务体系。数据显示，到 2017 年，能够提供中医药服务的基层医疗卫生机构占同类机构的比例为社区卫生服务中心占 98.2%、社区卫生服务站占 85.5%、乡镇卫生院占 96%、村卫生室占 66.4%。从发展速度来看，能提供中医药服务的社区卫生服务站的平均增长速度为 11.59%，增长速度是所有机构中最快的，其次为村卫生室，增长速度为 11.12%，接下来是社区卫生服务中心，增长速度为 9.69%，最后是乡镇卫生院，增长速度为 7.27%。

二、 中医医疗服务

根据《2018 中国卫生健康统计年鉴》，2017 年全国中医类总诊疗量达 101 885.4 万人次。其中，中医类医院诊疗人次为 60 379.8 万人次，占全国中医类诊疗人次的 59.26%；中医类门诊部诊疗人次为 2 322.6 万人次，占 2.28%；中医类诊所诊疗人次为 13 660.9 万人次，占 13.41%；其他机构中医类临床科室诊疗人次为 25 522.2 万人次，占 25.05%。

从变化趋势来看，2010—2017 年中医类总诊疗人次平均增长速度为 7.53%，其中，中医类医院诊疗人次的平均增长速度为 7.65%，略高于全国医疗平均增长速度；而中医类门诊部诊疗人次的平均增长速度为 13.18%，高于全国医疗平均增长速度，中医类诊所诊疗人次平均增长速度为 5.51%，低于全国医疗平均增长速度；其他医疗机构中医类临床科室的诊疗人次平均增长速度为 7.8%，略高于全国医疗平均增长速度。

从中医类医疗机构诊疗量占全国医疗卫生机构总诊疗量的比例来看，2017 年为 15.9%，中医类诊疗量不到全国医疗总诊疗量的 1/5。

提供中医药诊疗服务的机构主要包括中医类医院、中医门诊部、中医诊所和其他医疗机构中医类临床科室，不同机构的服务量存在明显的地区差异。分地区来看，各地的中医类诊疗量大多数集中于中医类医院，即中医类医院是提供中医药服务的主要机构类型。全国各地区中医药诊疗服务机构的服务能力和占比显示出较大差异。

2015—2017 年，中医类医疗机构的诊疗人次均有较大提升，特别是中医类门诊部，与 2015 年相比，2017 年的诊疗人次增长 31.82%。分地区来看，中医类医院诊疗量增长最大的是西部地区，其次是中部地区，增长最小的是东部地区；中医类门诊部诊疗量增长最大的是西部地区，其次是东部地区，最小的是中部地区；中医类诊所诊疗量增长最大的是东部地区，其次是西部地区，最小的是中部地区；其他医疗机构中医类临床科室诊疗量增长最大的是东部地区，其次是西部地区，最小的是中部地区。由此可知，中医类医疗机构的发展与经济发展水平有着密切的关系，西部地区主要发展中医类医院、门诊部和其他机构中医类临床科室，中医类诊所发展缓慢；相比而言，门诊部和诊所在东部地区发展较快；中部地区中医类门诊部、中医类诊所和其他机构中医类临床科室均发展较慢。

到 2017 年，全国中医类医疗卫生机构出院人数 3 291 万人，其中，中医类医院出院人数为 2 816.1 万人，占全国中医类医疗卫生机构出院人数的 85.57%；中医类门诊部出院人数为 1.2 万人，占 0.04%；其他医疗机构中医类临床科室出院人数为 473.7 万人，占 14.39%。从变化趋势来看，2010 年到 2017 年，中医类医疗卫生机构出院人数平均增长速度为 12.45%。

分地区来看，中医类医院出院人数增长最大的是西部地区，为 23.36%，其次是东部地区，最小的是中部地区，东部、中部地区增长率小于全国平均水平；中医类门诊部出院人数的增长率除东部地区稍有增长外，中部、西部地区均呈显著下降趋势，其中西部地区下降 88.42%，中部地区下降 87.83%。其他医疗机构中医类临床科室的出院人数增长率西部地区稍高于全国水平，为 41.83%，东部、中部地区出院人数增长率略低于全国水平。

数据显示，群众对中医药服务的认知和接受程度有所提高，基层医疗卫生机构中能够提供中医药服务的比例大幅提升。到 2017 年，能够提供中医药服务的基层医疗卫生机构占同类机构的比例为社区卫生服务中心占 98.2%、社区卫生服务站占 85.5%、乡镇卫生院占 96%、村卫生室占 66.4%。从诊疗量来看，虽然 2010—2017 年，总体上基层医疗机构提供中医药服务的诊疗量比重在不断提高，但社区卫生服务中心（站）和乡镇卫生院，提供中医药服务的诊疗量比重相对偏低，仅分别为 8.6% 和 6.2%，而村卫生室提供中医药服务的诊疗量占同类机构的比重较大，占比达到 40.3%。

在国家相关政策的支持下，中医药互联网创新模式得到了前所未有的发展，中医医院信息系统建设初具规模，55% 的中医医院建立了中医电子病历系统，64.4% 的中医医院建立了门（急）诊医生工作站，70% 的中医医院建立了门（急）诊挂号系统，75% 的中医医院建立了住院管理系统。16 家国家中医临床研究基地初步建立了共享数据中心和共享网络，132 所中医医院建立了中医辅助诊疗系统①。而且中医线上药店、网络送药服务、中医推拿按摩服务，中医在线咨询服务、中医健康管理服务、中药电商等服务模式发展也欣欣向荣。各地方出台政策大力扶持家庭医生签约服务，目前全国家庭医生签约服务工作初具规模，中医药诊疗服务随之进入家庭医生签约服务之中。

三、 中医医疗服务从业人员

卫生资源中最基本、最活跃的是卫生人力资源，卫生人力资源是医疗机构服务能力发展的核心资源。近十几年，中医药服务人才的规模和素质都得到较快提升。数据显示，虽然 2010 年到 2017 年，全国中医药人员的平均增长速度为 7.35%，但至 2017 年，在全国卫生技术人员中，与中医有关的卫生技术人员占比仅为 7.39%，提示中医医疗服务从业人员在全国卫生机构人力资源中处于弱势状态。

对比《中医药发展战略规划纲要（2016—2020 年)》的要求，到 2020 年，每千人口卫生机构中医类执业（助理）医师数应达到 0.4 人，到 2017 年，我国实际每千人口中医类执业（助理）医师数为 0.379 人，距离目标还有一定距离。

在基层医疗机构中，社区卫生服务中心中医类执业（助理）医师的占比为 19.3%；社区卫生服务站中医类执业（助理）医师的占比为 26.5%；乡镇卫生院中医类执业（助理）医师的占比为 16%；在农村，以中医为主或能中会西的乡村医生数量，2017 年为 131 615 人，仅占乡村医生总数的 14.61%。社区卫生服务中心中药师（士）的占比为 26.5%，社区卫生服务站中药师（士）的占比为 29.1%，乡镇卫生院中药师（士）的占比为 26.1%。

四、 中医药医疗服务的相关政策问题

1. 有关促进中医药服务的医保政策

2017 年，国家人力资源社会保障部发布《国家基本医疗保险、工伤保险和生育保险药品目录（2017 年版）的通知》，该目录包括凡例、西药、中成药、中药饮片四部分，共计 2 535 个品种，本医保目录增加的品种数为西药 133 个、中药 206 个，反映出国家医保政策对中医药服务的重视程度。从全国范围来看，我国大部分省市在基本医疗保险补偿政策制定中，均将符合条件的中药饮片、中成药、中药制剂、针灸和治疗性推拿等中医非药物诊疗技术

① 栗征：《大力发展"互联网＋中医药"》，《中国中医药报》，2015 年 8 月 3 日。

按照规定纳入基本医疗保险基金的支付范畴，中医药服务的报销比例提高了5%~10%。在医保支付制度改革中，实施鼓励中医药服务提供和使用的医保报销政策进一步向基层倾斜的管理办法，逐步扩大报销范围，降低起付线，提高报销的比例，鼓励提供和使用中医药特色服务，引导群众小病、常见病到基层首诊。

2. 中医医疗服务项目与价格政策

目前中医医疗服务项目偏少，不能满足就医群众的实际临床需要。在《全国医疗服务价格项目规范》（2012版）中的9 360个项目中，中医类的项目只有337项，仅占3.6%，而各地文件规定的医疗服务项目数量大多数为100~300项，这说明还有相当多的中医药服务项目没有纳入规范，导致许多有特色、有效果的中医医疗服务项目因没有收费依据而在公立中医医疗机构无法开展。目前中医新增医疗服务项目申报的标准与西医执行的是同一标准，但是相对于西医医疗服务过程可标准化的特点，中医医疗服务个性化和手工操作性强，以至于很难利用大样本研究方法对中医医疗服务进行标准化，使许多中医服务项目申报时困难较大，而无法成为收费服务项目。目前中医医疗服务价格定价普遍偏低已成为影响中医医疗服务积极性的突出问题。以中医骨伤科中肱骨大结节骨折的治疗为例，中医手法整复术价格约为80元，而西医的切开固定术价格约为593元，两者定价相差6倍多，即使中医治疗具有时间短、费用低、见效快、副作用小、创伤小等优点，但在经济利益的驱使下，将诱导医疗机构倾向于选择收益较大的服务方式，可见，中医医疗服务价格偏低，不仅会导致卫生资源的浪费和过度治疗，还将引发中医人才的流失和中医传统诊疗技术的失传等严重后果。

第二节

中医药健康产业发展

中医药大健康产业包括健康产品与健康服务两大类。健康产品主要是指中药保健品和中医养生保健康复器械等有形的产品，而《中医药健康服务发展规划（2015—2020 年)》指出，中医药健康服务是指运用中医药理念、方法、技术维护和增进人民群众身心健康的活动，主要包括中医药养生、保健、治未病、康复服务，涉及健康养老、中医药文化与健康旅游等相关服务。统计数据显示，在过去几年间，我国中医药大健康产业的市场规模持续上升，保持两位数的高速增长，大健康市场吸引了不少制药企业进军大健康领域，据《2016—2021 年中国大健康产业市场运行暨产业发展趋势研究报告》预计，2017 年中国健康产业规模为 4.9 万亿元，2021 年将达到 12.9 万亿元，2017—2021 年年均复合增长率约为 27.26%。未来我国中医药大健康产业具有巨大的发展空间。

一、 中医药大健康产业兴起的背景

中医药大健康产业的兴起有深刻的国内外社会背景和行业发展的内在规律。

其一，在全世界范围来看，21 世纪以来人类的疾病谱整体上发生了重大的变化，一方面是许多重大传染性疾病和流行性疾病的发病率基本得到了有效控制，另一方面是冠心病、高血压、脑卒中、癌症等非传染性疾病和精神障碍的患病率和死亡率高发，成为 21 世纪威胁人类健康的主要疾病。许多发达国家将医疗卫生工作的重点转移到预防领域，就是为应对生活方式变化带来的挑战，中国也存在亚健康人群增多、慢性病发病率上升和重大公共卫生事件频发等新的挑战。为了适应疾病谱的变化，医疗模式也逐渐从医院院内治疗向家庭社区防治，从病后向病前预防，从单一生物学治疗向生物、心理和社会行为综合防治转变。就中医药来说，治未病，注重养生保健，心身兼治，以"病为本，工为标"为指导原则，注重调动患者参与自我健康管理的积极性，一直是传统中医学的基本思想。为适应市场消费者的需要和贯彻落实国家有关发展中医药健康服务的有关要求，中医院必须从过去从事疾病防治的单一工作格局扩展到治未病，养生保健，医养结合、疾病康复并举等多元化的经营模式，与此相应，医院必须发展相应学科、专科，引进相关人才与专科设备。

其二，全社会对中医药是中国独特的医疗资源、生态资源、经济资源、科技资源和文化资源的重要性有了更进一步的认识，发展中医药已经上升为国家发展战略。药物滥用、过度治疗现象普遍，药物毒副作用导致的药源性疾病已位列不少发达国家成年人致死原因的第四位，化学类药物的抗药性逐渐突出，因此，植物药或非药物疗法得到青睐。在明代李时珍《本草纲目》中就记载有中药 1 892 种，收集医方 11 096 个，中医药是中国传统文化的瑰宝，是一个伟大的知识宝库，为现代中医药健康服务提供了巨大的智力支持。中医不仅中药方剂丰富，而且针灸、推拿按摩手法独特，效果显著，价廉物美，中医药在中国本土具有坚实的民俗基础，深受广大群众信任和喜爱，具有庞大的消费市场。体系完整、服务网络遍布全国的中医药医疗机构、中药生产企业、中药商业流通行业、保健品与保健食品等产业群具有强大的生存与发展、改革与创新、细分市场的内在动力与竞争性，是推动中医药大健康产业发展的主体力量。

其三，中医药发展遇到天时地利人和的大好发展的政策机遇，《中华人民共和国中医药法》《"健康中国2030"规划纲要》和《中医药健康服务发展规划（2015—2020年）》等一系列法律法规和政策文件，明确提出推进健康中国建设，要坚持预防为主，推行健康文明的生活方式，营造绿色安全的健康环境，减少疾病发生，防未病健康工作上升到国家战略的高度，为中医药健康服务产业发展提供了良好的社会政治生态。与此同时，经济结构升级与城镇化进展促进大健康服务需求的扩容，国家大力推进社会资本进入大健康服务满足日益增长的社会需求，但供需失衡。目前我国城镇化比率不断提升，城镇化人口比重从1996年的32%上升到2014年的54%，我国第三产业占GDP比重由1996年的34%上升到2017年的52%，经济结构的升级与城镇化拉动居民收入提升，以及居民健康意识提升，并转而增加对大健康服务的需求。据统计资料，我国城市居民的医疗保健支出从2001年的343元/人上升到2016年的1 631元/人，同期伴随医疗保险制度的不断完善，医疗卫生支出中个人支付比例呈不断下降的趋势，也使得民众的卫生需求逐步向治未病健康领域转移。

其四，新一代技术（云计算、物联网、移动互联网等）的出现推动了大健康产业的快速转型和发展，促进了产业升级及产品形态的演变，以及推动了健康服务新业态的形成。基于互联网技术与电子产品的不断升级，互联网不仅成为现代社会的重要基础设施，而且还在迅速改变消费者的生活与工作方式，促进了健康教育、健康理念和大健康服务信息的广泛传播。据易观互联网数据资讯网报道，移动端活跃人数达 6.97 亿人（基于安卓数据计算），年龄代际已不再明显，各种年龄和不同性别的消费者在互联网时代处于同一个紧密联系的空间。互联网技术带来了民众消费习惯的改变，也为消费者个人健康管理、寻医问药的方式带来重大转变。数据显示，线上寻医问药的需求旺盛，健康管理需求多样化。目前无论是问诊、挂号、缴费、咨询个人身心问题，还是网购 OTC 药品、学习某些预防保健的方法、医师进行卫生科普宣传和完成健康教育与健康促进工作都成为互联网和手机的常见应用功能，为大健康服务呈现了新的服务业态。

其五，中医药早在千百年前就是中国对外贸易的重要业务，宋代开宝四年（971）就在广州设置市舶司，当时就有三百余种中药参加了互市贸易，经海上香药之路运往亚、欧、非的许多国家。明代以后，随着中国东南地区出现的南洋移民潮，华侨迁徙海外各地，中药材出口规模进一步扩大；而且中医药也是当下"一带一路"倡议中的重要名片，中医药在对外经济文化交流、传播中华文明、增强民族凝聚力等方面发挥了重要的桥梁作用。2015 年 3 月，国家发展改革委、外交部和商务部联合发布了《推动共建丝绸之路经济带和21 世纪海上丝绸之路的愿景与行动》，2016 年，国家中医药管理局、国家发展改革委发布的《中医药"一带一路"发展规划（2016—2020 年)》，都明确提出，实施中医药海外发展工程，积极参与"一带一路"建设，扩大中医药对外投资和贸易，提升中医药健康服务的国际影响力。

综上所述，发展中医药大健康产业是中医药行业顺应历史发展和时代呼唤，市场需要和行业改革发展的必然选择。

二、 中医药大健康产业的主要业态

大健康的基本目标是以促进和改善民众健康为中心，提高全民健康期望寿命为使命。中医药大健康服务的主要业态有以下几种。

1. 中医治未病健康工程
"上工治未病，不治已病，此之谓也。"（《灵枢·逆顺》）治未病是中医最早提出来的防病养生和"预防第一"的大健康思想。治未病主要有三种情形：①未病先防，强调终生重视养生保健，如"圣人不治已病治未病，不治已乱治未乱，此之谓也。夫病已成而后药之，乱已成而后治之，譬犹渴而穿井，斗而铸锥，不亦晚乎"（《素问·四气调神大论》）。②已病防变，如对于热证的针刺，"病虽未发，见赤色者刺之，名曰治未病"（《素问·刺热篇》）。③已变防渐，如"上工之取气，乃救其萌芽，下工守其已成，因败其形。"（《灵枢·官能》）"上工救其萌芽，必先见三部九候之气，尽调不败而救之，故曰上工"（《素问·八正神明论》）。这就是说当发现有功能性变化之时就及时采取措施，而不要等待已经形成病理结构才施以治疗。根据以上中医治未病的理念，治未病的形式可以有推拿按摩、温泉泡浴、太极、八段锦健身体育、食疗等多种方式。

中医治未病就是一种基于长远利益的健康投资，而健康投资是回报率最大的投资。人的健康不仅是个人生活质量和幸福的基本保障，还是家庭和社会发展的生产力要素和第一资源，维护健康不仅是个人的义务和责任，还是家庭、社会和政府的义务与责任，国家和各级政府应该将健康教育与健康促进、体质健康检测、公共卫生设置建设、生活环境治理、疾病预防、食品安全、疾病保险等相关制度与硬件软件建设作为公共事务加大投入和系统管理。健康型家庭、健康型社会应该是健康中国和小康社会的内在要求。建立健全贯彻全生命周期的大健康养生保健普及教育体系，把健康教育列入各级学校和成人继续教育，促进建立全民的健康生活方式。就中医药健康教育与健康促进而言，2007 年，全国中医药会议首次提出中医治未病健康工程，探索构建融中医预防、保健、养生、康复于一体的中医保健服务体系。2008 年，国家中医药管理局启动中医治未病健康工程，借助遍布全国 28 个省、市、自治区的"中医中药中国行"和上百场的"治未病"百姓健康公益大讲座等系列活动，普及宣传"治未病"养生保健的理念，直接或间接受众达 80 余万人。[①] 2017 年，国家中医药管理局联合国家卫生计生委在全国范围内有关国民中医养生保健素养认知度抽样调查结果显示，2016 年全国中医药健康文化知识的普及率为 91.86%，公民的中医药健康文化素养水平为 12.8%，比 2014 年首次调查的水平均有较大幅度的提升。据有关资料统计，2012 年，全国共有 33 个国家中医药管理局治未病重点专科通过验收，国家中医治未病重点专科协作组组长单位 33 家，成员单位 237 家，全国先后确立了 65 个地区开展"治未病"预防保健服务试点，4 批共 173 家"治未病"预防保健服务试点单位，初步构建起全国中医治未病健康服务体系。为促进中医养生保健服务的市场

---

① 王琦主编：《中医治未病发展报告（2007—2015）》，北京：中国中医药出版社，2016 年。

发展，加强社会中医养生保健服务机构管理，国家中医药管理局在全国 21 个地区开展了中医养生保健服务机构准入试点工作，主要提供按摩、足疗、药浴等具有中医药特色的预防保健服务。据《中国保健服务产业发展蓝皮书》统计，当时我国大大小小的保健服务企业已超过 140 余万家，从业人员约有 3 700 万余①。另据残联有关统计，全国还有遍布各地的盲人保健按摩机构约 39 000 家，主要业务也大多与中医推拿按摩有关。据《全国中医药统计摘编》统计数据，2017 年中医类医院治未病总人数为 19 829 791 人次，增长率为 16.29%，其中中医医院治未病人次为 17 840 876，增长率为 14.99%，中西医结合医院为 1 492 040 人次，增长率为 26.26%，中医类门诊和中医馆等机构 496 875 人次，增长率为 40.36%。

为了大力推进中医药治未病健康工程，国家主管部门还制定了一系列的支持政策，如国家卫健委发布的《国家基本公共卫生服务规范》中明确将"中医体质辨识""老年人中医药健康管理""儿童中医药健康管理"中医药健康服务纳入公共卫生服务项目，这标志着中医药治未病健康工程正式纳入国家和各地公共卫生服务体系，这意味着国家为国民提供部分免费治未病健康服务。国家中医药管理局 2014 年印发了《中医医院"治未病"科建设与管理指南》，明确要求二级以上中医医院均应建立治未病科，促进了公立中医院对治未病健康工程服务平台的建设。

发展中医治未病健康工程还需要有充足的专业人才资源，为了提高中医药养生保健服务水平，推进职业认证工作，国家中医药管理局属下的中医药职业技能鉴定指导中心结合治未病健康工程的实施，开展了中医预防保健调理师培训试点，同时国家人力资源和社会保障部还适时推出了推拿按摩师、营养师等专业人才的职业培训和资格鉴定工作，制定了相关的国家标准。国家中医药管理局联合其他部门还发布了《盲人医疗按摩人员专业技术职务评聘实施办法》。

2. 中医药保健品产业

"药食同源"和"药食同理"是中医药理论的重要思想。从历史发展来看，《淮南子·修务训》中记载："古者，民茹草饮水，采树木之实，食蠃蛖之肉，时多疾病毒伤之害。于是神农乃始教民播种五谷，相土地宜燥湿肥硗高下，尝百草之滋味，水泉之甘苦，令民知所避就。当此之时，一日而遇七十毒。"检索《黄帝内经》，"食"字出现 285 次，"五味"一词出现 37 次，可见中医药的知识不仅来源于农耕采集文化，也是华夏民族吃出来的生存经

---

① 中国保健协会、中共中央党校课题组：《中国保健服务产业发展报告》，北京：社会科学文献出版社，2012 年。

验。事实上，用于中药的植物和动物与能当食物吃的植物与动物并没有本质的不同，同样都具有四气五味的性质，只不过是一个更美味，更具有营养，而另一个则更具有偏性而已。所谓："草生五味，五味之美，不可胜极，嗜欲不同，各有所通。"（《素问·六节藏象论》）"阴之所生，本在五味，阴之五宫，伤在五味。"（《素问·生气通天论》）说明古人的智慧恰好在于已经认识到食物既可养生，也能治病的辩证关系，即可以利用某些植物的突出偏性（即所谓的毒性）来攻邪，所谓"病随五味所宜也"（《素问·藏气法时论》），有"五味所入"的理念和食疗方法；同时也注意到了饱食、多食和偏食是重要的病因之一。如"因而饱食，筋脉横解，肠澼为痔。因而大饮，则气逆。"（《素问·生气通天论》）"是故多食咸，则脉凝泣而变色；多食苦，则皮槁而毛拔；多食辛，则筋急而爪枯；多食酸，则肉胝膹而唇揭；多食甘，则骨痛而发落，此五味之所伤也。"（《素问·五藏生成篇》）因而有"五味所禁"的中医忌口之说。

广义上，中医药保健品是指以中医理论为基础，以中草药为原料或者添加中草药提取物的方式生产的具有促进健康功能的各类保健品。主要包括营养健康产品、养生滋补品、增强免疫力产品、美容抗衰老产品、心血管病防治产品、抗癌产品、护肝补肾产品、减增肥保健品、足疗药浴产品、运动营养品、功能性产品等；如从食药材料来分，常见的有花粉产品、蜂产品、人参产品、鱼油产品、酶化产品、绿藻产品、胚芽产品、叶绿素产品、芦荟产品、菌类产品、保健饮料、保健茶、保健酒和多种植物提取物产品等。

据《中国保健食品产业发展报告》，中国保健食品市场年产值已超过3 000亿元以上，且仍以每年15%的速度增长，市场总容量突破4 500亿元，中国保健产业进入了快速发展时期。

3. 中医养生保健文化旅游产业

医疗旅游是将旅游和健康服务结合起来的一种旅游形式，广义上，以医疗、康复、美容、保健预防为主要目的而产生的食、住、游等旅游活动，以及产生的商贸、会议、研学等行为，可以称为医疗旅游。狭义上，医疗旅游是指消费者根据自己的身体健康情况，结合医生的建议和自己的兴趣，选择具有适合自己的医疗健康资源的旅游区，在旅游的同时享受相关的医疗健康服务，达到满足相关医疗和护理、身心康复与养生保健的目的。医疗旅游的发展其实具有悠久的历史，几千年前古希腊的病人就相信去遥远的埃及道鲁斯的医神艾斯库累普的圣殿里接受信念治疗有效，古罗马时期的病人亦乐意去神殿里的温泉中取泉水喝或者去尼斯温泉城洗浴进行调理。中国唐朝时就有皇族泡浴温泉的记载。从18世纪开始，富有的欧洲人常去尼罗河流域旅行接受温泉疗养。20世纪中叶，美国等西方发达国家因本国医疗费昂贵，手术排期时间很长，从而开始选择去具有低廉高质的医疗服务和舒适的疗养环境的其他国家进行医疗旅行。例如，20 世纪 80 年代，哥斯达黎加、巴西等拉美国家的牙科、整形等医疗健康服务业就吸引了大批的欧美顾客南下。

　　国际医疗旅游市场发展经历了三个阶段的变化：最初是拥有先进医疗技术的发达国家吸引了其他国家的消费者前往进行医疗旅游；然后，随着发展中国家医疗技术水平的提升和传统医疗技术的优势特色，又反转吸引了发达国家的消费者前往。目前，因为不同的需求，发达国家与发展中国家的医疗旅游者相互流动，各取所需。据世界卫生组织、美国斯坦福研究所等机构的调研数据估计，全球目前已有 100 多个国家和地区正在开展医疗旅游的服务项目，全球医疗旅游增速是旅游业增速的两倍。2017 年，医疗旅游者约为 1 100 万人次，占世界总旅游人数的 3%～4%，全球医疗旅游收入达 7 000 亿美元，占世界旅游总收入的 16%；2013—2019 年，全球医疗旅游业复合年均增长率将保持在 17.9%。到 2020 年，医疗健康相关服务业将成为全球最大产业，观光休闲旅游相关服务则位于第二，两者相结合将占全球 GDP 的 22%。期刊《医疗旅游索引》（Medical Tourism Index）列出的全球 41 个最热门的高品质医疗目的地包括印度、泰国、美国、日本、韩国、英国、德国、新加坡及瑞士等。各国医疗旅游结合本国的自然生态和经济与传统文化，逐渐形成了具有各国特色的医疗旅游品牌，如美国的肿瘤治疗、德国的微创和干细胞抗衰老、英国的肝移植、土耳其的温泉疗养、瑞士的运动康复和心血管手术、匈牙利的牙科、巴西的美容、巴拿马的养老、哥斯达黎加牙科和整容、约旦的不孕不育、马来西亚的试管婴儿、韩国的整形美容、泰国的整形变性手术、印度的瑜伽疗养等。

　　中国的医疗旅游业起步较晚，相关指导性政策也出台滞后。2014 年国务院《关于促进旅游业改革发展的若干意见》（国发〔2014〕31 号）提到要"发展特色医疗、疗养康复、美容保健等医疗旅游"。2017 年国家卫生计生委颁发第一个《关于促进健康旅游发展的指导意见》（国卫规划发〔2017〕30 号）。事实上，在这些文件出台之前，各地已经在全球医疗旅游热的背景下开始了创业。2009 年上海市医疗旅游产品开发和推广起步，由上海市发改委、上海市商务委、上海市卫生局、上海市旅游局联合支持发起，上海市发改委提供"服务业引导资金"支持，建立了上海市医疗旅游产品开发和推广平台（Shanghai Medical Tourism Products & Promotion Platform，简称 SHMTPPP），该平台采用了 Third Party Administration（简称 TPA）模式。TPA 是目前国际服务贸易和医疗旅游服务中的一种新模式，具有了解和分析客户需求，对医疗服务供应单位进行符合国际标准的辅导和培训，完成医疗旅游工作流程中的产品开发、网络推广、品牌、营销、医疗服务咨询、远程医疗技术支持、数据库、机场接待、翻译、餐饮住宿、游览等售前服务，也能承担质量监控、满意度调查、外汇结算、服务贸易统计、法律纠纷等售后服务。

从2013年起，海南在博鳌至琼海一带海滨，开始建设海南博鳌乐城国际医疗旅游先行区，在万泉河南岸以"保健养生"为核心，规划布局传统医疗中心、亚洲健康疗养中心、整形美容中心、老年健康养护中心和慢性病康复中心五大功能中心；在北岸以医学治疗为核心，将引进世界先进医疗设备和技术、建设具有国际一流水平的产业研究基地。2019年9月国家发展和改革委员会、国家卫生健康委员会、国家中医药管理局、国家药品监督管理局才联合出台了《关于支持建设博鳌乐城国际医疗旅游先行区的实施方案》，在完善医疗项目准入和退出机制、创新综合监管模式、强化责任落实和监管问责、加强风险评估和跟踪预警等几个方面提出了一系列监管举措，明确了地方政府、监管机构、入驻企业等不同主体相应权责，为先行区健康发展提供了良好保障。按照海南省人民政府办公厅印发的《海南博鳌乐城国际医疗旅游先行区医疗产业发展规划纲要（2015—2024年）》，先行区通过招商引资、建设医疗机构，吸引全球范围的优质医疗专科资源，4到6年内完成大多数医疗机构建设，开始医疗活动，着手打造若干个优质专科中心。在中医药健康旅游领域，海南省也是先行先试的地区，提出了打造国家级中医康复保健旅游示范基地的计划。目前，境外人士到海南参加中医药服务体验之旅的人次逐年上升。此外，国务院还先后批准了江苏常州（2015年）、江西上饶（2016年）等地区成为医疗旅游的先行先试区。

中国一方面是旅游资源大国，拥有以中医药为特色的极为丰富的医疗文化资源；另一方面也拥有规模体量巨大的医疗旅游市场。然而，目前我国医疗旅游还以输出性的国民出境医疗旅游为主，国内医疗旅游市场还处于开拓初级阶段，存在着不少发育不全的问题。例如，国内对医疗旅游行业尚未有专业的法律规范，缺乏统一的行业管理，行业监管力度不够，现有资源不仅没有被充分利用，甚至处于同质化的恶性竞争之中，市场乱象丛生；医疗服务和旅游两个行业缺乏高效顺畅的沟通与合作，旅游资源与医疗资源缺乏对接；尚未形成优势特色的医疗旅游品牌形象，医疗旅游产品宣传力度和方式不足；医疗机构缺乏国际化认证，医疗旅游尚缺乏具有国际竞争力的企业，健康医疗旅游专业人才缺失，从业人员业务和双语水平亟待提高。

按中医药健康旅游的目的与内容来分，目前中医药健康旅游的主要种类有：①以中药资源种养基地所形成的独特的生态资源、自然景观和与之配套的养生文化为依托，以满足旅游者对中医药种植自然生态知识研修为目的的旅游形式，例如由北京中医药管理局与北京旅游发展委员会组织评选的延庆县大榆树镇百草园、大兴区安定镇御林古桑园、门头沟黄芩仙谷景区黄芩种植基地、门头沟灵之秀东佛山风景区黄芩种植基地等为北京中医药文化旅游示范基地即属于这一类。②以中医药文化遗址和博物馆为基地，以满足了解中医药发展历史、中药标本、诊疗器具、医学典籍、名医家故事等中医药文化普及教育需求的旅游形式，如北京中医药大学中医药博物馆、中国中医科学院中国医史博物馆、中国藏学研究中心北京藏医院藏医药文化展示中心、北京御生堂中医药博物馆、中国中医科学院古籍特藏部、北京市中医学校中药标本馆等。③以中药生产基地为依托，满足了解中药现代生产需求为目的的旅游形式，如北京同仁堂股份有限公司亦庄生产基地等。④以国医馆、中药房为依托的，满足中医医疗体验需求的旅游形式，如北京同仁堂中医医院、北京博爱堂中医医院汉代医药文化馆、北京市鼓楼中医医院京城名医馆、北京鹤年堂大药房、延庆县井庄镇社区卫生服务中心艾草堂等。⑤以城市公园和其他企业经营场地为依托建立的中医药文化宣传基地，可以满足吃、住、休闲等需要的旅游形式，如北京地坛公园中医药养生文化园、北京响水湖长城旅游景区名医塑像文化园、北京太申祥和山庄、北京市颐和园听鹂馆饭庄等。⑥以地热温泉等自然养生资源建立的中医药养生保健旅游形式，如陕西咸阳依托传统中医保健资源和丰富的地热资源打造出"中国第一帝都、养生文化名城"的品牌；海南倾力打造的国际中医药养生旅游，三亚中医院推出的"中医疗养游"受到国内外游客的推崇。

4. 中医药养生保健康复器械产业

中医药养生保健康复器械是指适合于中医辨证，促进养生保健和各种慢性亚健康状况和疾病康复治疗的各类中医药诊疗设备设施。这些设备设施一般具有体现中医诊治的基本原理，安全、智能，方便操作和便于普及等特点，目前研发的这类产品主要有：①具有中医药养生保健康复的设备和机器人，如具有全身按摩功能的电动椅；适合劳损、寒症和痛症的温灸设备；足底按摩的机器人等。②促进睡眠的磁石床垫和保健枕头等。③中医体质辨识与四诊设备，如脉象仪、舌象仪、痛阈测量仪、经络分析仪等。④运用经络理论指导研发的改善局部气血循环和生理功能的各类电磁刺激设备，如膝关节电磁治疗仪、超磁六导脑病治疗仪等。⑤通过嗅觉途径改善情绪和有助于疾病预防的中药香薰设备和中药雾化吸入设备。⑥用于针灸治疗的设备，如电子穴位测定治疗仪、综合电针仪、电麻仪、定量针麻仪、探穴针麻机穴位测试仪、耳穴探测治疗机、艾灸仪、温热电针治疗设备、智能通络治疗仪、电子艾灸器、红外热像检测设备等。⑦用于中医外科治疗的设备，如颈腰椎牵引设备等。

2012年国家中医药管理局印发了《中医医院医疗设备配置标准（试行）》，研发、配置和推广应用各种中医诊疗设备，有利于促进中医药特色优势的规范化、科学化和标准化，有利于丰富完善中医诊疗方法，有利于提高中医治未病、诊治和康复的临床疗效，提高工作效率，减轻操作的劳动负荷，提高中医药技术对群众的惠及面和可及性。

目前中医诊疗及养生保健康复器械产业发展存在的突出问题是：高科技含量不高，大多是基于经络理论，运用磁场、电脉冲之类的发明，而经络的本质与理论的科学性尚存在着严格论证不足的问题；有关中医诊疗设备的有效性临床多中心大样本的随机对照实验不足，中医诊疗设备及养生保健康复器械在各类医疗机构的配置率和使用率不高，社会和经济效益缺乏卫生经济的科学论证。

第三节

新南方集团中医药健康产业的模式

2008 年新南方集团实施从房地产行业向中医药健康产业战略转型，经过十几年的艰苦奋斗，目前已经拥有中药种植、中药饮片、成药生产、养生保健、服务贸易、中医药养老服务、连锁药店和国医馆等多个子公司，逐渐形成了一条中医药大健康产业链及自己特色的产业模式。

一、 中国凉茶道文化

1. 悠久的凉茶文明史

凉茶，像茶，但不是茶，而是采用中草药制成的具有清热解毒、生津止渴等功效植物饮料。凉茶虽然只是一种饮料，但它的历史并不简单。凉茶源于汤药，传说，发明汤药的始祖乃灭夏建商的第一代君王商汤。"汤"字从水从易。"易"本义为阳关一般的"播散"，"水"可泛指液态物质，"水"与"易"合而为一的"汤"则可理解为通过水溶化和播散的物质。如果是用中药和水制成的汤，古人就称为"汤液"或"汤药"。据说，商汤时已经发明和制定了汤药配伍各成分的占比规则："君一臣三佐九"；确定了各成分的靶向目标："以君臣扶正，佐使去邪"；并对制剂调配的口感味道提出了要求："味甘、微酸、略辛、咸苦不察"。

广东凉茶是中国传统凉茶文化的代表，这与岭南独特的地理环境与气候特点有极大的关系。岭南，古时指中国南方的五岭之南的地区，岭南属东亚季风气候区南部，具有热带、亚热带季风海洋性气候特点，高温多雨为主要气候特征。大部分地区夏长冬短，终年不见霜雪。太阳辐射量较多，日照时间较长，雨水充沛，所以"湿热"是岭南人最常挂在口头上的词汇。中医认为："阳者，天气也，主外；阴者，地气也，主内。"（《素问·太阴阳明论》）检索《黄帝内经》，可发现"天气"一词出现53次，"地气"一词出现52次，说明中医十分重视人与天地自然的关系，而且认为人的生理状况受天气和地气的影响，如"正月二月，天气始方，地气始发，人气在肝。三月四月，天气正方，地气定发，人气在脾。五月六月，天气盛，地气高，人气在头。七月八月，阴气始杀，人气在肺。九月十月，阴气始冰，地气始闭，人气在心。十一月十二月，冰复，地气合，人气在肾"（《素问·诊要经终论》）。受岭南地理环境和气候特点的影响，岭南本地草药多为一年生的草本植物，性味多苦寒，具有清热利湿或祛湿的功效，尤其适合岭南人由于地理环境、气候因素或生活习惯等原因而导致的瘟疫和湿热一类的疾病，也使得岭南医家和民间在运用岭南本地草药预防和治疗疾病方面形成了自己的用药经验。

岭南凉茶的诞生与东晋时期葛洪来到岭南有关。葛洪隐居炼丹的罗浮山地处南方，南来的海风，在这里遇到北下的气流，交汇出蒸腾的水汽，远远看上去就像"腾云驾雾"的仙山。罗浮山边就有炼丹必备的丹砂和银矿，山上则有草药1 200多种，所以被内擅丹道、外习医术药学的葛洪看中。因为当时岭南瘴疬流行，他得以有机会观察研究岭南各种温病流行现象，著有百卷《玉函方》，由于该书卷帙浩繁，携带不便，他便将其中有关常见疾病、急病及其治疗方法简编而成《肘后救卒方》3卷，以应医家急救之需，堪称中医史上的第一部临床急救手册。书中记载了当时他对天花、恙虫病、疟疾、狂犬病、结核病等疾病的诊治经验和他搜集的许多民间医疗方药，尤其对许多药用植物的形态特征、生长习性、主要产地、入药部分及治病作用均作了详细的记载，对后世中医药学的发展产生了很大的影响。传说葛洪看到当地气候炎热，瘟疫流行，为了能让穷苦百姓少花钱又能少染病，他便利用了在当地容易找到的中草药研制了一些配方，让百姓煎煮成汤服用，从而创造出了便、廉、效的"凉茶"。他肯定未曾想到，历史跨越了上千年后，凉茶竟然成就一种庞大的产业，成为一种最具代表性的中医汤药的代名词和传播中医药文化的符号。

凉茶原创于古代，演变在后世，故事在民间。回顾历史，不难发现，各种凉茶品牌总是在不同历史时期的瘟疫流行期间被催生出来，而且总是伴随感人的故事。例如王老吉凉茶就是在清道光年间广州爆发瘴疬，疫症蔓延之时，由中医大夫王泽邦发明，因他发明的"凉茶"帮助乡民躲过了瘟疫灾难，而被誉为"岭南药侠"。据《广州西关古仔》史籍记载，1839年，因王泽邦医治好了在广东禁烟的林则徐的中暑困热、咽痛咳嗽，得到林则徐的赞赏，林则徐还命人送来一个刻着"王老吉"三个金字的大铜葫芦壶。为了让百姓方便携带，也可以随到随饮凉茶，王老吉以"前店后坊"的形式，除了在店中出售凉茶外，还生产与出售凉茶粉和凉茶包，使得王老吉凉茶风靡一时。王老吉甚至还被清朝道光皇帝召入皇宫，封为太医院院令。据说到1885年，王老吉凉茶铺已经有百余家，热卖于广州的大街小巷，并盛于粤、桂、沪、湘等地区和海外。1925年，王老吉凉茶参加英国伦敦展览会，成为最早走向世界的中药品牌。

2. 邓老凉茶道应运而生

新南方集团于2002年12月注册成立广州养和医药科技有限公司，主要从事功能食品、养生保健品的开发推广。其中与广州中医药大学合作的一个重要项目就是开发邓铁涛教授的系列凉茶验方。2003年7月，邓老凉茶正式上市。邓老凉茶携带着中医文化的光辉走进了抗击"非典"的战场和百姓的生活之中。

目前，邓老凉茶有限公司建立了较为稳定的销售及分销网络，拥有广州直营门店12家，北京合生汇1家，邓老凉茶加盟门店359间，并积极开拓电商平台，加强跨界合作，推出跨界合作项目。

作为当代上市的凉茶代表，邓老凉茶之道有如下几个特点：

其一，安全无毒。凉茶虽与中药汤剂同源同理，但凉茶是可以供众人饮用的功能性饮料，因此，凉茶在必须具备治未病功能的前提下，还必须保证绝对安全无毒。邓老凉茶组方成分为金银花、白茅根、菊花、桑叶、蒲公英、甘草六味中药，全部取至国家药食同源目录，根据"君臣佐使"原则遣药组方，平衡量效，避免了碳酸饮料和一些凉茶蔗糖含量高的弊端，更适合现代人的口感和养生保健的理念。

其二，邓老凉茶因采用了金银花、白茅根、菊花、桑叶和蒲公英多味具有清热解毒的中药成分，因此对感冒发热、急性扁桃体炎、急性支气管炎、发疹、发斑、热毒疮痈、咽喉肿痛等温病初起或上呼吸道感染早期症状具有较明确的预防功效。

其三，邓老凉茶是一个按照心、肝、脾、肺、肾五脏分门别类，针对多发和常见的亚健康问题而研发的保健系列，这有别于那些一成不变，通达天下的单一品种的凉茶，如表6-1所示。

邓老还熟谙中医八纲辨证，研发的凉茶具有阴阳结对的特点，例如以降火为例，邓老凉茶系列中就有"实火强效茶"和"虚火强效茶"，前者适合于各种热气症状，面红口渴，口苦口臭，便秘，舌红苔黄，口舌红烂疼痛，年轻人由热气或内分泌失调引起面部暗疮或身上长出小疮等；后者更适合阴虚引起的手足心热且汗多，盗汗（入睡之后汗出，醒后则汗止）、口燥咽干，心烦睡眠差，头昏耳鸣，牙痛，口腔溃疡，小便黄，大便干结，咳嗽少痰，阴虚火旺等。因此，可以说，邓老凉茶更体现了中医辨证施治，因人而异的精神。又如"男人茶"，补肾阳，固精缩尿，强健筋骨，适用于男性肾阳虚引起的腰膝酸软，筋骨无力，遗精，体倦乏力，畏寒肢冷，遗尿尿频等症；"女人茶"，具有滋补肝肾，健脾和胃，益气养血的功效，适用于妇女血虚引起的面色苍白或萎黄，头晕目眩，失眠心悸，肝肾亏虚，脾胃虚弱，生血不足所致腰膝酸痛，眩晕耳鸣，目昏不明等症。

表6-1　邓老凉茶产品分类

	产品名称
心	实火强效茶、清热暗疮茶
肝	清肝强效茶、清肝茶、女人茶
脾	祛湿强效茶、五花祛湿茶、解毒消暑茶、酸梅汤、健脾补肾茶
肺	舒喉强效茶、清感强效茶、化痰强效茶、干咳强效茶、清咽利喉茶、清热解表茶、止咳化痰茶、罗汉果茶、润燥茶（沙参玉竹茶）、菊花雪梨茶、邓老凉茶成品茶、强效排毒茶、金银花菊花调味糖浆、杏仁桔红膏
肾	健脾补肾茶、虚火强效茶、滋阴降火茶、男人茶、通风绛酸茶

其四，邓老凉茶的研发者邓铁涛教授在当代中医界具有崇高的地位，他是广州中医药大学终身教授，博士生导师，全国名老中医，内科专家；国家重点基础研究发展计划（973计划）中医药基础研究项目首席科学家；卫生部、人力资源和社会保障部、国家中医药管理局联合评选出的"国医大师"。2006年，凉茶经国务院批准列入第一批国家级非物质文化遗产，同年，广东凉茶成功列入国家首批"非物质文化保护遗产"名录。这一年由邓老研发的9个凉茶处方一次性成功进入国家首批"非物质文化保护遗产"名录，新南方集团在广东凉茶申请单位中为获得凉茶处方保护最多的企业。简而言之，邓

老凉茶是一种由国医大师名医研制，具有辨证施治，因人而异，适应证细化而广，适合现代人多发常见亚健康状况的凉茶系列，充分体现了"上工治未病、防患于未然"的中医精神。

有了好的产品，还必须有民俗化、生活化的中医文化宣传形式与营销手段。邓老凉茶的宣传既传承了古代中医在市井开凉茶铺的经典形式，让凉茶以及中医科普宣传有一个实体阵地，又创作了群众喜闻乐见表现凉茶道精神的企业品牌歌曲《沁心茶道，爱满人间》，期望借助产品宣传和艺术手段相结合的文化传播形式，让消费者在潜移默化的过程中，理解新南方人以大众健康为己任的仁者仁心，提高企业品牌的影响力和美誉度。《沁心茶道，爱满人间》中这样唱道：

夏日骄阳咧红似火，炎炎热浪莫奈何，本草园里采精华，普济众生驱百魔，驱百魔。人生旅程咧多坎坷，瘟神无情播灾祸，一代宗师砥中流，仁心仁术平逆波，平逆波。祖国春色咧满山河，全民养生欢乐多，千珍万宝健康好，民族强盛歌连歌，歌连歌。灿灿中医源，漫漫五千年，圣手妙方赢得万民欢。中国凉茶道，爱心惠人间，芬芳杏林只为了生命艳阳天，艳阴天。中国凉茶道，爱心满人间，芬芳杏林，只为了生命艳阳天。

这首旋律优美的《沁心茶道，爱满人间》，既唱出了中医凉茶诞生的时代背景和预防疾病的社会需求，也歌颂了邓老等一代中医宗师在与瘟疫的斗争中彰显出的仁心仁术的形象。在这首男女合唱的歌曲中你可感受到新南方人强烈的"正气、志气、勇气、霸气和大气"的远大志向和博大胸怀，歌曲中还借鉴了岭南咸水歌的一些元素，渗染着一种岭南本土文化的基因，令听者感到格外亲切淳朴。

《沁心茶道，爱满人间》这首品牌歌曲是由新南方集团总裁朱拉伊先生亲自填词，国内知名词曲大家李名方先生作曲，由国际声乐歌剧比赛获奖者王威、白永欣，青年歌手李文英、吴静等倾情演唱，集团为此专门精心拍摄制作了MV。据说在《沁心茶道，爱满人间》定稿的当天晚上，全体新南方的高层情绪高涨地进行了学唱，次日，歌声就传遍公司大楼。如今，这首歌词内涵丰富，旋律优美强劲的邓老凉茶之歌已经成为新南方集团每年庆典活动的必备节目，也是新南方员工入职时必知必会的企业文化。新南方人认为，一曲邓老凉茶之歌，不仅唱出了邓老凉茶道爱满人间的济世情怀，鲜活、生动地再现了企业的使命和价值观，还具有凝聚全体员工的敬业意识，激发员工的自豪精神，传播新南方企业文化精神和产品价值的多种功能。如今，伴随着《沁心茶道，爱满人间》的旋律，邓老凉茶系列产品及其负载的中医药凉茶道文化正走向全国城乡街市，萦绕在越来越多人的心头。

如今，据估计，目前全国凉茶的产销量已经超过 1 000 万吨，销售范围除覆盖全中国之外，还远销到美国、加拿大、法国、英国、意大利、德国、澳大利亚、新西兰等二十多个国家。街头巷尾上万家开张的凉茶铺和在超市和餐桌上随处可见的凉茶产品足以证明，凉茶道作为一种集中医药独特的文化资源、科技资源、医疗资源和经济资源于一体的典型产业，已经成为中医药影响世界、传播中医药文化的一面旗帜。

二、 青蒿奇葩 "粤特快"

青蒿（学名：Artemisia carvifolia），为一年生草本植物，被子植物门，双子叶植物纲，菊目，菊科，蒿属。其分布遍及中国，也是一种生长在尼泊尔、印度、日本、越南、朝鲜、缅甸等亚洲多国的普通野生植物，却唯独在中国演绎出一出出历史文化和科学的话剧。

1. 悠久的青蒿文化史

青蒿与疟疾这种传染性疾病的肆虐是紧密地联系在一起的。中医对青蒿抗疟疾作用的发现，是对世界抗疟事业的一大贡献，而这一发现与中国古人的抗疟经验有直接的关系。诞生于春秋战国时期的《黄帝内经》中的《疟论》和《刺疟》是这一经验的记载。检索《黄帝内经》，"疟"字出现了 90 次，由此可见，当时疟疾在中国肆虐的程度。据《黄帝内经》可知，古人对疟疾的流行和各种临床症状已经有相当仔细的观察，认识到"火淫所胜，则温气流行，金政不平，民病头痛，发热恶寒而疟"等疟疾流行的规律，不过对究竟由什么病原体造成"疟先寒而后热者"的病因仍然不甚清楚，当时还只是以辨证施治和针灸对症治疗为主。

蒿，为汉字中的形声字。因为蒿的地上部分高度有 40～150 厘米，故蒿字的本义为高草、长草。蒿字从艸，从高，高亦声。"高"指"个头高"，"艸"与"高"组字则用于表示"一种个头比较高的草本植物"。蒿包括白蒿、青蒿、牡蒿、黄花蒿、臭蒿等多种蒿属植物。狭义上，蒿亦可专指青蒿。中国古人很早就观察到蒿是一种可以为动物食用的野草，诞生于两千多年前的《诗经·小雅·鹿鸣》中即有"呦呦鹿鸣，食野之蒿"之句。

青蒿，荆楚古语中读"菣"（qìn），"臤"本义为"驾驭臣属"或"掌控诸侯"，后与"艹"组字为"菣"，所以其转义为"控制疟疾的一种草本植物"。《尔雅·释草》中有："蒿，蔚，牡菣。"有注："今人呼青蒿香中炙啖者为菣。"《尔雅》最早著录于《汉书·艺文志》，这表明发现用青蒿治疗疟疾的历史应该不晚于两汉时期。在中医史上，最早记录如何用青蒿治疗疟疾的具体方法的古籍是东晋时期的葛洪的《肘后备急方》，他在书中对青蒿的服用方法作了这样的描述："以水二升渍，绞取汁，尽服之。"到明代的《本草纲目》，青蒿"治疟疾寒热"已经成为中医的一种定论。正是古人的这些经验和结论，在千百年后给现代的中医药研究者带来了启发的灵光。

2. "523" 项目

我国于 1967 年 5 月 23 日在北京成立了中国疟疾研究协作项目，代号为"523"，领导小组由国家科委、总后勤部、国防科委、卫生部、化工部、中国科学院各派一名代表组成，后来，"523"项目办公室邀请了北京中药所加入这一研究项目，设立了"中医中药专业组"。1969 年，北京中药所正式接受抗疟药研究任务，指定化学研究室的屠呦呦担任组长。屠呦呦领导课题组从系统收集整理历代医籍、本草、民间方药入手，在收集 2 000 余方药基础上，编写了 640 种药物为主的《抗疟单验方集》，并对其中的 200 多种中药开展实验研究，历经 380 多次失败，因为当时实验显示青蒿素对疟原虫的抑制率在 12% ~80% 之间，极不稳定，直至看到东晋葛洪《肘后备急方》中关于青蒿"绞汁"用药方法的介绍得到启发，不断改进提取方法，最后用乙醚提取方法获得成功，结果青蒿的动物效价由 30% ~40% 提高到 95%。1971 年 12 月下旬，实验显示，用乙醚提取物与中性部分分别对感染伯氏疟原虫小鼠以及感染猴疟原虫猴的疟原虫血症显示出有 100% 的疗效。1972 年初抗疟有效单体从植物青蒿中分离得到，当时的代号为"结晶Ⅱ"，后改名为"青蒿Ⅱ"，最后定名为青蒿素。至此，青蒿素这种对各型疟疾，特别是抗药性疟疾有特效的"高效、速效、低毒"优点的新结构类型抗疟药终于发掘成功。

1972 年 5 月屠呦呦等项目组的部分研究人员开始用自身进行人体试验并获得通过，同年 8 月在海南部分地区进行临床试验，在选试的 21 例感染恶性疟或间日疟各占一半的患者，试用青蒿素治疗后，发热症状迅速消失，血中疟原虫的数目锐减，明显优于接受氯喹的对照组疗效。1973 年为证实其羟（基）氢氧基族的化学结构，屠呦呦合成出了双氢青蒿素；又经构效关系研究，明确在青蒿素结构中过氧是主要抗疟活性基团，在保留过氧的前提下，羰基还原为羟基可以增效，以后证明这种被合成出来的化学物质比天然青蒿素的效果还要强得多，为国内外开展青蒿素衍生物研究打开局面。1977 年 3 月，以"青蒿素结构研究协作组"名义撰写的论文《一种新型的倍半萜内酯——青蒿素》发表于《科学通报》（1977 年第 3 期）。1978 年，"523"项目的科研成果鉴定会最终认定青蒿素研制成功，按中药用药习惯，将中药青蒿抗疟成分定名为青蒿素。

1978 年，课题组运用现代实验设备，通过单晶 X 射线衍射分析确定了青蒿素的分子结构，这是一种分子式为 $C_{15}H_{22}O_5$ 的无色结晶体，一种熔点为

156℃～157℃的活性成分。1979 年，青蒿素的研究成果在中国《科学通报》与《化学学报》上发表，同年青蒿素的分子式被美国《化学文摘》收录。1979 年，依国家医药管理总局建议，"523"项目列入各级民用医药科研计划之中，不再另列医药军工科研项目。1981 年 3 月"523"项目举行了最后一次小组会议，并下发了会议纪要，至此，"523"项目结束。

3. **青蒿素新药的创新**

1978 年，青蒿素抗疟研究课题获全国科学大会"国家重大科技成果奖"。1979 年，青蒿素研究成果获国家科委授予的国家发明奖二等奖。1979 年 10 月，世界卫生组织主办的第四届疟疾化疗研讨会在北京召开，屠呦呦教授就"青蒿素的化学研究"一题作了首场报告。在报告中，屠呦呦提出应尽快研发复方青蒿素以防止和延缓抗药性出现的建议。2005 年，医学刊物《柳叶刀》有论文指出，已经发现使用单方青蒿素的地区的疟原虫开始对青蒿素的敏感度下降，意味着疟原虫开始出现对青蒿素的抗药性，于是，世卫组织立即要求全球抗疟地区改用多种青蒿素联合疗法（Artemisinin Combination Therapy，ACT），即每种抗疟方案中都必须包括同时使用青蒿素类化合物和另一种化学药物。正是在这一背景下，首先发现青蒿素抗疟疾的中国科学家又开始走上了研发复方青蒿素药物的创新之路。历经数年努力，终于先后开发出复方蒿甲醚等系列新的抗疟复方药。1984 年，青蒿素研制成功被中华医学会等评为"建国 35 年以来 20 项重大医药科技成果"之一。1986 年，青蒿素获得一类新药证书（86 卫药证字 X - 01 号）。1992 年，抗疟新药双氢青蒿素被国家科委等评为"全国十大科技成就奖"，"双氢青蒿素及其片剂"获一类新药证书（92 卫药证字 X - 66、67 号）。1997 年，双氢青蒿素被卫生部评为"新中国十大卫生成就"。2003 年，"双氢青蒿素栓剂"、青蒿素制成口服片剂获得《新药证书》（国药证字 H20030341 和 H20030144）。2004 年屠呦呦在北医有关部门支持下，又将双氢青蒿素用于治疗红斑狼疮和光敏性疾病，获国家食品药品监督管理总局的"药物临床研究批件"（2004L02089）和中国发明专利（专利号 ZL99103346.9），经临床 100 例疗效初步观察，总有效率 94%，显效率 44%。2011 年 9 月，屠呦呦因青蒿素和双氢青蒿素的贡献，获得被誉为诺贝尔奖风向标的拉斯克奖，获奖理由是"因为发现青蒿素——一种用于治疗疟疾的药物，挽救了全球特别是发展中国家的数百万人的生命"。2015 年 10 月，屠呦呦因创制新型抗疟药——青蒿素和双氢青蒿素的贡献，与另外两位科学家获当年度诺贝尔生理学或医学奖。2016 年 4 月 21 日，屠呦呦入选《时代周刊》公布的 2016 年度"全球最具影响力人物"榜单。

4. **从新药研制到以医带药、全民服药抗疟模式的创新**

将一种中国古人发现的抗疟中药，通过一系列的科学实验和动物、临床验证过程，不仅再一次证明了青蒿素的抗疟特效，而且超越古人第一次弄清楚了青蒿的化学结构和分子式，但这还远远不是一种新药发明创新的终点。因为一种新药创新发明的真正意义还在于它为治疗疾病带来的实际的社会效益。

2005年，新南方集团以青蒿素发现为契机，以校企合作的方式，与广州中医药大学李国桥教授合作开发治疗疟疾等系列药物，合作成立广东新南方青蒿科技有限公司。这是一家以青蒿资源研究、南药种植、化学原料药和制剂生产为主导，集研发、生产、销售为一体的现代新型医药企业，先后还建有青蒿产学研合作基地、青蒿GAP示范基地、广州中医药大学—广东新南方青蒿药业青蒿资源联合研发实验室、青蒿资源研发实验室、岭南中药资源教育部重点实验室等相关机构。其中南药资源研究所基地位于丰顺县埔寨农场，面积3 000亩，主要对青蒿和岭南特色中药材广藿香、金钱草、沉香、檀香、金银花等进行培育、种植研究。新南方青蒿科技有限公司位于丰顺县经济开发区工业园，注册资金3.1亿元，占地面积400亩，生产厂房、质检及仓库建筑面积7.8万平方米，公司有青蒿素提取车间、中药提取车间、哌喹车间及固体制剂生产车间。青蒿素提取车间能处理青蒿草3 000吨/年；中药提取车间能处理中药材3 000吨/年；哌喹车间可生产哌喹原料20吨/年；综合制剂车间生产片剂15亿片/年、胶囊12亿粒/年、颗粒剂240吨/年、口服液2亿支/年。该企业被广东省科技厅认定为"广东省民营科技企业"，是广东省现代产业500强企业。公司主要产品有国家一类新药青蒿素哌喹片（"粤特快"）、降脂减肥胶囊、夏桑菊胶囊、哌喹原料药等，其中青蒿素哌喹片属于第四代青蒿素复方，是拥有完全自主知识产权的创新药，2006年获得国家药监局Ⅰ类新药证书，已获得包括美国在内40个国家专利保护，36个国家商标注册，26个国家药品注册。2007年7月，新南方青蒿药业有限公司通过广东省食品药品监督管理局验证，取得药品生产许可证。

对于一个民营企业来说，从走出国门到打破欧美药企的利益格局，得到国际社会的认同，成功来得并不容易。尽管我国是最先研制成功青蒿素的国家，但由于早期缺乏知识产权保护意识，刚研制成功核心技术便公诸海内外，国外各大制药公司纷纷投巨资进行后续研究，迅速占领了国际抗疟药品市场，我国制药企业却较多充当了原材料供应者的角色。在刚开始进行推广抗疟新药"粤特快"时，作为发展中国家原创药品，我们总是被挡在门外。后来，新南方集团抗疟团队开创了"以医带药"的模式，通过病理研究设计、提供诊疗方案，并搭配特定药品实现快速灭疟，才打开了走向国际的大门，因此，新南方集团与国内外其他企业不同的是，一直有专家奔赴在非洲多国抗疟的第一线。

除了发明了抗疟新药"粤特快"之外，新南方集团对于非洲抗疟方案的最大贡献还在于提出和推行了"以医带药"的全民服药方案，"以医带药"原本是新南方在举办大药房和养和医药连锁产业时传承古代中医堂营销模式就提出的经营思路。对于疟疾肆虐的非洲来说，疟疾几乎就是一种流行性疾病，随时随地都可以发生蚊虫叮咬和被传染疟疾的可能，因此，为了彻底消灭疟疾，控制新发病例，全民服药是有必要的，但难度很大。

2007 年，"复方青蒿素快速清除疟疾项目"作为国家中医药管理局中医药国际科技合作重点项目正式启动。新南方科技有限公司派出工作小组与该项目抗疟医疗团队共同前往疟疾流行区开展青蒿素快速灭疟。2008 年 9 月，广东新南方青蒿药业有限公司通过国家药监局的 GMP 认证，取得国家颁发的片剂 GMP 证书。2009 年"粤特快"被卫生部列为我国防治恶性疟疾的首选药物和基本用药，2010 年被商务部列为我国援助非洲抗疟药品。新南方抗疟医疗团队在科摩罗三岛实施快速控制方案，先后于 2007 年、2012 年和 2013 年在科摩罗所属的莫埃利岛、昂岛和大科岛地区实施。经过 8 年努力，到 2014 年，科摩罗三岛已实现疟疾零死亡，发病率人数减少了 98%，疟疾感染率从 142/1 000 人口（2006 年），下降为 2.8/1 000 人口，基本摆脱了疟疾噩梦。在科摩罗的成功尝试让新南方青蒿公司和"复方青蒿素快速清除疟疾项目"备受瞩目，这是人类历史上首次通过群体药物干预、使用中国原创药，帮助一个国家快速控制疟疾流行。这也让"梅州制药"得到了世界卫生组织和国际社会的认可。世界卫生组织已经将复方青蒿素快速清除疟疾方法列入全球岛国推广方案。索马里、南非、海地、印度、约旦等国均表示希望采用广东清除疟疾技术和药物来帮助解决疟疾的威胁。[1]

新南方集团青蒿药业响应国家"一带一路"倡议和中医药"援助非洲"等国际文化宣传行动，秉承"青蒿使命，健康全球"的企业宗旨，积极开辟跨国经营渠道，塑造国际品牌形象，已经完成巴布亚新几内亚中巴抗疟中心建设等项目。"粤特快"获得第 14 届中国优秀专利奖、2016 年度国际双创示范奖，取得科技部国家重点新产品、广东省高新技术产品、中国商业联合会全国商业质量品牌示范单位等称号，2017 年 5 月 9 日中央电视台《新闻联播》播发《复兴丝路"共享"：让人民更幸福让文明更璀璨》报道了来自中国广东丰顺的 80 万人份抗疟疾药物"粤特快"运抵西非多哥共和国的新闻。在朱拉伊先生的领导下，复方青蒿素制剂"粤特快"成为首个获世界认可具有医药专利的中国原创药，该药在非洲挽救了数百万人的生命，成为又一张弘扬中国文化的"中国名片"。通过青蒿素国际抗疟推广项目，实现了新南方集团

---

[1] 参见《梅州日报》，2016 年 10 月 14 日。

以人类健康为己任，让中医药走出国门，为人类福祉做出贡献的宏愿。2017年2月公司成功登陆新三板，通过资本市场助力，新南方青蒿科技药业将引领国产青蒿素创新药及清除疟疾技术在"一带一路"沿线打开更广阔的发展空间。

然而，人类与疟疾的斗争以及由此带来的科技创新将永远不会到此停止，一方面是疟原虫抗药性演化的速度越来越快，另一方面是复方青蒿素研发和提取方法不断创新。2016年，科学杂志 *eLife* 刊登，德国马克斯普朗克分子植物生理学研究所专家发明了利用 COSTREL 方法从烟草中大量提取青蒿素的方法，这意味着从中国古代直接将青蒿"绞汁"的用药方法到化学提炼青蒿素的方法创新，再到从其他植物中大量提取青蒿素方法的革命，青蒿素新药的创新又进入了一个新的历史发展阶段。值得庆幸的是，2019年6月，屠呦呦团队发布"青蒿素抗药性"最新进展，并且在"抗疟机理研究""抗药性成因"和"调整治疗方案"等方面又获得新的突破。可以相信，中医中药与现代科技的进一步融合将显示出无穷的创新力量。

三、"紫和堂"医疗连锁国医馆

1. 中医药服务业态的演变

在中医药行业发展历史的长河中，中医药服务业态的形式曾经历过多个阶段的演变。

（1）古代和近代的中医堂。

中医与中药自古不分家，既有久居乡村的"草泽医"，城市里的"坐堂医"，还有深居山林的道医和沙门医，以及在"太医院"为达官贵人服务的"御医"等。古代的大夫既看病，也卖药，也常是周行列国或游走乡村田野的"行医者"，而且扮演的大多是地道的全科医生角色，如传说中的扁鹊在虢都以看"尸厥"而闻名，当为一个急诊内科医生的角色，而在邯郸又以看"带下病"妇科而知名，行至洛阳时再一变为擅长"耳目痹"老人病的大夫，到咸阳后他又以幼科闻名天下，故古时中医大夫具有"行医"的明显特征。据考证，中医堂的说法可能与汉代太守张仲景的行医方式有关。张仲景是南阳郡（今河南南阳市）人，曾拜名医张伯祖为师，汉献帝建安中期，张仲景曾任长沙太守，当时恰逢伤寒流行，百姓因病死亡者甚多，张仲景常借公堂给穷苦百姓切脉开方，且分文不收，据说，他常在自己的名字前冠以"坐堂医生"四个字，后来世人就习惯用"中医馆"来给老百姓看中医的场馆命名。

明清时期，在广州，有创建于1600年的中药老字号"陈李济"，由陈体全、李升佐共同创办，药店取名"陈李济"，以表陈、李合作，存心济世之意，注册商号为"杏和堂"，陈李济在继承历代古方验方的基础上，研制生产数十种中成药，包括膏、丹、丸、散、茶、酒等，销售遍及南北大地，远至东南亚各国，药效之灵，制品之精，可谓无人不知陈李济，有口皆碑杏和堂。清代同治皇帝因服其生产的"追风苏合丸"，药到病除，称其神效，陈李济更是名噪一时。光绪年间，"帝师"翁同龢又为之题写"陈李济"店名，三个鎏金大字至今尚存。1650 年创制乌鸡丸，该产品后来衍生出御用名药乌鸡白凤丸，据说慈禧太后长期服食陈李济的乌鸡白凤丸，容颜保持老而不衰。康熙年间，首创蜡壳药丸剂型，能使具有挥发性的中药保质数十年不变，甚至引发当时中药包装的一场革命，为全国中药制药业广泛应用。

1650 年，由江苏吴县迁居长沙的一位工诗画、通医道的劳澄长者（号林屋山人）在长沙创办"劳九芝堂药铺"，靠为市民处方治病为业，闲时吟诗作画，名声渐显。

1669 年，乐显扬于北京创建"同仁堂"，1723 年，由皇帝钦定同仁堂供奉清宫御药房用药，独办官药，历经八代皇帝，188 年之久。

1734 年，吴门医派名医雷大升在苏州开设中药店，取商号为"雷诵芬堂"，销售自产成药，并以他自己的字"允上"在店内挂牌坐堂行医。雷大升医术高明，研制的成药疗效显著，尤以创制的"六神丸"而名震中外，中华人民共和国成立后雷氏后人将"六神丸"配方献给国家，被定为国家机密予以保护。"雷允上"甚至被世人视为中药店的别称。

1874 年，胡雪岩于杭州创办"胡庆余堂"，广请浙江名医，以宋代皇家药典《太平惠民和济药局方》为基础，收集各种古方、验方和秘方，结合临床实践经验，精心调制丸、散、膏、丹、胶、露、油、药酒方四百多种，著有专书《胡庆余堂雪记丸散全集》传世。如今上述这些"前店后厂"中华老字号的中医堂，历经数百年来社会政治和经济的翻天覆地的沧桑巨变，大多成为现代中医药行业的知名企业和中医药服务行业的标杆。

（2）现代中医堂的演变。

如果说古代和近代的中医药服务形态的主要特点是中医与中药不分家，那么，现代中医药服务形态的特点则是中医与中药的发展分道扬镳，以及中医药诊所和中药堂的公私合营化。1954—1956 年公私合营时期，传统私营的中医诊所被要求公私合营，最后成为公立的中医院，目前各地的中医院大多由此而来。而私营中医堂或药铺合并组成公私合营或国有中药企业。例如，在这一时期，陈李济先后并入神农、万春园、伟氏、冯致昌、何弘仁、燮和堂、橘香斋七家中药厂，一家甘泉药社和一家大生合记蜡店共同组建了"广州陈李济联合制药厂"。同仁堂也实行了公私合营，1991 年同仁堂制药厂晋升为国家一级企业。1956 年，以劳九芝堂药铺为主，合并多家药店，成立了公私合营的"九芝堂加工厂",1959年改名为"九芝堂制药厂",1994年再改制为长沙九芝堂药业集团公司。

随着中国社会的快速发展,卫生体制的几轮改革,国家对中医药五种资源战略地位的重新认识,中医药发展的方向和中医服务的水平、方式、作用与功能,以及中药质量等一系列问题受到了前所未有的重视。一些人对中医药文化的不自信,中医药服务水平下降,功能弱化,服务范围缩小,中药质量下降等问题引发管理高层高度关注。于是,改革中医药服务的单一模式成为新时期的社会需求。曾长期被视为非法而必须加以取缔的坐堂医和私营中医诊所的价值重新得到重视。相对于其他服务形式而言,开办中医馆没有很高软硬件准入条件,是投入较低、产出快、风险小的业态,是个体医和合伙人容易投入的创业项目。地方相关优惠政策(例如中医馆和坐堂医市场准入改为备案制)的刺激是中医馆和坐堂医迅速发展的重要市场推动力。从此,坐堂医、私营中医诊所和中医馆再一次在中国大地上开始复兴,一时间,中医院和中药企业兴办中医馆成为一个热点,中医药服务业态再现历史性的循环。以雷允上药业集团有限公司创办的雷允上中医馆为例,企业希望通过"名医+名药+名馆"的策略传承和发展雷允上吴门医派温病学说的优良传统,以更便捷的预约,更细致的问诊,更贴心的服务,为消费者提供高品质的就医体验,并且保证每一味药材使用上品精选的道地药材。

2. 中医馆复兴的基本特点与意义

无论是中医馆还是国医馆,或者从经济性质上看,无论是公立还是私营的中医馆,都有如下几个基本特点:其一,中医馆的主要执业医师为工作年限较长的老中医,故由公立中医院退休的中医师为主,临床经验较为丰富;其二,诊疗时间相对较为充裕,医患之间沟通较为充分,就医感觉较好;其三,中医馆只以纯中医药方法进行诊治,设置2个以上的专科诊室,可设置有针灸、推拿按摩理疗等治疗室,但通常没有大型现代化检查检验设备,不设置西药房;其四,不设住院病房,因此没有住院或留观患者。

现代坐堂医和中医馆的兴起对于传承与发展中医药事业具有非常现实的意义:其一,传承了千百年来传统中医药不分家的服务业态,有助于中医临证经验与中药方剂创制的良性互动,有助于培养熟悉中药药性,又具有辨证施治的丰富经验的中医人才;其二,有助于建构更适应社会需求的多元化的中医药服务体系,有助于缓解大型中医院人满为患的压力,有助于实现分级诊疗,满足群众各种具有差异的服务需求,提升对中医药的服务体验;其三,允许中医坐堂,或者是允许中药店转型中医馆,或中药企业举办中医馆将有助于实现在社区基层医疗机构就诊医保报销比例较高医改政策的落地,有助于增强社区整体中医医疗服务供给能力的提高,促进中药店服务质量和盈利模式的改进。

2016 年 6 月 18 日，由部分知名国医馆联合多家中药企业发起召开的"2016 全国首届中医馆发展论坛"在深圳宝安隆重举行，旨在搭建全国中医馆经营人员探讨的平台，促进中医馆与中药企业、互联网、金融保险业之间的对话与合作，达到提高中医馆整体运营水平，复兴我国中医药传统服务业态的目的。同年 8 月 5 日，"全国中医馆发展联盟"在云南玉溪树成立。2016 年 11 月，国家中医药管理局又发布了《乡镇卫生院社区卫生服务中心中医综合服务区（中医馆）建设指南》，进一步将中医馆服务形式推广至乡镇卫生院、社区卫生服务中心等基层卫生服务网底。2017 年 7 月 1 日《中华人民共和国中医药法》正式实施，中医诊所改为备案制，减少了审批环节和区域卫生规划的限制，中医诊所、中医馆的大发展迎来了天时、地利、人和的最好时机。据《2019 中国卫生健康统计年鉴》，全国在册中医类诊所共 52 799 个，其中中医诊所 43 802 个、中西医结合诊所 8 389 个、民族医诊所 608 个，中医类诊所诊疗人次为 14 973.2 万人次，占中医类医疗机构总诊疗量的 13.97%。这些数据提示中医诊所数量庞大，诊疗量占比不高，却方便群众就医，对缓解大医院的诊疗压力起到了一定的作用。据不完全统计，全国共普查登记在案的国医馆、中医馆数量为 372 家，其中分布最多的区域分别是重庆市、广东省、四川省，超过总样本量的 33%。例如在《深圳市经济特区中医药条例》的背景下，据 2016 年底统计，深圳就有中医馆、中医坐堂医诊所共 103 家，其中中医馆 45 家，中医坐堂医诊所 58 家，共有卫生技术人员 511 人，吸引到全国各地副高以上职称中医药人才 122 人。有调研资料显示，超过半数的中医馆由连锁药店投资举办，超过 7 成以上的中医馆具备医保资格；平均拥有坐堂医超过 10 人，中医师年龄在 50—65 岁居多，医师配置大都以"专职＋兼职"混合模式为主，中医馆一般除了开展常见疾病的诊疗抓方的常规业务之外，还开展针灸、火罐、理疗、按摩、膏方定制、冬病夏治和夏病冬治、天灸等特色服务。还有些中医馆创新了上门推拿服务的 O2O 服务模式和中医与患者互动的 O2O 平台、智慧药房等电商业务。

纵观目前全国中医馆的发展情况仍存在着以下尚未完善的管理问题，如民营中医馆从业人员的职称评定、中医馆的营运标准与监督办法、中医馆的服务定价与收费标准、中医馆自己采购中药的质量和炮制工艺的监控，以及中医馆的同质化等。

3. 新南方紫和堂医疗连锁模式

紫和堂医疗连锁隶属于新南方广州养和医药连锁股份有限公司，历经十余年的耕耘，现已成为覆盖广州天河、海珠、黄埔、番禺等多个城区的"省公费医疗定点单位"及"医疗保险定点医疗机构"，华南地区知名中医连锁品牌。"紫和堂"医疗连锁于 2015 年、2018 年先后被列为广东省基层中医机构示范带动机构及重点推进项目、广州市促进健康及养老产业发展行动计划重点推进项目。

紫和堂医疗连锁的经营特色是:"名中医 + 正中药"。目前该中医堂由禤国维教授和周岱翰教授以及邓铁涛教授传承团队共同领衔,有 3 位省级名中医、21 位教授/主任医师,28 位副教授/副主任医师,11 位医学博士及博士后等百余位专业医师坐诊,其中有多名国家二级教授、国家或省级中医专科专病学术带头人,已经形成"名医就在家门口"的资源优势。紫和堂还坚持以"质量上乘"作为中药管理的唯一标准,全部中药饮片均按国家药典及相关标准进行生产和检验,严格执行国家 GSP 认证规范,并引入道地优选、可溯源的精品药材,以及配方颗粒、膏方、丸剂等多种剂型,让广大消费者用上优质、安全、放心、方便的中药。在紫和堂医疗连锁中医堂里人们可以享受到高水平的纯中医药服务,还可以感受到浓浓的中医药文化。

经过多年的探索,新南方紫和堂医疗连锁确立了以下经营服务的核心思想:①坚持全生命周期(Life Cycle)的中医药健康服务,即根据人一生不同年龄阶段的生理和病患的特点与规律提供具有针对性的健康服务。②实现中医药服务在治未病、重大疾病和康复领域的全覆盖,即发挥中医药在治未病中的主导作用,在重大疾病治疗中的协同作用,在疾病康复中的核心作用,重点为民众提供就在家门口的预防时疫、治未病、促进康复、辨证施治服务。③发挥中医药整体医学和健康医学优势,建构健康咨询评估、干预调理、健康管理和健康保险四维一体中医保障模式,推动"互联网 +"智慧型中医药服务方式。

第七章

中医药的科技管理

传统中医药蕴含丰富的科学思想和科学方法，是具有巨大开发潜力的科技资源，运用现代科学技术研究与推动中医药发展是中医药现代化和国际化的必然趋势，加强中医药科技管理是中医药可持续发展的内在要求。

第一节

中医药科技管理概况

科技管理（Management of Technology，MOT）一词最早出现在 1978 年美国国家研究委员会《科技管理：被隐藏的竞争优势》研究报告中，认为科技管理是一个包含了科技能力的规划、发展和执行，并且用来规划和完成组织运营以及策略目标的跨科别领域。科技管理通常是在人类从事科技活动的实践中产生和发展的，其目的在于如何协调和配置人力、物力、财力资源，使科技活动更具有效率，包括最大限度地提高科研效率，提高科研设备、成果数据的共享程度和利用率，调动科研人员的积极性，高质量地完成科研的战略目标。就中医药科研和技术开发而言，中医药科技管理是指对中医药科技活动进行计划、组织、指挥、控制和协调，以此提高中医药科技研究效率的全过程，主要包括对中医药科技研究的规划制定、科技项目的评审和立项的管理、验收评估和质量的管理、科技成果的推广与应用管理、科技人员管理，以及科技项目的支持系统，有关科技成果和知识产权的保护，外部科研机构或单位的交流合作等延伸环节的管理、服务和监督等。

一、 中医药科技发展的现状与存在的问题

科学技术是第一生产力，是经济社会发展的重要动力源泉。中医药是我国具有原创优势的科技资源。中医药学的阴阳五行、五运六气、子午流注、四气五味、组方配伍、辨证施治等理论和循经针灸推拿等技术体系不仅凝聚

着深邃的中国哲学智慧和中华民族几千年的健康养生理念及实践经验，而且为世界医学提供了一种可以相互启发和融合的学术范式，以青蒿素治疗疟疾为代表的中药方剂在临床实践中的安全有效彰显了中医药理论和技术的科学合理性与临床有效性，也成为世界新药和新技术发明的智慧之源。

1. 全国中医药科研机构建制情况

2018 年全国中医药科研机构共 95 个，其中，科学研究与技术开发机构 72 个，科学技术信息和文献机构 2 个，R&D 活动单位 10 个，县属研究与开发机构 11 个。与 2016 年全国中医药科研机构的 124 个相比减少了 29 个。其中，科学研究与技术开发机构（75.79%）所占的比例最多，而且呈逐年上升趋势，县属研究与开发机构（11.58%）次之，科学技术信息和文献机构（2.11%）最少。

2. 全国中医药科研人员情况

2018 年，全国中医药科研机构从业人员总数共 23 823 人，与 2016 年全国中医药科研机构的 26 376 人相比减少了 2 553 人。其中，科学研究与技术开发机构从业人员 21 974 人，科学技术信息和文献机构从业人员 144 人，R&D 活动单位从业人员 1 217 人，县属研究与开发机构从业人员 488 人。科学研究与技术开发机构从业人员（92.24%）所占比例最多，科学技术信息和文献机构从业人员（0.6%）最少。

3. 中医科技产出情况

2018 年，全国中医药科研机构在研课题共 3 642 个，与 2016 年的 3 516 个相比增加了 126 个，增长了 3.58%。发表科技论文共 6 786 篇，其中，国外发表共 951 篇、出版科技著作 385 种，比 2016 年全国中医药科研机构发表的 7 375 篇科技论文相比减少了 589 篇，降低了 7.99%，其中国外发表的科技论文增加了 10 篇。2017 年，全国中医药科研机构专利申请受理数 364 件、专利授权数 248 件、专利所有权转让及许可数 17 件、专利所有权转让与许可收入 151.7 万元。与 2016 年相比，全国中医药科研机构专利申请受理数减少了 48 件，降低了 11.65%，专利授权数减少了 14 件，降低了 5.34%，专利所有权转让及许可数减少了 4 件，专利所有权转让与许可收入增加了 45.8 万元，增加了 43.25%，增幅较大。2017 年，全国中医药科研机构参加对外科技服务活动工作量共 1 931 人/年，与 2016 年相比，全国中医药科研机构参加对外科技服务活动工作量减少了 63 人/年，降低了 3.16%。

目前我国现有中医药科技国家重点实验室 8 个，国家工程技术研究中心 5 个，国家工程实验室 6 个，国家中医临床研究基地 23 个。还建立了由 1 个国家中心，28 个省级中心，65 个监测站组成的中药资源信息和技术服务体系，以及 16 个中药材种子种苗繁育基地和 12 个种质资源库。

4. 中医药产业的蓬勃发展与中医药科技创新的不足

目前中医药产业已经成为我国国民经济的支柱产业之一，中医药产业经济价值正在被加速激发出来，中医药大健康产业的市场规模呈现迅猛增长态势。2011 年全国中医药大健康产业规模约为 6 658 亿元，到 2017 年已经攀升至 17 500 亿元，增长了 163%；中医药工业总产值达到 8 442 亿元，约占整个医药产业工业总产值的 1/3，中医药大健康产业迎来了前所未有的爆发期，但仍有进一步提升的空间。① 2016 年中药饮片加工和中成药制造规模以上企业主营业务收入为 8 653.41 亿元，占我国医药工业规模以上企业主营收入的 1/3。其中中药饮片加工主营业务收入 1 956.36 亿元，同比增长高于医药工业主营业务收入；中成药制造主营业务收入 6 697 亿元，占医药工业的 22.6%；中药保健品饮料和化妆品生产总值也超过 600 亿元。中国制造工业百强中，中药企业占 1/3，中药大品种年销售额过亿元的品种目前有 500 多个，过 10 亿元的品种有 50 个。据不完全统计，全国有不同规模的中医养生保健服务企业超过 140 万家，相关企业 300 余万家，从业人员约 3 000 万人。中药及保健品产业在养老、妇幼保健、养生和疾病防治等领域蕴含的经济发展空间不断拓展。中医药大健康产业在促进区域经济发展等多方面发挥了重大作用，对国民经济和健康中国建设的贡献率正逐渐提高。

然而，目前我国中医药科技创新与全国整体科技发展一样，都存在以下突出问题：

（1）科研机构结构不合理，企业尚未成为科技创新的主体。从我国各类中医科研机构的数目可以看出，目前，我国以政府为主导的科学研究与技术开发机构占所有科研机构的 60% 以上，我国现阶段中医的科技研发以政府机构和一些以政府为主导的科研院所和高校为主体，而企业类的科研机构仅占 17%。在发达国家，科学研究主要是依靠企业，以企业自主创新为主，政府为辅的模式。② 科研院所及高校实行"出成果、出人才"的科研方针，"先研究技术，后找市场"，与企业所需要的"出产品、出效益"，"先研究市场，后研究技术"的科研方针背道而驰，致使我国经过几轮技术引进之后，产业技术水平仍比发达国家落后 10～25 年，各行业发展的关键技术受制于人。③

（2）产学研结合不够紧密，科研机构过分依赖于政府投入。科技直接产出指专著、学术论文、专利等由 R&D 项目产生的直接科研成果。科技直接产出直观反映出财政 R&D 项目投入产出绩效评价，在一定程度上决定着 R&D

---

① 《2018 年一季度中国中医药行业发展现状及中药行业市场运行现状分析》，中国产业信息网，http：//www.chyxx.com/industry/201807/656436.html。

② 孙涛：《科技进步与现代医学的发展》，《宁夏医学院学报》，2004 年第 3 期。

③ 刘进先：《如何建立企业为主导的科研体系》，《科技信息》，2004 年第 3 期。

项目对经济社会的贡献大小。① 从调研结果可以看出，我国现阶段科技研究产出以理论研究为主，科技论文的数目占科技产出的绝大部分。近几年专利方面的产出总体数目较少，而作为直接反应科技绩效的专利所有权转让及许可数更是凤毛麟角，科技与经济结合问题没有从根本上解决，原创性科技成果较少，关键技术自给率较低。

（3）中医药知识产权保护意识薄弱，科研人员研发积极性低。我国中医药知识产权的保护意识薄弱，中医药知识产权绝大部分尚未进入保护状态。1993 年以前我国对药品的知识产权主要依靠行政立法来保护，此前的《专利法》并未将药品纳入专利法保护的范围内，专利申请不多。1993 年后，由于《专利法》的修订，我国中医药专利的申请有了一定幅度的提升，但申请数目仍然只是我国实际中医药医疗技术的极少数。② 中医药知识产权得不到保护，这也使国外抄袭改进中国中医药药方有机可乘，例如日本的"救心丸"就是仿制中国"麝香保心丸"药方而来，这类事件严重影响了我国中医药研发人员对科学创新的积极性。

（4）中医药科技创新标准亟待改进。目前我国中医药理论文献研究、临床研究、预防研究和应用基础研究成果占大多数，而这类成果主要是临床工作的新技术、新方法的经验总结，这些成果虽有科学和技术价值，但多数不表现为实物形式，也不具备商品属性，因而不能转化为商品和产品，同时，中药新药、中医医疗器械这类可转化为商品、产品的成果在中医科技成果中却占比较少。事实上，目前我国的科技评价导向不够合理，科研成果的评价体系既不能很好地满足中医药成果转化的特殊性，也不利于促进中医药科研成果转化率的提高；一些科技资源配置过度行政化，分散、重复、封闭、低效等问题突出，科研项目及经费管理不尽合理，研发和成果转移转化效率不高；科研诚信和创新文化建设薄弱，科技人员的积极性创造性还没有得到充分发挥等。这些问题已成为制约中医药科技创新的重要因素。

二、 中医药科技管理的目的与意义

1. 中医药科技管理的目的

通过管理，让科技真正成为第一生产力。只有依靠管理，才能使生产力诸要素更有效地组成一个整体，从而使科技最大限度地发挥作用。管理与科学技术及生产力的关系，可以表述为如下模型：

---

① 张勤芬：《公共财政促进科技创新的作用与政策研究》，上海社会科学院博士学位论文，2009 年。
② 米诗：《试论我国知识产权保护的问题与对策》，《沿海企业与科技》，2008 年第 2 期。

生产力 = 管理 f [科学技术 × （劳动力 + 劳动工具 + 劳动对象）]

该模型表明，生产力的整体效应等于科学技术与生产力诸要素乘积的管理函数。科技管理的目的既体现在人才选拔、资源配置等生产力问题的解决方案上，也体现在体制机制建构、生产活动调节等生产关系问题的解决方案中，可见管理的根本性目的就是要使生产关系与生产力相适应，上层建筑与经济基础相适应，通过改革与"科技是第一生产力"这一观念不相适应的观念、体制机制，释放科技的巨大能量。中医药全行业涉及工业、农业、临床、商业流通等多个生产领域和科学技术多学科，必须依靠规划、控制与指挥等管理过程才能实现中医药事业的协调发展。

中医药科技作为我国具有原创优势的科技资源，也是具有增长潜力的经济资源，对中医药科技的管理能够直接影响到科技创新能力的发挥。中医药科技管理的目的在于，通过科技政策和管理措施，确保中医药传承与创新研究的正确方向，提高中医药科技资源的合理配置，调动中医药科研人员创新的积极性，促进中医药科研质量、效率和水平的提高，加快科技成果的转化，为中医临床、中药工业和农业的发展提供强大的推动力，为全人类健康谋福利。

2. 中医药科技管理的意义

科技管理可以促进科技创新。在 2018 年全国科技创新大会上，吹响了迈向科技创新型国家、建设世界科技强国的集结号。中医药科技创新是贯彻落实创新驱动发展国家战略，提高中医药科技能力的必然要求，是建设健康中国，提升科技对人民群众健康保障能力与事业产业发展驱动作用的重要举措。科技管理是提升科技创新效率的必要条件，发展科技不仅需要资金与人才，更需要实施有效的管理，科技管理是科技成果转化为现实生产力的保障。目前我国中医药科技创新还面临着科技创新主体单一，动力不足；科研创新平台分散，协同不够；科技创新投入不足，课题分散重复；科技创新导向偏离，目标不清等许多问题。为了将中医药科技资源优势的潜力和活力激发出来，转化为知识优势、技术优势和产业优势，就必须加快设定中医药科研评价标准和评价方法，加快科技奖励制度等医药科技管理体制机制改革，促进中医药科技创新的效能。有效的科技管理可以使中医药的研发成果从实验室到技术转化再到市场产品的周期缩短，科技成果转化率提高，对于推动中医药科技创新具有积极意义。

科技创新是引领企业发展的第一动力。科技是国家赖之以强、企业赖之以赢的利器，对企业发展起着支撑作用与提升作用。科技管理是企业职能管理的重要方面，直接影响着企业的自主创新能力与产业化水平，对于企业的长期可持续发展具有举足轻重的作用。只有提升科技管理能力和水平，加强企业科技创新能力，保持科技这一核心竞争力，企业才能立足于行业的领先地位。科学技术进步决定了社会生产力水平，而先进科学技术的有效推广和运用又离不开健全的管理机制，在当代社会，先进的科学技术和完善的管理机制犹如社会发展的"两个车轮"，缺一不可，中医药科技的高速发展和完善必将需要一套科学的管理机制。

科技管理有助于促进科学技术的融合和一体化。科学发展史证明，基础科学的研究可以促进新技术的迅速发展，而新技术的发展又向科学提出了深入发展的需求，科学研究与技术开发相辅相成，相互促进。虽然中医药学发展的历史长河中，中医学理论与临床技术，以及中药技术彼此渗透、相互融合，但在现代医学迅速发展的今天，中医药学面临创新性转化和创新发展的巨大挑战，中医药学需要广泛吸收自然科学、人文社会科学和多种高新技术来丰富和发展自己，尤其是中药工业和农业的发展在从传统的生产方式转型升级为现代化生产方式的过程中更需要科技管理的整合功能。以青蒿素的研发为例，从青蒿素历史文献研究中受到的启发，到青蒿素的发现和提炼；从青蒿素抗疟临床效果的验证，到完成各类药理、毒理实验；从新药申报到最后形成上市的产品；从青蒿种植到青蒿素药片的批量生产；从中国新药到申请国际专利，再通过"以医带药"的国际营销方式推广到非洲诸国，最后说服千千万万患者全民服药，实现一国的快速灭疟，这样一个从基础科学研究到新药开发和临床应用的转化，没有系统的科技管理是无法想象的。《"十三五"中医药科技创新专项规划》指出："通过科技创新发掘中医药科学内涵，推动中医药的传承与创新，是实现中医药事业振兴发展的重大战略方向。"

科技管理有助于合理配置公共科技资源，发挥政府科技战略、科技政策、科技计划和财政投入在科技活动中的作用，减少资源的浪费，提高资源利用的效率和效益。

科技管理重视中医药科研人员在工作中的主体地位，强调科技工作者的主观能动性，充分挖掘科技人员的潜能，重视激励科技工作者的工作热情、事业心、成就感，科技管理有助于调动科研人员的积极性和创造性。例如科技项目评估制度、科研激励制度、科技成果转化制度、知识产权保护制度有助于激发科研人员工作的积极性和创造性，而完善的项目评审、立项、验收评估等科技管理制度有助于科技道德的养成，增强组织凝聚力和团队意识。

三、 中医药科技管理政策的发展

新中国成立以来，国家先后制定了一系列有关扶持和促进中医药发展的规划和相关的政策，推动了中医药科学研究的发展及中医药科技成果的推广与应用。

1. 1978 年之前的中医药科技管理

1950 年 8 月，第一届全国卫生大会总结报告首次提出了中医药研究和管理的问题，报告指出"在中西医合作的路程中，有两项重要问题必须解决，第一是中医进修，第二是西医研究中医的经验，研究中药的药理"。1954 年 11 月，中共中央批转了中央文委党组关于改进中医工作问题的报告，决定成立中医研究院，作为独立的国家级中医药研究机构。1956 年，在我国第一个科学技术战略性规划《1956—1967 年科学技术发展远景规划纲要》提出的 57 项全国性、综合型、长远性科学技术任务中，确定了"掌握和发展中医的理论和经验"为医药卫生的 5 项任务之一。1956 年全国第一批高等中医药院校南京中医学院、成都中医学院、上海中医学院、北京中医学院、广州中医学院成立，这不仅使得中医药的教育由口传心授的师徒传承方式进入了规模化、规范化的院校教育的新的历史阶段，也为建立一支高水平的中医药科学研究的专业队伍奠定了基础。1962 年 10 月，中央同意卫生部党组《关于改进祖国医学遗产的研究和继承工作的意见》，第一次比较系统地提出了中医药研究的政策。随着 1962 年我国第一个科技发展纲要的提前完成，国家开始编制新的科技发展长期规划。1963 年 12 月，中央和国务院批准了新的十年科学技术发展规划《1963—1972 年科学技术发展规划》，提出了在未来的十年中医科学研究的重点是要"在总结中医的临床经验和对中医、针灸的研究工作中做出贡献"，并提出要"用现代科学来整理研究我国丰富的医药遗产方面，形成比较完整的更有效的方法"。1976 年 6 月与 1977 年 9 月卫生部分别发布了《关于加强中西医结合工作的报告》与《关于全国中西医结合工作十年发展规划报告》，这两个报告中都强调了要"加强中西医结合科学研究工作"。在此期间，尽管上述政府文件、规划中提出了关于发展中医药科学研究的政策和发展目标，但由于特定的历史环境与条件等多方面的原因，我国中医药科学研究事业的发展仍然非常缓慢，标志性的研究成果仍然不多，中医药科技的管理也很不规范。

2. 1978—1990 年的中医药科技管理

1978 年 3 月召开的全国科学大会，对推动中医药科技工作意义重大，大会上通过的《1978—1985 年全国科学技术发展规划纲要》是我国发展科技的第三个长远规划。在这个规划中，"中西医结合研究针麻原理"成为医药和环境保护领域的 7 项重点科学技术研究项目之一。1982 年国家科委将这一规划的主要内容调整为"六五"科技攻关计划，"病毒性肝炎、癌症的防治及新型中西药物开发"被列入攻关项目。1983 年 1 月国务院科技领导小组在北京召开了全国编制科技长远规划动员会议，于 1984 年 10 月完成了"七五"科技发展计划和国家第四个科学技术长远发展规划《1986—2000 年科学技术发展规划》，在这部规划中，中药工业作为中国医药行业的重要组成部分第一次被特别强调。1986 年国家中医管理局设立（1988 年，设立国家中医药管理局）后，中医药科技管理得到较大的发展。1987 年，天津市天津医院的"综合治疗跟骨骨折的跟骨固定靴和弹性踏轮"和山东中医学院的"贲门癌的吞水音图诊断"成为获得首批国家发明奖的研究成果；"张镜人老中医对慢性胃炎治疗经验的临床研究"等 4 个中医药项目获得了国家级科技进步奖；"参附青对邪毒内陷所致厥脱症的临床与实验研究"等 25 个项目获得当年国家中医管理局重大科学技术成果奖。1987—1989 年期间，共颁发国家级中医药科技成果奖 6 项。

3. "八五""九五"期间的中医药科技管理

根据《1986—2000 年国家中长期科学技术发展纲领》，1991 年 3 月国家科委组织编制了我国第五个国家科技规划《中华人民共和国科学技术发展十年规划和"八五"计划纲要（1991—2000）》。在这个规划中提出了 20 世纪 90 年代科技的重点任务，明确指出卫生领域的任务是"加强重大疾病的中西医防治研究，加强中医中药、中医临床以及新型药物和新型器械研究"。1991 年国家中医药管理局发布的《关于依靠科学技术进步振兴中医药事业的意见》与《中医事业"八五"计划及十年规划设想》是配合《中华人民共和国科学技术发展十年规划和"八五"计划纲要（1991—2000）》的中医药科技发展的纲领性文件，随着文件的出台和实施，中医药科技管理工作得到进一步重视并得以快速发展。在《中华人民共和国国民经济和社会发展十年规划和第八个五年计划纲要》中，又将"中西医并重"列为我国卫生工作的基本方针之一。1992 年 10 月，国务院发布了《中药品种保护条例》，为中药产业发展提供了政策扶持。

"九五"期间，中医药现代化发展逐渐提上日程。1996 年 7 月，国家科委、国家中医药管理局组织开展了"中药现代化发展战略研究"，由此拉开了中药现代化发展的帷幕。同年，江泽民在出席全国卫生工作会议时发表重要讲话，在论述建设有中国特色的社会主义卫生事业时，他不仅高度肯定了中医药的历史地位，而且清晰表达了在把建设中国特色社会主义事业全面推向21 世纪的新时期，党和国家发展中医药事业的基本思路："要正确处理继承和创新的关系，既要认真继承中医药的特色和优势，又要勇于创新，积极利用现代科学技术，促进中医药理论和实践的发展，实现中医药现代化，更好地保护和增进人民健康。中西医工作者要加强团结、相互学习、相互补充，促进中西医结合。"① 1997 年，《中共中央、国务院关于卫生改革和发展的决定》中就中医药事业继承和创新的关系特别强调："正确处理继承与创新的关系，既要认真继承中医药的特色和优势，又要勇于创新，积极利用现代科学技术，促进中医药理论和实践的发展，实现中医药现代化。坚持'双百'方针，繁荣中医药学术。"1999 年，国家科技部等部委确立了"中药现代化"战略目标，选择"中药科技产业"为切入点，在上海成立了中药创新中心，并拟定把香港发展成为国际中医药中心，让中医药通过上海和香港更好、更快地走出国门，全面推动我国中医药产业的发展。

4."十五"以来的中医药科技管理

随着国家对中医药科技的重视度不断提高，中医药科技经费投入增加，中医药科技活动的规模也越来越大，中医药科技管理也更加活跃和规范系统。按政策的主题内容，我们将政府出台的关于中医药科技管理的政策文件回溯分类如下：

（1）关于促进中医药成果转化的相关政策。

2001 年 5 月，国家计委和科技部联合发布了《国民经济和社会发展第十个五年计划科技教育发展专项规划（科技发展规划）》（计规划〔2001〕709 号），即"十五"科技发展规划，将"重点实施中药现代化"作为中医药科技发展的主题。并且出台了一系列促进中医药科研成果转化的法规和政策文件，如《中华人民共和国中医药条例》《中医药创新发展规划纲要（2006—2020 年）》《国家中医药管理局重大科技开发项目管理办法（暂行）》《国家中医药管理局中医药科学技术研究基金管理办法》等。2007 年出台的《中医药创新发展规划纲要（2006—2020 年）》（国科发社字〔2007〕77 号）在科技管理政策扶持方面提出："制定若干鼓励中医药发展的政策法规，推动适合中医药特点的标准规范的建立与完善，加强中医药知识产权和资源的保护与利用；建立成果、信息管理和推广、共享机制。"《国家中医药管理局重大科技开发项目管理办法（暂行）》（国中医药发〔2005〕81 号）中规定，重大科技开发项目所涉及的成果所有权、使用权、转让权、专利实施权，以及成果与效益的分配权由各方在项目执行合同和立项合同中根据有关法律法规约定。《国家中医药管理局中医药科学技术研究基金管理办法》涉及成果转化管理方面规定：受资助者在进行科研工作报告、发表论文、申报奖励时需注明"国家中医药管理局科学研究基金资助"字样。2009 年，中共中央、国务院《关于深化医药卫生体制改革的意见》指出，要充分发挥包括民族医药在内的中医药在疾病预防控制、应对突发公共卫生事件、医疗服务中的作用。加强

---

① 《江泽民文选》第一卷，北京：人民出版社，2006 年，第 602 页。

中医临床研究基地和中医院建设，组织开展中医药防治疑难疾病的联合攻关，在医疗卫生机构中大力推广中医药适宜技术。创造良好的政策环境，扶持中医药发展，促进中医药继承和创新。新医改方案为中医药科学研究工作带来的新的机遇与挑战，为中医药科技成果的研发、创新、转化提供了良好的契机。2013年国家中医药管理局印发的《中医预防保健（治未病）服务科技创新纲要（2013—2020年）》（国中医药科技发〔2013〕12号）对中医预防保健（治未病）服务科技成果应用研究提出四点指导性意见：①集约化服务形式研究。针对不同健康状态的人群，系统集成、综合应用中医预防保健（治未病）服务技术方法研究成果，紧密连接服务业态和服务模式，探索包含各服务要素的干预方案，形成服务包，以集约化服务形式开展科技成果的应用示范，带动和引领科技成果在中医预防保健（治未病）不同服务领域的应用。②服务标准研制与推广。基于中医预防保健（治未病）理论和实践经验的总结，结合现代服务业规范化特点，示范性研制中医预防保健（治未病）服务标准。通过示范性推广应用，持续改进。③服务效果评价方法研究。根据中医预防保健（治未病）自身特点，借鉴当代方法学的研究成果和技术手段，通过应用示范，围绕技术效果和卫生经济学等指标，建立科学评价中医预防保健（治未病）服务效果的手段和方法。④主要领域应用示范研究。发挥中医药特色和优势，在公共卫生服务中开展有关中医预防保健（治未病）服务项目的研究，优先在慢性非传染性疾病防控、健康保险服务、优质服务、特殊人群服务等领域进行技术集成和集约化服务的应用研究，建立应用示范基地，探索适宜不同领域和人群使用的中医预防保健（治未病）服务的内容和形式；对样本人群进行服务效果和卫生经济学评价，为相关管理部门制定中医预防保健（治未病）政策制定提供科学依据。2015年，国家中医药管理局科技司对"中医药名词术语成果转化与规范推广"专题课题进行立项，旨在建立中医药名词术语成果转化、推广方法，进而为大规模开展中医药名词术语成果的转化和推广奠定工作基础。2018年，为了加强中医医疗器械科技创新，提升中医医疗器械产业创新能力，更好地满足中医医疗服务需要与人民群众健康需求，国家中医药管理局、科技部、工业和信息化部、国家卫生健康委员会印发了《关于加强中医医疗器械科技创新的指导意见》。该意见对中医药医疗器械的成果应用研究提出了发展目标：到2030年，中医医疗器械共性关键技术和核心部件的研发取得突破，研发并转化应用一批适应临床需要与市场需求的精细化、集成化、数字化、智能化产品；加强与微电子技术、信息科技、材料技术、新一代制造技术、传感技术和生物技术等现代科技相融合，中医医疗器械性能、质量与科技含量显著提升；进一步加强中医医疗器械科技创新平台体系建设，中医医疗器械标准体系基本完善，培养一批既懂中医又掌握现代科学技术的多学科交叉的研发人才与创新团队；中医医疗器械生产企业的创新作用和能力显著增强，提高产业竞争力与产业化水平。"

（2）关于中医药知识产权保护的政策法规。

"十五"期间，我国出台了多项知识产权保护的法规政策，如《中华人民共和国专利法》《中华人民共和国商标法》《中华人民共和国药品管理法》等，不仅扩大了中医药的知识产权保护范围，而且通过行政等途径加速了中医药知识产权法制化、规范化的管理进程。《中医药科学研究发展纲要（2006—2020年）》提到，要健全科技项目知识产权管理制度，激励和保护科研人员的创造性。加强中医药知识产权保护和利用，加深对中医药传统知识保护的认识，不断丰富保护手段，提高知识产权保护水平。

国家中医药"十一五"规划将中医药知识产权保护项目作为重点项目之一，对如何加强中医药知识产权的保护与利用提出了系列任务，包括强化中医药知识产权保护与利用的意识，开展相关研究，为中医药知识产权保护和合理利用提供科学依据；明晰中医药知识产权的权利归属，规范中医药的开发和利用行为，促进中医药的可持续发展；研究中医药传统知识保护相关法理，提供中医药知识产权保护和利用的法规和政策建议；促进和丰富我国知识产权制度的理论建设，为我国参与国际有关传统医药知识保护谈判提供依据。

国家中医药"十二五"规划中又对切实加强中医药知识产权保护和利用工作提出了进一步的具体要求：完善中医药专利审查标准和中药品种保护制度，研究制定中医药传统知识保护名录，明确中医药传统知识权利主体，逐步建立有利于中医药传统知识保护、使用、管理和传承的专门保护制度；加强中药道地药材原产地保护工作，将道地药材优势转化为知识产权优势。国务院发布的《2018年深入实施国家知识产权战略，加快建设知识产权强国推进计划》中明确指出，推动做好中医药传统知识保护数据库、保护名录、保护制度建设工作，加强古代经典名方类中药制剂知识产权保护，推动中药产业知识产权联盟建设。

（3）关于中医药创新研究与平台建设的政策。

《中医药科学研究发展纲要（2006—2020年）》中要求，以中医药学术发展为重点，在实践中进一步加强中医药继承与创新，阐明相关理论的科学内涵，促进中医药理论和实践的创新与发展，不断丰富和完善中医药理论。纲要第一次将中医药基础理论研究作为发展中医药的优先领域，并且提出要分别在中医药理论体系研究、临床基础理论研究、中药基础理论研究、医学发展模式研究等领域开展深入的理论研究。国家中医药事业发展"十二五"规划中将中医原创思维、中药方剂基础、针灸经络基础研究列为重点任务。

　　加强中医药各领域研究平台建设，是促进中医药各学科、各领域协同发展，开放共享资源的必然之举。为此，《中医药创新发展规划纲要（2006—2020 年)》中要求，根据认识中医药科学内涵以及探索未来医学发展模式的需要，针对人体具有整体、动态、开放和非线性等复杂系统的特点，整合资源，结合国家科技基础条件平台建设，研究建立中医药科技创新平台及其运行机制，通过重点研究室（实验室）、临床研究中心和产业化基地建设，以及中医药基础数据库和国际化信息库的建设，促进适应中医药现代化和国际化发展需求的创新体系的建立，提高科技支撑能力。《中医药科学研究发展纲要（2006—2020 年)》中要求，建立临床研究基地，规范实验室管理，推动重点研究室、工程研究中心和中医药科技信息平台建设；完善科技档案管理，参与国家数据共享平台建设，提高中医药研究能力。《中医预防保健（治未病）服务科技创新纲要（2013—2020 年)》中也要求，根据各自基础和优势方向，以机制创新为切入点，建设一批支撑中医预防保健（治未病）服务科技创新发展基地，形成高水平、开放的临床研究平台、信息共享平台、成果转化推广平台、人才培养平台等支撑体系，促进中医预防保健（治未病）服务科技资源的共建共享。

　　中药创新是我国中医药适应时代要求，打入国际医药市场的重要基础。《医药科学技术政策（2002—2010 年)》指出，要大力加强中药创新研究，加速中药现代化，并提出了七个研究重点：第一，重视中药资源的可持续发展。第二，加强中药化学成分、活性成分、有效成分的基础研究；重视源头创新，开展中药生物活性评价与临床疗效评价以及安全性评价的研究，建立高效、微量、快速的组分药药效筛选系统。第三，加强组方合理、疗效突出、特色明显的中药复方研究，促进新剂型工艺在复方中药研究中的应用，强化中药临床研究的监督审查，切实减少中药研制中的低水平重复。第四，重视中药提取、分离技术的自动化、智能化及相关仪器设备的研制开发；重视制药新技术的引进和自主创新，为中药现代化提供技术支撑。第五，加强中药质量标准、质量控制技术研究，建立和完善符合中药自身特点的中药（中药材、中药饮片、中药提取物、中成药等）质量标准与质量控制体系。第六，充分发挥中医药特色和优势，积极研究开发针对亚健康状态、重大疾病、老年疾病、慢性疾病、难治疾病等的保健、预防和治疗的现代中药。第七，充分利用信息技术，构建传统中医药信息创新平台，加强中医药系统挖掘，实现中医药技术的跨越发展。

　　《中医药发展战略规划纲要（2016—2030 年)》（国发〔2016〕15 号）中提出了着力推进中医药创新的三个重点任务。第一，健全中医药协同创新体系。健全以国家和省级中医药科研机构为核心，以高等院校、医疗机构和企业为主体，以中医科学研究基地（平台）为支撑，多学科、跨部门共同参与的中医药协同创新体制机制，完善中医药领域科技布局。统筹利用相关科技计划（专项、基金等），支持中医药相关科技创新工作，促进中医药科技创新能力提升，加快形成自主知识产权，促进创新成果的知识产权化、商品化和产业化。第二，加强中医药科学研究。运用现代科学技术和传统中医药研究方法，深化中医基础理论、辨证论治方法研究，开展经穴特异性及针灸治疗机理、中药药性理论、方剂配伍理论、中药复方药效物质基础和作用机理等研究，建立概念明确、结构合理的理论框架体系。加强对重大疑难疾病、重大传染病防治的联合攻关和对常见病、多发病、慢性病的中医药防治研究，形成一批防治重大疾病和治未病的重大产品和技术成果。综合运用现代科技手段，开发一批基于中医理论的诊疗仪器与设备。探索适合中药特点的新药开发新模式，推动重大新药创制。鼓励基于经典名方、医疗机构中药制剂等的中药新药研发。针对疾病新的药物靶标，在中药资源中寻找新的候选药物。第三，完善中医药科研评价体系。建立和完善符合中医药特点的科研评价标准和体系，研究完善有利于中医药创新的激励政策。通过同行评议和引进第三方评估，提高项目管理效率和研究水平。不断提高中医药科研成果转化效率。开展中医临床疗效评价与转化应用研究，建立符合中医药特点的疗效评价体系。按照《中医药健康服务发展规划（2015—2020 年)》《"健康中国2030"规划纲要》和《中医药"一带一路"发展规划（2016—2020 年)》等有关文件要求，为促进中医药健康服务领域科技创新，以科技创新推动中医药健康服务能力与水平提升，国家中医药管理局、科技部印发了《关于加强中医药健康服务科技创新的指导意见》（国中医药科技发〔2018〕10 号），提出要加强中医药健康服务理论与技术方法的研究，深化中医药健康服务相关理论研究，推进中医治未病科技创新，强化中医药防治疾病临床研究，加强中医药康复技术方法研究等。

中药研究也是中医药科技研究与创新的主要组成部分，《全国道地药材生产基地建设规划（2018—2025 年)》明确了中医药材发展应坚持创新驱动、质量优先的基本原则。要求把握继承与创新的关系，坚持中医的临床思维，推进中医药理论与实践的发展；加强中药材基础研究，应用基因组学、分子生物学等现代育种技术，加快道地药材育种创新，培育一批抗逆性强、品质优良、质量稳定的道地药材品种，推动建立体现质量第一、效益优先导向的市场定价标准，在创新中形成新特色、新优势。规划重点任务第一条指出：提升道地药材生产科技水平，深入开展道地药材野生资源保护、优良品种选育、生态种植等基础研究，保障野生资源永续利用和药材的优质生产。推进育种创新，保护利用道地药材种质资源，组织科研单位与企业开展联合攻关，推进特色品种提纯复壮，加快选育一批道地性强、药效明显、质量稳定的新品种。规划还指出，要推进集成创新，促进农机农艺融合，集成组装适宜不同区域、不同品种的道地药材绿色高质高效技术模式，加快推广应用，示范带动更大范围节本增效、提质增效。

（4）关于中医药科技财政投入的政策。

资金投入是推进中医药科技创新的必要条件。《国家中医药管理局科技项目管理暂行办法》中规定，科技项目经费由国家中医药管理局科技专项经费、地方和承担单位筹措等多渠道构成，鼓励引导社会资金投入，科技项目具体经费可根据各相关方面的约定落实。科技部、卫生部、国家中医药管理局等十六个部门联合制定的《中医药创新发展规划纲要（2006—2020年）》在"政策措施"中要求加大投入，集成国家相关计划支持中医药创新发展，形成项目联动机制。国家和地方加大中医药科技经费投入，协调用好农业、林业、生态、扶贫、外贸、产业发展等有关项目资金，同时引导企业增加研究开发的投入，积极吸引社会投资和国际合作资金，形成支持中医药创新发展的多元化、多渠道的投入体系。《国务院关于改进加强中央财政科研项目和资金管理的若干意见》（国发〔2014〕11号）对科研项目的经费管理作出了具体规定：项目主管部门要合理控制项目和预算评估评审时间，加强项目立项和预算下达的衔接，及时批复项目和预算。相关部门和单位要按照财政国库管理制度相关规定，结合项目实施和资金使用进度，及时合规办理资金支付。实行部门预算批复前项目资金预拨制度，保证科研任务顺利实施。对于有明确目标的重大项目，按照关键节点任务完成情况进行拨款。国家中医药管理局也颁布了《国家中医药管理局中医药科学技术研究基金管理办法》和《项目管理办法》。

（5）关于中医药科技人才培养的政策。

《医药卫生中长期人才发展规划（2011—2020年）》（卫人发〔2011〕15号）"重大工程"中的第四项要求重点发展中医药传承与创新人才工程。2013年国家中医药管理局出台的《中医预防保健（治未病）服务科技创新纲要（2013—2020年）》提出，要结合承担课题研究工作，建设一支多学科、专业化的高水平科研骨干队伍，尤其注重具有科学研究与企业管理双重知识结构复合型人才的培养，使之成为中医预防保健（治未病）服务科学研究、成果转化和产业化的骨干力量。《2015年中华人民共和国促进科技成果转化法修正案（草案）》第二十八条指出，国家支持企业与研究开发机构、高等院校、职业院校及培训机构联合建立学生实习实践培训基地和研究生科研实践工作机构，共同培养专业技术人才和高技能人才。[①]《中医药传承与创新"百千万"人才工程（岐黄工程）——国家中医药领军人才支持计划》（国中医药人教发〔2018〕12号）提出，中医药人才培养应坚持需求导向，围绕中医药事业和健康服务业发展需求，将中医药领军人才培养与中医药重点发展需求紧密结合，引导中医药领军人才在推进中医药发展中锻炼成长；应坚持机制创新，创新和完善高层次中医药人才发现、培养、使用、评价和激励等机制，推动中医药人才工作体制机制创新，营造有利于人才发展的良好环境；应坚持统筹协调，树立全局意识，支持中医药领军人才的研究方向兼顾中医药各个领域的发展需求和重点问题，推进中医药事业全面、协调、持续发展。

（6）关于中医药国际合作的政策。

中医药进入国际主流市场，以我为主开展国际传统医药科技合作和交流，促进国际社会对中医药的理解和以中医药为代表的传统医药的推广应用是我国中医药事业坚持不懈努力的发展方向。我国促进中医药发展的各项政策也体现了中医药打入国际市场的决心。2006年7月，科技部会同卫生部、国家中医药管理局发布了《中医药国际科技合作规划纲要》，正式启动"中医药国际科技合作计划"。该计划旨在通过在世界范围内构筑中医药国际科技合作平台，整合全球科技资源加快推进中医药现代化进程，同时，该计划也是第一个由中国政府倡议制订的国际大科学工程研究计划。计划的优先领域和主要任务为研发并促进开发符合国际市场需求的现代化中药产品，研究中医药国际标准与规范，中医药国际科技合作平台建设，中医药知识的传播，培养国际科技合作人才。《中医药创新发展规划纲要（2006—2020年)》的"优先领域"中提到，重点开展中医药防治重大疑难疾病的国际联合临床研究，中医药（含针灸）疗效与安全性评价、中药质量控制技术及标准、复方药物的药效物质基础及其药代动力学特征、中医药名词术语译释规范研究，国际传统医药政策的合作研究等，促进国际社会对中医药的理解，争取在中医药进入国际主流市场方面取得突破。建立中医药国际科技合作平台和合作网络，加强与世界不同传统医药和现代医药间的交流与合作。利用全球科技资源，通过中医药合作项目的示范研究，加速中医药学术、临床和产业国际化发展关键问题的解决，促进中医药医疗保健康复模式的国际传播和应用。

《中医药"一带一路"发展规划（2016—2020年)》（国中医药国际发〔2016〕44号）要求：第一，资源互通，与沿线国家共享中医药服务。支持各类优秀中医药机构与沿线国家合作建设中医药中心，结合不同国家的常见病、多发病、慢性病以及重大疑难疾病，面向沿线民众提供中医医疗和养生

---

① 《2015年中华人民共和国促进科技成果转化法修正案（草案)》第二十八条。

保健服务，推动中医药理论、服务、文化融入沿线国家卫生体系。以医带药，针对不同国家的药品规管制度，推动成熟的中药产品以药品、保健品、功能食品等多种方式在沿线国家进行注册，形成知名品牌，扩大中药产品在国际市场所占份额。第二，民心相通，加强与沿线国家人文交流。以中医药为载体传播中华传统文化，促进中医药文化在沿线国家传播与推广；优化中医药对外教育结构、提高教育质量，鼓励中医药高等院校、社会团体等机构与沿线著名大学合作；面向沿线国家开展中医药学历教育、短期培训和进修，提高沿线中医药从业人员的素质和水平。第三，科技联通，推动中医药传承创新。支持中医医疗机构、科研院所、高等院校和中药企业与沿线一流机构开展科技合作，建立协同创新机制和合作平台，运用现代科学技术和中医药传统研究方法，开展多领域、跨学科联合攻关，加强中医药领域国际科技合作，并转化为产品、技术和服务。遵照国际标准制定规则，充分借助世界卫生组织和国际标准化组织等平台，研究制定符合中医药特点的疾病诊断、治疗方法、疗效评价、质量控制等国际标准和规范，在沿线国家推广应用。

第二节

中医药科技管理的基本要素

中医药科技管理是针对中医药的基础研究、临床研究、技术开发、产品开发、技术改造、技术合作、技术转让以及技术保护等进行计划、组织、领导和控制的管理活动的总称。中医药科技管理的基本要素大致可分为科技规划、科技经费投入、科技人才、科研课题、科研实验室、科技成果转化、知识产权保护、科技安全、科技服务和科技体制机制等。

一、 科技规划

中医药科技规划是指为实现一定的科技发展目标而制订的全局性的战略

性计划，主要包括发展方向、规划目标、保障措施等内容，是中医药科技发展方针政策的客观表现和具体化，能够指导和规范中医药科技工作纵向发展和横向联系的活动空间。根据规划的时间长短，可以分为长期规划、中期规划和短期规划三类；根据规划覆盖范围的大小，可以分为国家、地区、行业和专业领域规划等不同类型。科技规划是决定一定时期内中医药科技工作的战略主攻方向、目标任务，以及实现的路径和方法的总纲，是对前沿创新型技术、人才等各项要素的统筹布局。简单来说，科技规划主要解决做什么、怎么做、和谁来做这些大局问题。制订科技规划之前需要根据规划的目的与类型做好相关领域的形势背景、存在的问题、现实需求、发展趋势、机遇与挑战等环境因素的调查和 SWOT 分析。一个好的科技规划，包括对目标与任务清晰而具体的描述、明确的完成任务的主体和时间、投入和产出的预测以及有力的保障政策与措施等。

二、 科技经费投入

广义上，科技经费投入包括研究人员工资、原材料费、设备及折旧费、设计费、工艺规程制定费、实验费、技术图书资料费、委托其他单位进行高新技术及产品研制费以及与高新技术及产品研究开发有关的其他费用等。狭义上，科技经费投入主要指对科研项目的专项投入。相比于传统的科研，现代中医药科技创新研究需要大量的现代专用仪器设备，因此，科技经费投入是推动中医药创新发展的必要条件。一般来说，作为一个研究机构、团队和个人，科研经费投入的大小都与成果产出量和质量成正相关。

我国的中医药科技创新主体包括中医药高等院校、科研院所、中医药企业等，科技经费的投入一般有国家或地方政府投入、企业投入、其他组织和个人投入、基金和众筹等多种方式。据国家统计局、科学技术部、财政部发布的《全国科技经费投入统计公报》，我国科技经费投入力度加大，研究与试验发展（R&D）经费投入、国家财政科技支出均实现较快增长，研究与试验发展（R&D）经费投入强度稳步提高，总量保持在世界第二位，与位列首位的美国的差距正逐步缩小。随着企业创新能力的不断增强，2018 年我国企业研发投入占全社会研发投入比重超过 70%。2017 年我国 13.6 万家高新技术企业的研发投入达到了 9 000 亿元，占全国企业研发经费投入的 68%。

科技经费的管理内容主要有：①课题或项目经费开支范围的控制，落实财政科学化精细化管理要求。②强化预算编制和评估评审要求，按照政策相符性、目标相关性和经济合理性的原则，科学、合理、真实地编制课题经费预算。③加强资金拨付和结存结余经费的管理。④加强经费使用全程的监督检查，对课题经费通过专项审计、中期财务检查、财务验收、绩效评价等多种方式实施监督检查，建立健全信用管理机制和积极推进信息公开制度等。

三、　科技人才

"人力资源是当今时代第一资源"日益为人们所认识，拥有杰出的人才是企业增强创新能力和保持可持续发展的最重要的条件，科学技术的竞争其实质是人才的竞争，中医药科技人才在振兴中医和发展中医药事业中肩负着重大的历史使命，加快培养高层次创新型中医药科技人才队伍已经成为中医药事业可持续发展的关键，如何吸引、聚集和培养中医药科技人才，对这些人才进行科学的管理，使他们充分发挥自身才能和作用，是中医药科技管理中需要重点解决的问题。

就中医药人才队伍建设而言，国家中医药管理局《关于加快中医药科技创新体系建设的若干意见》（国中医药科技发〔2016〕38号）指出："完善创新型人才引进、培养、评价和激励机制。制定积极的人才政策，大力引进高层次科技创新人才及其他学科领域前沿优秀人才。完善人才培养机制，实施重大人才计划，培育科技领军人才和多学科创新团队，加强中医药科研一线高层次专业技术人才和基础学科、弱势学科、先导学科人才培养，鼓励中医药高等院校与国内外综合性大学、企业联合培养科技创新人才。建立以知识价值、科研能力、创新成果和应用发展为导向的科技人才评价标准，弘扬奉献精神和团队精神。健全基于岗位职责和科技绩效评估的收入分配制度，完善科技成果转化激励机制，加大科研人员股权激励力度，促进研发人员创新劳动同其利益收入对接。鼓励中医药科技人员创业，健全科研人才双向流动机制。"

四、　科研课题

科研课题是国际上普遍采用的一种有效的研究与开发活动的组织形式，是指为解决某个相对独立而单一的问题而设立的科研实施方案，具有问题性和研究性两个属性。课题的管理是指运用计划、组织、协调、控制等管理职能来保障课题的完成，以期最合理、经济、有效地实现预期的研究目标。我国中医药课题管理制度的基本思想是按照公平竞争、择优支持的原则确立科学研究课题，并以课题为中心，以课题组为基本活动单位进行课题组织、管理和研究活动。在课题的日常管理中，科研管理部门主要应做好三大服务：一是为科学研究提供准确、及时、有效的科研信息，为科研管理和科技决策服务；二是组织好科研队伍参与社会竞争，争取科研课题，向社会输出科研成果，推动社会经济的发展；三是监督科研队伍高效优质地完成课题研究。科研管理部门应建立计划管理与经费管理、课题立项与课题预算之间既分工协作、又相互制约的监督管理机制，对课题任务完成情况、课题合同执行情况、课题经费使用等情况进行监督，并展开绩效考评工作等。目前中医药科研课题主要分为自然科学研究基金项目、国家中医药管理局科研项目、各省市级科研项目等几个层面，各级科研项目管理的基本制度大体相同或接近。

五、 科研实验室

实验室是科技人员进行科学研究和科研人才培养的重要基地，加强中医药实验研究，建立标准规范的中医药科研实验室，对于科研项目的质量、科研数据的可信性和可重复性具有非常重要的作用。我国对中医药科研实验室的规范化管理始于 20 世纪 90 年代。国家中医药管理局先后颁发了《中医药科研实验室分级登记管理办法（试行）》《中医药科研实验室管理规范》《中医药科研实验记录规定》《中医药科研实验室分级标准》等文件。其中，《中医药科研实验室分级标准》规定，中医药科研实验室应具备的基本条件是：①组织机构体系完善，有独立的机构建制，配备合格的实验室负责人和相应的专制技术人员。②有固定的工作场所和适宜的实验室环境条件，有独立的实验室区域，实验区与办公区严格分开，实验区的功能分布合理。③实验室仪器设备的种类、数量、精度应能满足实验工作需要，并达到较高的使用率。④建立相应的实验室管理制度并有效实施过程管理。⑤建立包括主要技术方法和实验项目单元的标准操作规程（SOP）并遵照执行。⑥正式科研实验应使用与研究工作需要相匹配的合格实验动物，建立与实验动物相匹配的环境条件。⑦技术资料档案有专人负责，保存完整。对达到基本条件的中医药科研实验室，根据实验环境、专业实验技术水平、仪器设备和管理能力，实行分级管理，由高到低分为三级、二级、一级。根据不同的建设标准，为各类中医药科学研究工作提供规范的技术平台，并作为承担不同级别中医药科研课题能力和评定成果奖励的依据。

六、 科技成果转化

科技成果是指在科学技术活动中通过复杂的智力劳动所得出的具有某种被公认的学术或经济价值的知识产品。科技成果按其研究性质分为基础研究成果、应用研究成果和发展工作成果三类。中医药的科技成果是指源于中医

药学（含中西医结合医学、民族医学）理论、技术或实践经验，利用中医药
或多学科方法，针对具体的研究对象进行科学技术研究活动，产生的具有实
用价值或学术价值的创造性结果。[①]《中华人民共和国促进科技成果转化法》
中的科技成果转化，是指为提高生产力水平而对科学研究与技术开发所产生
的具有实用价值的科技成果所进行的后续试验、开发、应用、推广直至形成
新技术、新工艺、新材料，发展新产业等活动。该法规定：科技成果转化活
动应当尊重市场规律，发挥企业的主体作用，遵循自愿、互利、公平、诚实
信用的原则，依照法律法规规定和合同约定，享有权益，承担风险。科技成
果转化活动中的知识产权受法律保护。

　　科技成果转化管理的工作要点是：①推动科技成果转化资金投入的多元
化。②为科技成果转化创造财政、投资、税收、人才、产业、金融等政策协
同的良好环境。③加强知识产权管理，并将科技成果转化和知识产权创造、
运用作为立项和验收的重要内容和依据。④建立、完善科技报告制度和科技
成果信息系统，向社会公布科技项目实施情况以及科技成果和相关知识产权
信息，提供科技成果信息查询、筛选等公益服务。⑤建立符合科技成果转化
工作特点的职称评定、岗位管理和考核评价制度，完善收入分配激励约束机
制。⑥企业和事业单位应当建立健全技术秘密保护制度，保护本单位的技术
秘密。近年来，虽然我国对科学技术研发的投入保持高增长，但科技成果转
化率仍然很低，我国国际科技论文数量虽位居世界前列，但科技成果转化率
仅为10%，中国科技尚未彻底走出"低效泥潭"。同样，我国中医药科技成
果转化率也是处于较低水平的，为了打破转化率低下的这一窘境，目前尤其
需要创新科技服务模式，延展创新服务链，培育一批能提供项目管理、研究
开发、技术转移、成果转化、检验检测、评估认证、创业孵化、知识产权等
领域专业化服务的中医药科技中介服务机构，充分发挥科技社团在推动中医
药科技创新与成果转化中的作用，加强各类中医药创新主体之间及其与市场
之间的联系，通过多种形式促进科技成果转化，提升中医药科技创新的贡
献率。

七、 知识产权保护

　　知识产权，也称知识所属权，根据我国法律规定，知识产权属于民事权
利，是基于创造性智力成果和工商业标记依法产生的权利的统称。知识产权

---

① 高凡珠、刘保延、李振吉等：《中医药科技成果概念及其分类评价与转化的研究》，《中医药
管理杂志》，2010年第12期。

的类型分为两类，即著作权（又称版权）和工业产权（包括专利权与商标权）。知识产权的权益主要包括人格权利与财产权利。知识产权具有以下几个特征：知识产权是一种智力的无形财产，具有独占性、专有性、时间性、地域性属性，知识产权的获得需要经过登记注册、申请评定等法定程序。知识产权虽然是私权，法律承认其具有排他的独占性，但智力成果亦具有高度的公共性，不宜为任何人长期独占，权利人负有一定的使用或实施的义务，法律也对知识产权规定了一定的期限，期满后则权利自动终止。知识产权保护为保障智力成果完成人的权益，调动科技人员研究的积极性和创造性，科技成果的转化、推广应用和传播提供了法律保障，也为国际经济技术贸易和文化艺术的交流提供了法律准则。

加强传统中医药知识产权保护，不仅符合我国的长远利益，而且有利于在世界范围内弘扬中华文化，提高文化竞争力。然而中医药的知识产权目前在国际市场上面临许多挑战，一方面是韩国已立法将"汉医学"更名为"韩医学"，将"汉药"改称"韩药"，中国作为中医药原创国的主体地位受到邻国"去中国化"的威胁，大量中医药被外国企业抢先申请专利；另一方面是中药复方和中草药难以通过西方的专利保护，中药只能以低附加值进行出口贸易，国内中医药企业技术创新质量低、数量少，专利意识淡薄。中医药知识产权保护的重点主要是：中药复方、道地中草药材、中草药新品种、中医院制剂、中医四诊方法、各种特色优势治疗方法、中药加工炮制工艺、中药栽培和养殖技术、饮片加工技术、制药工程技术、中医诊疗设备等。中医药企业只有积极采取有力措施加强知识产权的保护，才能真正保护中医药科技可持续地健康发展。

八、 科技安全

科技安全是指在一定的国内外社会环境条件下，国家或企业的科技系统及其相关利益受到外部威胁和科技发展自身所带来的某些负面影响的状况。就像食品安全和网络安全一样，中医药发展也遭遇过科技安全等相关问题，中药材熏硫、槟榔入药、重金属残留等问题也相继成为国内外关注的热点问题，那种认为"中药是天然的，绝对安全无毒，无不良反应"，或者认为中药"有病治病，无病防病"的片面认识所导致的中药滥用和过度治疗，导致药物不良反应，甚至引起中毒的现象并非少见。

中药毒性或安全问题成因复杂，其一，中药品种繁多，同名异物，同物异名和一药多基原等情况普遍存在，因此导致中药质量参差不齐，代用品或地方习用品有毒副作用难以甄别。其二，在中药材生产加工、贮存、销售等过程中，采收加工不当、炮制不规范、贮存条件不达标等环节也直接影响了中药材的质量和安全性。其三，剂量过大、疗程过长和给药途径不当等不合理用药，极易引发多种药物不良反应。其四，对造成中药不良反应的化学成分及其作用机制、有毒成分、毒性机制等方面的临床和实验研究不够深入或研究方案的合理性和精确性存在缺陷。

目前中医药科技安全性的管理应着重加强以下几个环节的管理：①应用指纹图谱等高新技术加强道地中药种源和中药种植地的安全性，避免农药等有毒物质对中药材质量的影响。②应用现代先进制药工程和加工工艺，严格质控，确保中成药的生产质量。③应用各类先进的科技手段，防范中药采收加工、炮制、存储和运输等过程中产生的安全性问题。④加强中药使用过程的临床用药指导和监督。⑤加强中药毒理的临床和实验研究，为临床用药安全性提供科学依据。

因为中医药科技能给国家、地区和企业带来巨大的经济利益，因此，中医药科技也存在着受到系统内外竞争对手的窃密等安全问题。据《21世纪经济报道》，中国癌症基金会北京鲜药中心主任、北京建生药业有限公司董事长兼总经理李建生，怀疑美国 FDA 正式批准诺华公司的一个据称具有划时代意义的抗癌新药 GLIVEC（中文译为格列卫），窃取了其呕心沥血二十余年研制的用于原发性肝癌血瘀郁结证治疗的金龙胶囊的活性成分，据说该项将损失20亿元人民币。[①] 由此可见，重视和加强中医药科技的安全管理十分必要。首先，安全的环境是实现投入、产出、再投入的良性循环的重要保障。完善的科技安全法规政策、科技安全保护机制、知识产权保护措施、适用的市场机制等是实现科技安全的必要条件。其次，科技安全管理是中医药科技从理论研究到成果转化过程中，执行中医药技术标准、科学的工作程序、健全的技术操作规程、产品的安全生产、产品质量监督和检测的重要内容。近十几年来，我国先后制定了有关维护中医药安全的法律法规，例如《中华人民共和国中医药条例》第二十四条规定："国家支持中医药的对外交流与合作，推进中医药的国际传播。重大中医药科研成果的推广、转让、对外交流，中外合作研究中医药技术，应当经省级以上人民政府负责中医药管理的部门批准，防止重大中医药资源流失。属于国家科学技术秘密的中医药科研成果，确需转让、对外交流的，应当符合有关保守国家秘密的法律、行政法规和部门规章的规定。"《国家中医药管理局重大科技开发项目管理办法（暂行）》中第七条规定："重大科技开发项目所涉及的成果所有权、使用权、转让权、专利实施权，以及成果与效益的分配权由各方在项目执行合同和立项合同中根据

---

① 梁子：《"金龙胶囊事件"的背后》，《医药世界》，2001 年第 7 期。

有关法律法规约定。"这些法律法规既是中医药领域科技安全管理的依据,也是加强科技安全的重要保障。

九、 科技服务

科技服务是指运用现代科技知识、现代技术和分析研究方法,以及经验、信息等要素向社会提供智力服务的新兴产业,主要包括科学研究、专业技术服务、技术推广、科技信息交流、科技培训、技术咨询、技术孵化、技术市场、知识产权服务、科技评估和科技鉴证等活动。科技服务业是现代服务业的重要组成部分,具有人才智力密集、科技含量高、产业附加值大、辐射带动作用强等特点。目前我国科技服务业存在着市场主体发育不健全、服务机构专业化程度不高、高端服务业态较少、缺乏知名品牌、发展环境不完善、复合型人才缺乏等问题。2014 年,国务院印发的《关于加快科技服务业发展的若干意见》指出,我国加快科技服务业管理的目标是:到 2020 年,基本形成覆盖科技创新全链条的科技服务体系,服务科技创新能力大幅增强,科技服务市场化水平和国际竞争力明显提升,培育一批拥有知名品牌的科技服务机构和龙头企业,涌现一批新型科技服务业态,形成一批科技服务产业集群,科技服务业产业规模达到 8 万亿元,成为促进科技经济结合的关键环节和经济提质增效升级的重要引擎。

中医药科技创新活动需要科技服务业的支撑。首先,是中医药科技人员对信息有着多元化的需求,建立起一个网络化、多层次、多功能的中医药科技服务体系,可以为中医药创新研发活动和成果转化提供基础性的支撑作用。其次,中医药科技创新必须面向社会、面向市场、面向世界才能获得发展的巨大动力,而科技服务业能够为此提供信息、咨询、市场调查、成果转化等多方面的支撑。21 世纪是知识经济的时代,面对科技领域瞬息万变的知识信息,企业应迅速及时地作出决策,保持科技竞争力。健全的中医药科技服务体系能够及时准确地将各种知识信息提供给中医药科技研究人员,避免科研工作中不必要的重复研究,合理分配科研资源,提高经费使用率,以帮助他们获取最大科研产出。

十、 科技体制机制

科技体制机制是指对科学技术的机构设置、科层结构、职责范围、权利义务关系的一整套的管理体系和制度的设置。我国科技体制机制进行过多次改革,1985 年中共中央发布《关于科学技术体制改革的决定》,全面启动了科技体制改革，以改革拨款制度、开拓技术市场为突破口，引导科技工作面向经济建设主战场。1995 年中共中央、国务院发布《关于加速科学技术进步的决定》，确立了"科教兴国"战略，提出"稳住一头，放开一片"的改革方针，开展了科研院所结构调整和实施知识创新工程的试点工作。1999 年中共中央、国务院发布了《关于加强技术创新，发展高科技，实现产业化的决定》，重点在于促进科研机构转制、提高企业和产业创新能力，加速科技成果产业化。《国家中长期科学和技术发展规划纲要（2006—2020 年）》进一步提出，支持鼓励企业成为技术创新主体，建立现代科研院所制度，推进科技管理体制改革，全面推进中国特色国家创新体系建设。

目前，基于我国中医药科技体制机制存在的问题，中医药科技体制机制改革的重点是：重新厘清和调整中药企业、高等中医药院校和研究院所、中医医疗机构等不同类型创新主体的战略定位与目标任务，明确主体的投入责任，以及本领域的重点研究方向。各类中医药企业是中医药产品和技术创新的主体，尤其要调动国企和规模企业在中医药产品与技术创新中的社会责任感和自觉性，主动发挥行业创新的领头羊作用。各级中医医疗机构是中医医疗技术与服务模式创新的主体，要充分发挥国家重点专科、国家中医临床基地、临床研究国家重点实验室、国家临床医学研究中心和国家中医药管理局重点研究室等各级核心团队的引领作用，中医药理论研究和知识创新则应以高等医学院校、中医药研究机构为主体，坚持自由探索与理论相结合，既要有目标导向的整体规划和发挥国家团队的引领作用，也要坚持理论研究和知识创新的多样性和自由性。

综上所述，基于中医药传承与发展的根本任务，中医药科技管理的所有要素都是围绕如何提高以下两种管理的效能：一是创新管理，即积极探索有利于促进中医药创新性转化与创新性发展的有效的管理组织方式，采取有效措施，营造良好环境及建立灵活的反应机制，使研究项目的创新性在复杂的智力系统中达到最佳的效果；二是知识管理，即加强对科研项目所涉及知识资源（包括所涉及的各种专利、商标、非专利技术、研究开发能力以及项目成员所掌握的知识技能、项目执行人的管理能力等）进行识别、获取、评价，选对科研项目和选对领军人物，从而充分有效地发挥管理对中医药科技的促进作用。

第三节
新南方集团科技创新的特色与经验

科学技术是一个企业的支柱,正如现代管理学的开创者之一彼得·德鲁克所说:知识将取代土地、劳动、资本与机器设备,成为最重要的生产因素。科技管理已然成为一个企业取得效益、进行长远发展的必要手段。对企业而言,科技管理的出发点都是围绕提高企业的社会效益和经济效益,因企制宜,结合企业外部环境及自身实际情况,选择最合适的科技创新战略。在进入 21 世纪以来,广东新南方集团在朱拉伊先生的带领下毅然决然地选择了以中医药大健康产业创新和中医药在重大疾病防治攻关中发挥作用为重点的企业战略转移,先后在青蒿素快速灭疟、中药凉茶系列、中药种植、饮片加工、药店连锁、国医馆、中医药特色小镇建设等方面取得突破和不错成绩,在推进中医药大健康产品和服务的创造性转化中开辟了具有岭南中医药文化特色的道路。

一、 勇于担当中药新药创新的主体

中医药的有效性和名声往往在人类面临许多顽疾束手无策时得到最大的彰显。据史籍记载,中药在治疗海外输入中国传染性疾病方面屡建奇功,15 世纪从西方传来的梅毒(俗称"杨梅疮")从岭南传往中原,自中医医家发现土茯苓治疗梅毒的功效后,该药一度成为中国名药而扬名海外,尤其是用该药治愈了西班牙国王卡洛斯五世的梅毒,土茯苓在欧洲声名鹊起,成为明代最重要的大宗出口产品。据史料记载,一艘葡萄牙商船所载出口货物中就有土茯苓 2 000 担,可见当时海外对该药需求的规模。从 20 世纪以来,广东新南方集团投入巨资研发青蒿素快速灭疟新药的道路,取得可喜的群防群治的效益，是一个可圈可点的科技管理案例。

疟疾是由疟原虫这种单细胞生物导致的一种寄生虫病，疟原虫经蚊子吸人血的时候进入人体，然后在人体肝脏中繁殖，继而感染破坏血红细胞，不断繁殖，不断破坏，导致人体表现出忽冷忽热的病症。据现代遗传学家通过分析古人基因发现，至少六千年前疟疾就开始感染人类了。据世界卫生组织确认，全世界约有一百个国家和地区被确定为疟区，主要分布在非洲、美洲、亚洲的热带和亚热带地区。全世界每年疟疾感染人数在 3 亿左右。疟疾可以全年传播，全球因患疟疾死亡的人数约 66 万，患者和死亡病例以 5 岁以下儿童低龄组为主。自 2000 年以来，全世界在疟疾防治方面取得重大进展，99 个现有疟疾传播的国家中有 50 个基本可以实现世界卫生大会确定的将发病率在近年降低 75% 以上的目标。但是由于每年新发生的 200 多万例疟疾，大部分从未得到检验、登记和系统治疗，加上投入资金量减缓，正在出现对于药物和杀虫剂的耐药现象，抗疟形势仍然严重。世界上第一个能有效治疗疟疾的药物来自秘鲁印第安人发现的从金鸡纳树皮提取出来的金鸡纳霜，即奎宁。但几个世纪以来，随着奎宁作为抗疟疾一线药物的广泛使用，疟原虫开始对奎宁类药物产生较强的耐药性，甚至导致疟疾在全球范围内死灰复燃。然而，从黄花蒿中提取出的青蒿素可以杀灭红细胞内的疟原虫，有效地解决了疟疾对奎宁产生耐药的问题。青蒿素不仅吸收快，起效快，适用于孕妇、脑型疟疾等凶险疟疾的抢救，而且其中青蒿琥酯的抗疟作用疗效显著，不良反应轻而少，耐药率很低。相比成本较高的奎宁而言，青蒿素的原料来源广，成本和药品价格相对较低。早在 2004 年，新南方集团就洞察到抗疟新药的巨大市场潜力，在广州中医药大学李国桥教授团队从事青蒿素新药研究资金遇到困难的时候，敢于毅然投资该研究项目，签下了合作协议，并继而成立了广东新南方青蒿科技有限公司。历经十余年的努力和巨大资金的投入，新南方集团的抗疟新药"复方青蒿素片"和青蒿素哌喹片终于获得国家药监局Ⅰ类新药证书和新药生产批文。任何创新都是有相当风险的，新南方集团并没有急功近利，而是投入到当时尚未展现出市场价值的中药创新之中，这既需要谋略的远见，也需要相当的勇气。功夫不负有心人，新南方将开发拥有自主知识产权的产品当作中医药产业的战略制高点的构想终于获得初步成功。

二、 用开放性态度与国内外顶级专家的合作

现代中医药产品和服务发展的瓶颈是，如何在现代知识经济快速发展的今天，运用现代科学技术手段实现传统中医药的知识形态、产品和服务的跨越式转化。为此，大胆吸收国内外智力资源促进企业中医药科技创新，形成

自己的核心竞争力十分必要。早在 20 年前，新南方集团就与广州中医药大学合作建立了科技园，其主要任务就是开发一流的治疗性药物和中医药大健康产品。据初步统计，新南方集团属下的科技园获得发明治疗病毒性感冒的药物及其制备方法专利 4 项，益心舒片、降脂减肥胶囊、心脑舒颗粒等新药证书 4 项，连梅颗粒、芎附正天软胶囊、活血润肠软胶囊、香朴正气软胶囊等临床批件 5 项等多项有关中药创新成果，承担或参与国家科技部和省市多个科技创新创业团队项目研究，还有"基于优质青蒿综合利用的南药开发创新研究"等直接为集团公司产业服务的科研项目，还接受了各类客户委托技术服务项目 500 余项，完成了多个中药产品的相关实验论证，获得多个临床批件。科技园已经成为支撑企业产业发展的上游高地。新南方集团除了与国内抗疟专家开展密切的合作之外，还主动邀请国际上相关的知名专家进行合作。例如新南方多次邀请美国国家科学院院士路易斯·米勒教授来新南方集团科技园与李国桥教授共同研究抗疟新药和抗疟方案。来自美国国家卫生总署（NIH）的疟疾研究室的米勒教授是世界顶级的疟疾研究专家，他在分子的水平上解开了疟原虫在人体和蚊虫的体内存活并繁殖的机理，多篇论文发表在《科学》《自然》等高水平期刊，所获国内外奖项不计其数。正是因为米勒教授通过与新南方集团抗疟团队的接触，对抗疟新药青蒿素的发现及其在抗疟一线中所取得的实际成效的了解，他向"诺贝尔奖风向标"的拉斯克基金会推荐了青蒿素项目。因为多种原因，虽然新南方集团投入了巨额的研发资金，旗下的青蒿素科技公司的合作者李国桥教授婉拒了米勒教授的推荐，但拉斯克基金会在授奖说明中着重强调介绍了："20 世纪 70 年代中期开始对青蒿素及其类物质进行临床试验的是来自广州中医药大学的李国桥"。2015 年中国中医药研究院屠呦呦教授因为青蒿素的发现获得了诺贝尔医学奖。新南方集团积极主动利用国内外智力资源的做法是非常重要的战略管理思想。

在中医药大健康产品"邓老凉茶"系列的研发过程中，新南方集团也是采取如此开放性的"借脑"思路。邓铁涛教授，是国内知名的国医大师，在 2006 年被国务院正式认定为国家级非物质文化遗产的 54 种凉茶配方中，邓老凉茶的 9 个配方全部入选，居同期申报的凉茶行业的榜首。现在，邓老凉茶系列配方已经成为新南方集团进军中医药大健康产业的核心竞争力。新南方集团这种向外部"借脑"的智力投资方式不仅可以加速中医药科技成果向市场产品的迅速转化，还能快速地提高企业的科技核心竞争力。

三、建立相应的中医药产业链促进中医药科技成果的转化和应用

新南方通过巨大的前期投入，将传统中药青蒿开发成一代新药青蒿素复

方抗疟药"粤特快","复方青蒿素"已获得40个国家的专利授权。然而，要将其具有科技含量的中药新药转变为具有规模效应的市场产品还需要建立相应的原料供应链、生产线和销售渠道等系统工程。2004年新南方集团响应政府振兴山区经济的号召，与广东丰顺县人民政府合作建设了符合GAP标准的中医药种植基地，广东新南方青蒿药业有限公司落地丰顺后，就以"公司—基地—农户"的模式种植青蒿，为当地农户免费提供青蒿种子及种植技术，并与农户签订保价收购合同。为鼓励农民种植青蒿，丰顺县推行了补贴政策，对连片种植青蒿30亩以上的农户，每亩给予备耕补贴150元。2007年和2008年，丰顺县青蒿种植面积达到历史高峰期，全县大面积种植青蒿5万多亩，是当时国内青蒿种植规模最大的地区。经过10余年的发展，如今丰顺县的青蒿品种培育选育取得了显著成果，青蒿素的含量从原来单株的0.5%提高到2.1%，青蒿素产量翻番。目前，青蒿育种示范种植面积每年都保持在1 000余亩。2006年中药饮片厂正式落成，并建成符合药品生产规范的生产线，每年收获季，青蒿从农户手中收购后，就在新南方青蒿科技有限公司进行生产加工，公司青蒿提取车间每年能提取青蒿素20吨，合成药产能15亿片，形成了可以满足市场供应需求的青蒿素种植、加工生产到成药上市的规模能力。

有了规模化的产品生产能力之后，进一步的工作就是如何将产品推向细分的市场。青蒿素是世卫组织推荐的针对无并发症疟疾的联合疗法中的核心成分，虽然以青蒿素为基础的联合疗法在绝大多数情况下依旧具有疗效，但目前已经在柬埔寨、老挝、缅甸、泰国和越南5个东南亚国家发现了对其产生耐药性的寄生虫。经过市场调研分析，新南方利用良好的校友人脉关系，重新选择了非洲的科摩罗作为重点的推广市场。科摩罗联盟是一个位于印度洋上的非洲岛国，科摩罗由大科摩罗岛、莫埃利岛和昂儒昂岛几个火山岛组成。科摩罗属于世界上经济最不发达的国家之一，人口约有80万，主要由非洲裔和阿拉伯裔组成。据《2018年人类发展报告》人类发展指数（HDI）统计，2018年，科摩罗在全球188个国家和地区中居第165位。该国80%的人口患有不同程度的疟疾，平均预期寿命男性为58岁，女性63岁。2007年新南方青蒿科技公司在科摩罗正式启动快速灭疟项目，在莫埃利岛实行全民服药。新南方集团团队在科摩罗的灭疟项目并没有采取一般药企只是推销新药的营销方法，而是采取了"以医带药"的策略，组建了一支由热带医学的专家、流行病学人员和国际市场营销人员组成的混合编队进入科摩罗，2010年4月科摩罗卫生部代表团到新南方集团访问，与公司首席科学家李国桥教授等技术团队深入研讨科摩罗灭虐扩大项目实施方案。经过多年努力奋斗，2013年中华人民共和国援助科摩罗抗疟药品启运仪式在新南方集团创始人朱拉伊先生的家乡广东丰顺隆重举行，2014年宣布青蒿素复方在科摩罗治疗疟疾实现零死亡，科摩罗复方青蒿素快速控制疟疾项目荣登英国《经济学人》杂志专栏头版，同年 11 月获美国财经杂志《福布斯》专栏高度评价。

新南方集团在非洲大地"以医带药"快速灭疟项目不只是一个简单的预防医学和流行病学的成绩，而是成为一张带来了政治、经济和社会国际影响的国家名片。先后有安哥拉代表团、南部非洲发展共同体卫生代表团、马达加斯加代表团、乌干达药监局等多个国家的代表团来新南方青蒿研究所、科技园进行调研学习。

新南方集团乘着在科摩罗所取得的令人瞩目的成绩的东风，相继在肯尼亚、坦桑尼亚、尼日利亚召开了青蒿科技产品的发布会，正式向非洲多个国家和地区市场推出新一代的抗疟药，并以此为基地，广东新南方集团投资建设的肯尼亚珠江经济特区和尼日利亚的广东自贸区正式启动。新南方集团建构的集科研、种植、生产、销售、国际贸易、医疗健康服务于一体的中医药产业链逐渐形成，能够有效解决科技研发与市场适应度不足、市场对科技成果接纳度不足、科技成果转化的环境支持度不足等科技管理中的普遍性难题，为中医药国际化探索了一条具有中国智慧的道路。

第八章

企业的营销管理

第一节
市场营销的基本概念

一、 市场与营销

做营销，必须先了解市场。因为市场是营销展开的舞台，健全的市场是营销的基本条件，我们必须先了解市场的基本特性。经济学家将市场定义为交易产品的买方和卖方的集合，是商品供求关系、交换关系的综合。不同行业的人可以从不同的角度来定义市场，例如消费者市场、企业市场、全球市场和非营利市场就是营销人员常描述的四大主要市场。市场是建立在社会分工和商品交换关系之上的，市场的存在与发展需要有若干基本条件，这些条件包括：有消费能力和消费欲望的人群，有能提供满足消费者的产品或服务的生产者，存在促成交换双方达成交易的法律、价格、时间、空间、信息等各种社会条件。

二、 市场营销

所谓市场营销，是指企业等组织如何发现、创造和交付价值以满足一定目标市场（或顾客）的需求，同时获取利润的一系列活动。尽管各国学者关于市场营销的定义有多种，但对市场营销基本要素的认识是具有共性的，包括：①市场营销是使企业的产品和服务价值向消费者或顾客价值转移的过程。②消费者和生产者之间某种价值的"交换"是市场营销的核心，但这种交换是一个需要主动、积极寻找机会和工作技巧的管理过程。③交换是否能够顺利进行，取决于营销是否能同时满足企业和顾客双方需求的程度及其管理水平。④营销的过程一般包括机会的辨识、新产品开发、对客户的吸引、保留客户，培养忠诚和订单执行等环节或步骤。

营销过程是一个涉及许多因素的复杂系统，既包括市场、消费人群、消费需求、生产者、产品与服务品质、品牌、社会环境等"硬性"因素，也包括消费观念、价值转移、舆论、消费心理与消费行为等"软性"因素，所以营销过程是需要有系统的管理，甚至是必须有专门化的企业营销管理部门。所谓营销管理（Marketing Magement）就是为满足目标顾客需求和企业利益，对营销理念和营销方案进行规划设计、实施、控制，创造交换机会的动态管理过程。

市场营销是企业产品和服务转化为社会效益和经济效益的途径和渠道，还是企业产品、服务创新和生产的动力之一，无论营销的是产品、服务，还是文化与理念，市场营销都是企业等组织的核心工作之一。

三、 营销管理理念的演变发展

现代市场营销学诞生于美国，发展到今天已经有近百年的历史。在这百年的发展历史中，世界主流的营销观念一直在随市场经济的变化而不断演变。营销理念是企业一切经营活动的出发点，它支配着企业营销实践的各个方面，直接影响企业营销活动的效率和效果。因此，了解市场营销观念的演变发展，将有助于企业营销人员设计与选择最优的市场营销策略，采取最优的营销组合。

基于营销思考的重心不同，市场营销理念的演变发展可分为以下几个阶段或几种类型：

（1）重产品生产、轻市场营销的理念。这是指企业经营者将主要精力和管理重心放在产品的生产上，认为有好的产品就不怕没市场。这种理念从企业生产出发，对市场和消费者的需求与信息反馈考虑不足。当市场产品处于供不应求的"卖方市场"形势下，这种理念尚可以促进企业生产，但当产品供需处于平衡或者产品过剩时，则容易导致企业产品与服务与市场的实际需求脱节。

（2）以满足客户需求为导向的理念。企业基于"客户需要什么，就生产什么"，生产和营销都以满足客户需求为出发点，企业注重收集客户以往的交易信息、人口信息、消费行为信息、媒体使用习惯信息，以及偏好等特殊需求信息等，由此发展定制化的产品或服务。

（3）社会市场营销理念。这种营销理念将营销视为是一个需要兼顾企业利润、消费者需求满足和社会利益三方面利益的系统工程。因此，营销的方式不能只是狭隘的推销行为，而应该是充分利用企业参与的多种社会活动和多样化的渠道，将企业分散的营销方式和相关信息加以整合利用，扩大企业产品与服务品牌在社会上的影响力，从而使总体营销效果实现大幅提升。

第二节

市场营销策略

营销策略是企业市场营销管理思想的集中体现，也是企业市场营销决策的指导纲领。战略不同，营销策划的方案也就不同，而营销策略又取决于企业产品和服务的性质、经营目标和市场细分等诸多因素的综合考虑。基于企业经营的目标任务和市场情况，营销策略可以分为以下类型。

一、 目标市场营销策略

所谓目标营销（Target Marketing）是指企业基于市场细分的评估分析，有选择地确认一个或几个最有潜力的消费者群体，发挥自己的资源优势集中于这个目标市场，并制订相应的营销策略的过程。

目标营销是从过去对市场不加区分的广泛市场营销向"有所为、有所不为"的精准营销的转变，目标营销的理论依据主要是：市场消费者需求的差异性、企业资源的有限性和企业经营目标任务的择优性。基于目标市场的营销市场细分（Segmenting）、目标市场的选择（Targeting）和目标市场定位（Positioning）是目标营销的三个主要步骤，所以目标市场营销也简称为 STP 战略。

1. 市场细分

市场细分（Market Segmentation）是在 1956 年由美国市场学家温德尔·史

密斯（Wendell R. Smith）提出来的概念，是指按照具有相似欲望与需求的消费者将总体市场划分成若干具有某种共同特征的子市场，处于同一细分子市场的消费群被称为目标消费群，而不同子市场之间，消费者的欲望与需求存在着明显的差别。市场细分的原理是：市场本是各种商品交换关系的总和，而不同消费者的需求存在差异，企业可以根据消费者需求的相似性来区分不同消费者需求的差异性，企业的产品、服务、人力和财力等资源总是有限的，但一定具备自身的优势，随着众多产品市场由卖方市场转化为买方市场的发展趋势，企业市场营销朝满足客户需求为导向转变，细分市场成为企业选择目标市场的基础。市场细分有利于企业发掘和开拓新的市场机会，有利于企业将各种资源合理利用到目标市场，有利于企业制订和调整适用的营销策略。

市场细分可以因分析的市场对象或要素不同而不同，例如，对目标客户或消费者进行细分（包括市场营销对象细分、客户定位、市场需求定位等）；对目标产品进行细分（包括对市场营销客体进行细分、对市场提供物细分、产品定位和生产技术定位等）；对市场营销者进行细分（包括市场营销资源优势、市场营销能力、经营目标定位）；对市场关系进行细分（包括市场媒介、市场通道细分化、市场关系定位、市场渠道定位等）。

以细分消费者市场为例，细化的依据变量可以是：按地理特征细分，如国家、地区、城市、农村、城镇的大小、人口密集度、交通状况、地形、地貌、气候等；按人口和社会特征细分，如年龄、性别、职业、收入、社会阶层、民族、宗教、教育、家庭人口、家庭类型、家庭生命周期等；按心理特征细分，如生活方式、性格、购买动机、态度等；按行为特征细分，如购买时间、购买数量、购买频率、购买习惯（品牌忠诚度），以及对服务、价格、渠道、广告的敏感程度等；按受益特征细分，如追求的具体利益、产品质量、价格、品位等带来的益处等。

细分市场的方法主要有：①单一主导因素细分法，即根据市场营销调研结果，把选择影响用户需求的因素进行排列，找到一种能有效区分客户并使公司的营销组合产生有效对应的主要变量而进行的细分。②综合因素细分法，即用影响客户需求的两种或两种以上的因素进行综合细分，例如用疾病类型、收入水平、年龄三个因素可将中医药大健康保健品市场划分为不同的细分市场。

通过以上分析，根据差异性分析放弃较小或无利可图的细分市场，合并较小且与其他需求相似的细分市场，找到最大满足某种需求的细分市场。

2. 目标市场选择

目标市场选择（Market Targeting）是指在对每个细分市场进行调研，以及结合企业的目标和能力的基础上，对进入哪个细分市场的抉择。目标市场选择的标准主要有：目标市场有一定的规模和发展潜力，但要避免与竞争企业在同一规模市场的"多数谬误"；细分市场具有结构性的吸引力，即企业能在其中创造最大顾客价值并能保持一段时间的细分市场的优势，这种吸引力取决于同类竞争企业、新竞争者、替代产品与服务、购买者和供应商讨价还价能力加强等威胁因素的情况；目标市场选择符合企业发展目标，能充分发挥其资源优势和各种优势能力。

目标市场的选择模式一般有：①单一市场集中化，即企业集中有限资源，只选择一个细分市场进行集中性营销，通过专业化分工来提高经济效益。②选择专业化，即基于若干个细分市场都有可能营利，所以企业有选择地进入几个不同的细分市场，这样有利于分散公司的经营风险。③产品专业化，为使企业在某种产品上树立起高的声誉，扩大产品的销售量，企业同时向几个细分市场销售同一产品的策略。④市场专业化，即企业向同一细分市场销售多种产品的策略，有助于在消费者中树立企业的形象。⑤全面进入，即企业为所有顾客群体提供多种产品的策略。

目标市场的营销策略有：①无差异性市场营销策略，即企业将产品的整个市场视为一个目标市场，用单一的营销策略开拓市场，其优势在于低成本和大批量。②差异性市场营销策略，即将整体市场划分为若干细分市场，针对每一个细分市场制订一套独立的营销方案。③集中性市场营销策略，即集中力量进入一个或少数几个细分市场，实行专业化生产和销售。

目标市场策略选择应考虑的影响因素，包括：①企业资源，包括企业的人力、物力、财力、信息、技术等。如果企业实力雄厚，则可以运用无差异性或差异性市场策略；如果企业资源少，最好采用集中性市场策略。②产品的同质性，如果企业生产同质性高的产品，则应采用无差异性市场策略；如生产同质性低的产品，则采用差异性市场策略来满足不同消费者的需求。③市场同质性，如每个细分市场的消费者对某种产品的需求和偏好基本一致，对营销刺激的反应也相似，则可采用无差异性市场策略。④产品所处的生命周期，即在产品的导入期和成长期前期，由于没有或者很少竞争者，可采用无差异性市场策略；而在成长期后期和成熟期，因为竞争对手多，则应采用差异性市场策略；在衰退期，可以采用集中性市场策略。⑤竞争对手的目标市场选择策略，如竞争对手已经进行了市场细分和差异性市场策略，企业应该采差异性市场策略或者集中性市场策略；如果竞争对手采用无差异性竞争策略，企业也可以采用差异性和集中性市场策略。

3. 市场定位

市场定位（Marketing Positioning）也称作"营销定位"，是指针对消费者或用户需求，通过多种营销手段塑造出与众不同的、个性鲜明的企业产品形象，为消费者建构一个"买点"，使企业潜在的利益最大化，从而确立该产品和形象在目标市场和用户心理上占据一个独特、有价值的位置。市场定位可分为对现有产品的再定位和对潜在产品的预定位两大类。

市场定位的依据来源于产品（包括产品属性和特色定位、用途或使用场合定位、价格和质量定位、利益定位等）、市场（包括购买者和使用者）、竞争者和企业自身相关的因素。其中找出比竞争者更具有竞争优势的特性是市场定位中最关键的工作，要点包括：①识别潜在的竞争优势，竞争对手的产品定位如何，目标市场上顾客需求满足程度如何，还需要什么，针对竞争者的市场定位和潜在顾客的真正需求企业能够做些什么，确定企业与竞争对手产品品牌联想的最佳相同点和差异点。②核心竞争优势的定位，这是通过对企业与竞争者在产品、经营管理、技术开发、采购、生产、市场营销、财务等多个方面的比较，发掘企业能够胜过竞争对手的能力的过程。

不同的企业所采取的定位策略有所不同，主要包括以下三种策略：①避强策略，即企业尽量避免与实力较强的竞争对手直接竞争，将自己的产品定位于另一市场区域内，使自己产品的某些属性或特性与竞争对手明显区别开。②迎头策略，即企业根据自身的实力，为了占有较好的市场位置，不惜与市场上占支配地位的实力较强的企业发生正面冲突，从而达到自己的产品进入与对手相同的市场位置的目的，如百事可乐和可口可乐。③重新定位策略，当企业经营出现重大的危机时，可以考虑重新定位。

二、 竞争性市场营销策略

迈克尔·波特的《竞争战略》按照企业或公司在行业中所占的市场份额，将营销策略分为领导者、挑战者、追随者和利基者策略几种。

竞争是市场经济的基本特征。在发达的市场经济条件下，任何一家企业都处于竞争者的包围之中，同时又由于各个企业自身的竞争实力不同，企业在面对竞争者，制订策略时要充分考虑各个因素。假设一个市场由市场领导者（Marketing Leader）、市场挑战者（Marketing Challenger）、市场追随者（Marketing Follower）和市场利基者构成，那么其中40%的市场份额由市场领导者占有，市场挑战者占30%，剩下的30%由市场追随者和市场利基者占有，其中追随者占20%，利基者占10%，他们服务于那些大公司不感兴趣的小细分市场。企业在市场中的不同地位决定了企业可以选择的营销策略。

1. 市场领导者策略

市场领导者是在行业中处于领先地位的营销者，占有最大的市场份额。作为市场领导者，通常关心的是自己的市场地位是否稳固，已有的市场份额是否能够有效保持，因此，他们需要经常对自己的弱点进行检讨，并正确选择三种策略中的一种。

（1）扩大市场总需求的策略。

扩大市场总需求，属于发展战略类型。企业需要找到扩大市场总需求的方法，因此，采用"欲望竞争"的观念，是市场领先企业应具有的主要竞争观念，主要通过以下途径：①寻找新用户。具体包括两个方面：第一，开发未使用产品的群体用户，说服他们使用新产品；第二，对现有细分市场中还未用产品的顾客，或只偶尔使用的顾客，通过市场渗透策略说服他们采用产品或是增加使用量。②发现产品的新用途，产品的市场可以通过推广这些新用途来扩大市场对产品的需求。

（2）防御策略。

防御策略属于维持性策略。市场领先企业应采取较好的防御措施和有针对性的进攻来保持自己的市场地位。需要强调的是，市场领导者绝不能一味地采取防御策略，而应该使自己具有竞争的主动性和应变能力：①阵地防御。典型的做法是企业向市场提供较多的产品品种，采用较大的分销覆盖面，并尽可能地在同行业中采用低价策略；缺乏主动进攻，长期实行阵地防御会使企业滋生不思进取的思想。②侧翼防御。市场领导者在市场上最易受到攻击的地方设法建立较大的业务经营事例或者显示出更大的进取意向，借以向对手表明自己已有所防备。③反击式防御。当市场领导者已经受到竞争对手攻击时，采取主动的甚至是大规模的进攻，而不是仅仅采取单纯防御的做法，就是反击式防御。④收缩防御。当市场地位已经受到多个竞争对手的攻击时，企业可能受到短期资源和竞争能力不足的限制，只好放弃较弱业务领域或业务范围，收缩到企业应该主要保持的市场范围或业务领域。

（3）扩大市场份额的策略。

市场需求总规模还能持续扩大时，领导者应随市场的变化来调整自己的营销组合，努力在现有的市场规模下扩大自己的市场份额。主要做法有：①产品创新。②质量策略，不断向市场提供超出平均质量水平的产品。③多品牌策略，在企业销路较大的产品项目中，采用多品牌营销，使品牌转换者在转换品牌的时候，也都是在购买本企业的产品。

2. 市场挑战者策略

市场挑战者首先需要确定策略目标（例如增加市场份额），然后再决定向谁发起挑战。如果市场领导者并没有周全的服务市场，那么挑战领导者就是一个高风险但高收益的策略。挑战者不仅可以攻击领导者，还可以攻击那些业绩不佳，运营存在问题，财务状况不好等在某一方面无法满足客户的规模相仿的公司，甚至可以攻击本地、区域性小企业和整个行业，认为其并没有充分挖掘顾客需求。

确定好清晰的对手和目标后，可以选择如下五种攻击策略：

（1）正面进攻策略。

首先进攻者的产品、广告、价格以及渠道要与竞争对手相匹配。如领导者不回击，且竞争者能够让消费者相信其两者产品相当，则攻击有效。

（2）侧面攻击策略。

侧面攻击策略是"识别转移"策略的别称，制造市场发展的缺口，再去填补缺口。侧面攻击比正面攻击更容易成功。

（3）包围进攻策略。

通过发起多方位攻击来占领广阔领地。这一策略在市场挑战者拥有优质资源的时候尤为适用。

（4）迂回进攻策略。

绕过对手并攻击容易的市场，主要可以通过多样化经营不相关产品，多元化进入新的区域市场，跨越到新技术应用三种方法。实行技术跨越时，挑战者需要有耐心考察并发展新技术，把战地转移到自己的优势领域。

（5）游击战策略。

游击战可以通过选择性降价、密集的促销攻势和偶尔的法律行动来进行。游击战的成本会很高，并且常常需要以更强大的进攻作为后盾来攻击对手。

3. 市场追随者策略

对于市场份额小于领导者的追随者来说，如果不能实现技术上的进步和营销组合上的改进，那么不仅会拉大跟市场领导者之间的差距，还有可能在和其他市场追随者的竞争中失败。因此，在已经取得一定市场份额的基础上，市场追随者要不断改进营销策略，通过增加顾客满意度来维系顾客。

（1）紧紧追随策略。

紧紧追随策略指的是尽可能在多的细分市场和营销组合中模仿市场领导者的做法。市场追随者采取避免直接发生竞争冲突的做法，使得市场领导者的利益不受妨碍。

（2）保持一定距离的追随策略。

市场追求者总是跟市场领导者保持一定的距离，在产品质量、功能、定价等方面都不使领导者和挑战者觉得有侵入的态势。甚至存在部分挑战者会很乐意看到追随者的存在，让他们保持相应的市场份额的同时，使自己更加符合反垄断法的规定。

（3）有选择的追随策略。

追随者在某些方面紧跟领导者，但在另一方面又要走自己的路。这类企业具有创新能力，对自身的情况十分了解。因此，在自身实力不够强大的时候选择避免直接冲突，转而培养自己的市场和实力，有机会在以后成为市场领导者。

4. 市场利基者策略

在很多行业中，都存在数量众多的小企业，这些小企业大多数都是为了填补某个市场空缺，或是针对特定细分市场提供服务的，我们称其为市场利基者。市场利基者在竞争中最关键的一点是应该寻找一个或者多个安全的和有利可图的补缺基点，这个"缺口"应满足以下条件：①具有足够的市场需求规模可以从中获利。②有成长的潜力。③是领导者等大企业不愿意经营或者忽视的。④企业具有技术优势可以填补该缺口。⑤企业可以靠建立顾客信誉来保护自己。

本策略的关键在于"专业化"，利用分工原理，专门生产和经营具有特色的或是拾遗补阙的、被市场需要的产品或者服务。由于是在一个较小的市场和领域，但由于企业在该领域占据了极大的市场份额，故企业可以获得发展。

第三节

市场营销 4P 策略

1953 年，尼尔·博登（Neil Borden）在美国市场营销学会的演说中首创了"市场营销组合"（Marketing Mix）这一术语，其意思是市场需求或多或少受到所谓"营销变量"或"营销要素"的影响。为了寻求一定的市场反应，企业要对这些要素进行有效的组合，从而满足市场需求，获得最大利润。

博登提出的市场营销组合原本包括 12 个要素，1960 年杰罗姆·麦卡锡（McCarthy）在其《基础营销学》一书中将这些要素概括为：产品（Product）、价格（Price）、渠道（Place）、促销（Promotion）4 类，简称为 4P 营销理论。1967 年，菲利普·科特勒在其畅销书《市场营销管理：分析、规划、执行和控制》第一版进一步确认了以 4P 为核心的营销组合方法。

一、 产品策略

产品策略在企业营销组合中占据着十分重要的地位，因为企业的市场营销活动是以满足市场需求为中心，而市场需求的满足只能通过提供某种产品或者服务来实现。无论企业的营销方式如何改变，环境如何变化，企业都必须生产能满足市场需要的产品或者服务。

新南方集团在制订营销策略时，首先需要回答的问题是用什么样的健康产品或者健康服务来使企业和目标市场发生联系，继而再进行营销组合中的其他策略。没有适合市场需要和比起其他企业具有竞争力的产品，企业的其他策略就无从说起。因此，产品策略是整个营销组合的基石。

1. 产品的概念

产品，是指提供给市场用以满足需要和欲望的任何东西，包括有形产品、服务、体验、事件、人员、地点、资产、组织、信息和创意。产品可以分为五个层次，分别是核心产品、形式产品、期望产品、延伸产品和潜在产品，见图 8 - 1。

对于新南方中医药大健康产业来说，围绕中医药开展的所有活动，都是在不同层次上为消费者提供的健康服务。包括有形产品，如邓老凉茶、"合星泉"天然矿泉水和"一品回春"保健养生酒；服务如为中高端人群定制的名医预约、中医理疗、专家会诊等综合健康服务等。对于这些产品的不同特性，可以使用不同的产品策略。

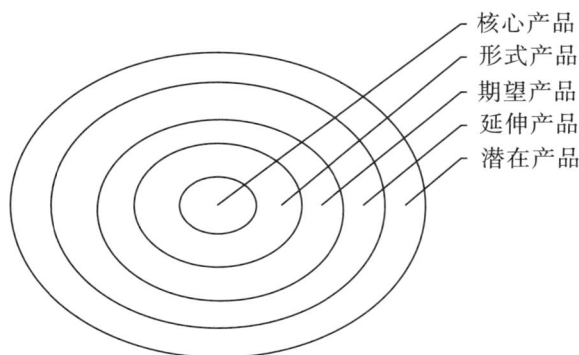

图 8 - 1　产品的五个层次

（1）核心产品。

消费者购买的不只是产品的实体，还包括产品的核心利益。核心产品是指整体产品提供给购买者的直接利益和效用。从根本上说，每一种产品和服务都是为解决问题提供的，消费者购买产品或服务并不是为了获得产品和服务本身，而是为了获得能够满足其自身需要的效用和利益。比如邓老凉茶，消费者希望通过购买邓老凉茶获得自己对健康调理的需要。营销者需要认识到自己是利益的提供者，明确消费者购买这一商品的目的所在，从而才能改进产品设计和营销手段，使之更加符合消费者的需要。

（2）形式产品。

产品的实体称为一般产品，即产品的基本形式，只有依附于产品实体，产品的核心利益才能实现。形式产品是指核心产品借以实现的形式，有五个特点，即品质、样式、特征、商标和包装，即便是纯粹的服务产品也具有与此类似的五个特征。产品的基本效用必须通过具体的形式才能实现。新南方的"一品回春"保健养生酒是根据国家名医名方配制而成，具有大补元气功效。消费者购买保健养生酒的目的是追求补元气的好处，这个好处即新南方提供给消费者的核心产品，但这一核心利益需要借用"酒"的形式展现给消费者，包括它的配方、包装、品质、商标都是形式产品。因此，营销人员应努力寻求更加完善的外在形式以满足消费者的需求。

（3）期望产品。

期望产品是指顾客在购买产品时，一般会期望得到的一组特性或条件。例如选择入住新南方旗下珠江大酒店的顾客，除了希望酒店能提供一般酒店都能提供的休息、清洁服务之外，还会期望能靠近珠江欣赏夜景，以及品尝到中医养生美食等优质服务。因此，营销者应该通过研究消费者的期望，创造能更好满足消费者的期望产品，实现"以顾客为中心"的经营理念，使产品具有独特的市场竞争力。

（4）延伸产品。

延伸产品又称为附加产品，是指消费者购买产品时随同产品所获得的全部附加利益的总和，包括产品说明书、运送、安装、调试、维修、技术培训等。许多情况表明，新的竞争并非凭借各公司在其工厂中所生产的产品本身，而是取决于营销者能否正确发展延伸产品。体贴的和有温度的附加产品可以有效增加企业的竞争优势。

（5）潜在产品。

潜在产品是指在核心产品、形式产品、期望产品、附加产品之外，能满足消费者潜在需求的，尚未被消费者意识到，或者已经被意识到但尚未被消费者重视或消费者不敢奢望的一些产品价值。如彩色电视机可发展出手机投屏放映机、电脑终端机等新的功能。

产品的五个层次体现了以顾客为中心的现代营销概念，这一概念的内涵和外延都由消费者的需求所决定。消费者所追求的是产品的整体效应，因此企业也应该努力提供产品多层次服务。

2. 产品组合

产品组合是指企业提供给市场的全部产品的有机构成方式，或者说是全部产品线和产品项目的组合或结构，即企业的业务经营范围。产品组合一般由若干条产品线组成，每条产品线又由若干个产品项目构成。产品组合包括四个衡量维度：宽度、长度、深度和关联度。这四个维度让企业能够从四个不同的方面扩展自己的业务。

（1）产品线。

产品线指产品组合中的某一个产品大类，是一组密切相关的满足同类需求的产品。进行产品线设计时，企业通常会开发一个基础平台，后期通过增加不同的模块，来满足不同的顾客需求。产品线经理需要了解产品线上每个产品项目的销售额和利润，来决定哪些产品项目需要生产、维持、收获或者放弃。此外，他们还需要了解每个产品线的市场概况和市场形象。营销人员还可以利用产品地图（Product Map）来观察自己的产品项目有哪些竞争对手，识别确定不同的细分市场，判断其产品定位对这些细分市场需求的满足程度。产品线需要现代化。企业通过产品改进计划，鼓励顾客转向价值和价格都更高的产品项目。企业通常选择产品线中的一个或一些项目进行特色化，可能是通过低价的产品项目来吸引顾客，或者通过高端项目来建立剩余，例如新南方为中高端人群定制的名医预约、医师理疗、专家会诊等综合健康服务。

（2）产品项目。

产品项目指产品线中不同品牌和细类的特定产品。产品组合的四维度——宽度、长度、深度和关联度共同在产品组合中发挥着作用。其中，宽度指的是企业内有多少条不同的生产线。长度指每一产品线上平均拥有的产品品种数。深度指的是产品项目中每一品牌所包含的不同花色、规格、质量产品数目的多少。关联度指各条产品线在最终用途、生产条件、分销渠道等方面的关联程度。

（3）产品组合决策。

产品组合决策是指企业对产品组合的长度、深度、宽度和关联度等方面的决策行为。扩大产品组合即包括开拓产品宽度和加强产品组合的深度；缩减产品组合是与扩大产品组合相反的组合策略；产品线延伸策略包括向下延伸、向上延伸和双向延伸。

3. 产品的生命周期

随着企业的产品、市场和竞争对手在产品生命周期（Product Life Circle，PLC）不同阶段的变化，企业的定位和差异化战略也必须做相应调整。产品生命周期不是指产品的使用生命周期，而是指产品的社会经济周期，又称产品寿命周期，指产品经过研究开发，从进入市场开始，最后退出市场为止所经历的全部时间。

　　产品生命周期一般分为引入期、成长期、成熟期、衰退期四个阶段。在引入期（Introduction），随着产品进入市场，销售额缓慢增长；由于引入产品花费巨大，因此企业不会营利。进入成长期（Growth）后，产品逐渐被市场接受，利润大幅度提升。在成熟期（Maturity），由于大部分潜在购买者已经接受产品，因此销售增长速度变慢，而且由于竞争加强，利润保持稳定或下降。在衰退期（Decline），销售额下降趋势增强，利润持续减少。（见图8-2）

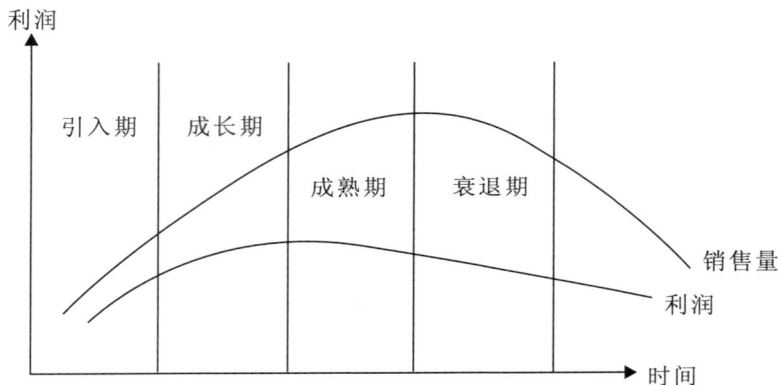

图8-2　产品生命周期曲线

　　（1）引入期。

　　引入期又称投入阶段，或者介绍期，指产品从设计投产到投入市场进入测试的阶段。这个阶段，顾客对产品不熟悉，因而呈现以下特点：生产不稳定；生产的批量较小；成本比较高；企业负担比较大（通常没有利润，甚至亏损）；人们对该产品尚未接受；销售增长缓慢；产品品种少；市场竞争小。这个阶段促销费用占销售额的比例会达到最高，这是因为企业需要做以下事情：①告知潜在消费者新产品信息。②引导消费者试用新产品。③确保产品的分销渠道。这个阶段可以采取的营销策略主要有：加强促销宣传；利用现有产品辅助发展的方法，用名牌产品提携新产品；采取试用的方法；给经营产品的批发、零售或其他类型后续经销企业加大折扣，刺激中间商。

　　（2）成长期。

　　成长期指的是产品试销效果良好，逐渐被消费者接受，在市场上站住脚跟、打开销路的阶段。这一阶段的标志是销售额快速攀升；大批量生产经营，成本降低，企业利润迅速增加；销量上升较快，价格也有所提高；生产同类产品的竞争者开始介入，他们会开发具有新特色的产品，扩展分销渠道，市场价格会稍有下降或者保持平稳，价格的变化趋势取决于市场需求增长的速度。本成长阶段可以采取三种市场营销产品策略：①扩充目标市场，积极开拓新的市场。②广告宣传的重点从建立产品知名度转向厂牌、商标的宣传，使人们对该产品产生良好的印象、好感和偏好。③增加新的分销渠道或者加强分销渠道。

（3）成熟期。

产品销量的增长在某一时刻开始下降，表明产品进入成熟期。大部分产品都处于成熟期，这个阶段的持续时间比前两个阶段都要长。成熟期即产品进入大批量生产并稳定地进入市场销售，产品需求趋向饱和的时期。这一阶段的特点有：产品普及并日趋标准化；销售数量相对稳定；成本低，产量大；生产同类产品企业之间存在产品质量、花色、品种、规格、包装、成本和服务等方面的竞争加剧。

产品在成熟期的具体策略分别有市场调整、产品调整和营销方案调整。企业可以通过增加消费者数量和提高用户的使用频率来扩展市场，通过提高质量、改善性能、优化设计来刺激更多的消费。企业还可以通过改进非产品要素，尤其是价格、分销和传播来刺激销售增长。与此同时，企业还要做好以下工作：①尽量回收资金，减少投资，尽量发挥该产品的效益。②开发新产品，回收的资金用于开发新产品，准备实行产品的更新换代，新产品和老产品保持良好的衔接关系，企业才有生命力。③延长成熟期，这一阶段是产品效益最高的时期，成熟期延长地越久，对企业越有利。

（4）衰退期。

衰退期是产品走向淘汰的阶段。这时，产品在市场上已经老化，不能适应市场的需求，并且市场上有其他性能更好、价格更加低廉的新产品，足以满足消费者的需求。这时候的市场状况是：产品的销量和利润呈现锐减的状态，产品价格明显下降。随着销量和利润的降低，部分企业会退出市场。留下的企业则会减少产品数量，舍弃较小的细分市场和较弱的交易渠道，缩减营销开支，进一步降低价格。除非有强势的理由留在这个市场，否则保留一个衰落的产品代价通常很高。这一阶段，对于大多数企业来说，应该当机立断，弃旧图新，及时实现产品的更新换代。有经验的营销人员总结了三个字，叫作"撤、转、攻"。

二、 定价策略

企业将产品投入市场时必须给其制定合适的价格，以使其利于被顾客接受。价格是营销组合中唯一创造收入的要素，其他要素都只产生成本。价格水平也传递了企业对其产品或品牌的价值定位。企业需要更加谨慎地审视自己的价格策略，价格制定者在做定价决策时，必须考虑包括企业竞争对手和市场环境在内的诸多因素。价格构成是指商品价格的各个要素及其构成情况，产品价格是由产品成本、税金和利润三大要素构成。企业定价策略指企业为实现定价目标，根据市场中影响产品价格的不同因素，在制定价格时，灵活采取的各种定价手段和定价技巧，主要有以下几种定价策略：新产品定价策略、折扣定价策略、地区定价策略，心理定价策略、差别定价策略等。

1. 新产品定价策略

新产品定价关系到新产品能否顺利进入市场，企业能否站稳脚跟，以及能否取得较大的经济效益，常见的新产品定价策略有三种，分别是撇脂定价策略、渗透定价策略和均匀定价策略。

（1）撇脂定价策略。

撇脂定价（Skim Pricing）策略又称高价法，即将新产品的价格定得较高，尽可能在产品寿命初期，在竞争者研制出相似的产品以前，尽快收回投资，并且取得相当的利润。一般而言，对于全新产品、受专利保护的产品、需求价格弹性小的产品、流行产品和未来市场形势难以预测的商品可以采取撇脂定价策略。

（2）渗透定价策略。

渗透定价（Market Penetration Pricing）策略是指以一个较低的产品价格打入市场，吸引大量的购买者，以打开产品的销路，扩大市场占有率，借助大批量销售来降低成本，有助于企业获得长时间的市场地位，而且因为微利，可以阻止竞争者的进入。一般在新产品没有显著特色，竞争激烈，需求弹性较大时宜采用渗透定价策略。

（3）均匀定价策略。

均匀定价（Neutral Pricing）策略又称"满意"定价，是一种在新产品刚进入市场时，将价格定在介于高价和低价之间，力求使买卖双方均感到满意的策略。

2. 折扣定价策略

大多数企业为了鼓励顾客尽早付清货款，或者为了增加淡季的销售量，常常会酌情给顾客一定的优惠，这种价格的调整叫作价格折扣或折让。折扣定价指对基本价格做出一定的让步，直接或间接降低价格，以争取顾客扩大销量。其中，直接折扣的形式有数量折扣、现金折扣、职能折扣和季节折扣等。间接折扣的形式有回扣和津贴。

（1）数量折扣。

数量折扣是指当买方购买产品到达一定数量时，卖方在原价的基础上给予买方一定的优惠。数量折扣提供了一种诱发因素，促使顾客向特定的卖方购买，而不是向多个供应商购买。数量折扣包括累计数量折扣和一次性数量折扣两种形式。累计数量折扣是指顾客在一定的时间内购买产品达到了一定的数量或金额，便可给予一定的折扣，其目的在于鼓励顾客经常向本企业购买，成为企业的长期客户。一次性数量折扣是指顾客一次购买某种商品达到一定数量，多种产品达到一定金额给予的折扣优惠。

（2）现金折扣。

现金折扣是给予在规定时间内提前付款或用现金付款的一种价格折扣，目的是鼓励顾客付款，加速资金周转，减少财务风险。但一般要考虑好折扣比例和时间限制，现金折扣等于降低价格，所以企业在运用这种手段时，要考虑商品是否有足够的需求弹性，要确保通过需求量的增加能使企业获得足够的利润。

（3）职能折扣。

职能折扣也叫贸易折扣或交易折扣，是指中间商在产品分销过程中所处的环节不同，其所承担的功能、责任和风险也不同，企业据此给予不同的折扣。职能折扣的结果是形成购销差价和批零差价。职能折扣的主要目的是鼓励中间商大批量订货，扩大销售，同时对中间商销售有关产品的成本和费用进行补偿，让中间商有一定的盈利。

（4）季节折扣。

季节折扣是企业鼓励顾客在淡季购买产品的一种折扣形式，以使企业的生产和销售在一年四季能保持相对稳定。季节折扣策略可以减少季节差别对企业生产经营活动的不利影响，充分利用企业的设备、能力等资源，减轻企业的产能，利用企业资金周转，调节淡旺季之间的销售不均衡。

（5）回扣和津贴。

回扣是间接折扣的一种形式，它是指购买者将商品的全部货款付清后，销售者再按一定的比例将货款的一部分返还给购买者。津贴是企业出于特殊目的，给特殊顾客以一定形式的价格补贴或其他补贴。

3. 地区定价策略

在产品卖给不同地区的顾客时，应该采取分别制定不同价格或是相同价格的策略，具体有五种方法。

（1）原产地定价策略。

顾客以产地价格或出厂价格为交货价格，企业只负责将这些产品运到产地某种运输工具上，交货运杂费和运输风险全部由买方承担，这种做法适用于销路好的商品，但不利于吸引路途较远的顾客。

（2）统一交货价策略。

统一交货价策略也称邮资定价法，企业对不同地区的顾客实行统一定价，并按出厂价加上平均运费，制定统一交货价。此方法简便易行，但实际上是由近处的客户承担了部分远方顾客的运费，对近处的顾客不利，比较受远方顾客的欢迎。

（3）分区定价策略。

分区定价介于前两者之间，企业把销售市场划分为远近不同的区域，各区域因运距差异而实行不同的价格，相同区域内实行统一定价，对企业来说，可以较为简便地协调不同地理位置用户的运费承担问题，但对处于分界线两侧的顾客而言，会存在一定的矛盾。

（4）基点定价策略。

企业在产品销售的地理范围内，选择某些城市作为定价基点，然后按照出厂价加上基点城市到顾客所在地的运费来定价。该策略适用于体积大、运输费用占成本比重较大、销售范围广、需求弹性小的产品。

（5）津贴运费定价策略。

津贴运费定价又称为减免运费定价，是指企业承担部分或全部运输费用的定价策略。部分企业因为急于和某些地区做生意，负担全部或部分实际运费。这些卖主认为，如果生意扩大，其平均成本就会降低，因此足以抵偿这些费用开支。这种定价方法有利于企业加深市场渗透，当市场竞争激烈或企业意图打开新的市场时常采取这种做法。

4. 心理定价策略

心理定价是指企业在定价时，利用消费者的心理因素，有意识将产品的价格定得高一些或低一些，以满足消费者的心理需求，达到扩大市场销售，获得最大效益的目的。常用的心理定价策略有尾数定价、声望定价、招徕定价、习惯定价等。尾数定价是指企业利用消费者求廉的心理制定非整数价格，而且常常以零数作结尾；声望定价指根据产品在顾客心中的声望、信任度和社会地位来确定价格的定价策略；招徕定价是指利用部分消费者求廉的心理，特地将几种商品的价格定得较低以吸引顾客，在引起顾客的好奇心理和观望行为时，带动其他产品的销售，加速资金周转；习惯定价指根据消费市场长期形成的习惯性价格定价。

5. 差别定价策略

差别定价是指企业以两种或两种以上，不反映成本比例差异的价格来销售一种商品或提供一种服务。差别定价，有以顾客为基础的差别定价策略，以产品为基础的差别定价策略，以地点为基础的差别定价策略，以时间为基础的差别定价策略。顾客差别定价是指企业把同一种商品和服务按照不同价格卖给不同顾客；产品差别定价是指企业根据产品的不同制定不同的价格，但并不与各自的成本成比例；地点差别定价只对于处于不同地点或场所的产品和服务制定不同的价格，即使每个地点的产品或服务成本是相同的；时间差别定价是指产品或服务因季节和时刻或终点的变化而变化价格。

三、 渠道策略

营销渠道就是商品和服务从生产者向消费者转移的具体通道或路径。准确地说，营销渠道是指某种产品和服务在从生产者向消费者转移过程中，取得这种产品和服务的所有权或帮助所有权转移的所有企业和个人。营销渠道包括中间商（因为他们取得所有权）和代理中间商（因为他们帮助转移所有权），以及处于渠道起点和终点的生产者及最终消费者或用户。在现代经济体系中，大部分生产者都不直接向最终消费者出售，而是通过一定的营销渠道，借助中间商或代理商实现对最终消费者的销售。因此，从这种意义上说，谁能掌握强大的营销渠道就会比竞争对手更具竞争优势。

1. 营销渠道的层次

营销渠道可根据渠道层次进行分类。在产品从生产者转移到消费者的过程中，任何一个对产品拥有所有权或负有推销责任的机构，都是一个渠道层次。市场营销中以中间机构层次的数目，确定渠道层次。（见图 8 - 3）

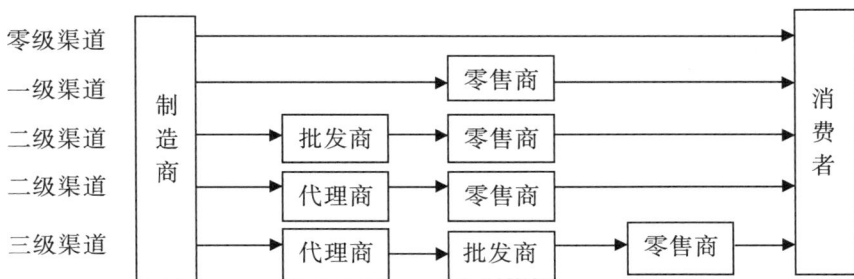

图 8 - 3 分销渠道的类型

（1）一级渠道。

一级渠道是指由生产者直接将产品交给零售商，然后由零售商将产品卖给消费者。在工业品市场上，这个渠道中间商通常是一个代理商、佣金商或经销商，而在消费市场上，这个渠道中间商通常是零售商。

（2）二级渠道。

二级渠道是指产品由生产者交给批发商，由批发商交给零售商，由零售商交给消费者，这是我国传统的最为普遍的消费品分销渠道，它既包括零售商，也包括批发商，而且可能有几个批发商参与。对于那些品种繁多，生产和消费之间时空距离较远的消费品，一般适用于这类分销渠道。在工业品市场上，这两个渠道中间商通常是代理商及批发商，而在消费品市场上，这两个渠道中间商通常是批发商和零售商。

（3）三级渠道。

三级渠道是最复杂的一种渠道类型，它是由生产者委托代理商销售商品，代理商又通过批发商和零售商将产品最终卖给消费者。在国际市场营销时往往采用三级分销渠道。

2. 营销渠道的设计

对一个具体企业或一种具体商品而言，渠道设计的中心问题是如何确定到达目标市场的最佳途径，因此，选择渠道时必须充分考虑产品、市场和企业三个因素的影响。产品因素有产品单价、产品的体积和重量、产品的技术性和复杂性、产品的耐久性、产品的款式或样式的稳定性、产品的生命周期。市场因素有目标市场的地理分析、潜在顾客的数量、顾客的数量、顾客的购买量和消费的季节性。企业自身的因素有企业资源、企业对分销渠道的管理能力和经验、企业控制渠道的愿望。

分销渠道设计需要企业在市场调研的基础上，根据内外部条件对基本的分销渠道模式、目标管理方法和政策而确定。设计一个有效的分销渠道系统必须经过确定渠道目标限制，并明确各主要渠道的交替方案和评估各种可能的渠道交替方案的步骤。

3. 渠道成员的管理

企业在选择销售渠道之后就要从事具体的销售经营活动，对运营中的销售渠道进行管理，主要侧重于选择渠道成员、激励渠道成员以及评估渠道成员，在此基础上提出企业销售渠道的修改意见。渠道成员的管理指的是通过计划，组织激励、控制等环节，协调与整合分销活动中的人力、物力和财力资源，以便更好、更有效地提高渠道运营效率和效益的过程。渠道成员的管理是一种跨组织管理，管理职能有其自身的特点，在管理方式上，主要依靠利益协调各方面的力量。渠道成员主要有以下四种：

（1）生产者。

生产者及制造商为渠道提供产品或服务，构成渠道的源头和起点。生产者往往确定和调整渠道的运营模式，决定渠道政策，管理渠道运作，是分销渠道的主要组织者，也是渠道创新的主要推动者。

（2）中间商。

中间商是渠道功能的主要承担者，有利于提高分销渠道的效率和效益，是协调渠道关系的重要力量。一般来讲，生产者在选择中间商时要评估中间商的经营时间长短及成长记录、清偿能力、合作态度和声望等条件，生产者在对中间商进行激励的时候，既不能激励不足，又不能激励过分，要使给予中间商的优惠条件与取得合作所需的条件相匹配，还必须定期对中间商的绩效进行评估，从而保持整个分销渠道的高效发展。

（3）消费者。

消费者是分销渠道最终的服务对象，同时也是渠道中最具有影响力的成员，消费者是渠道运行效果的最权威的成员，是渠道信息的原始提供者。

（4）其他成员。

其他人员通常称为辅助商，对分销系统运营成本效益起重大作用。

四、 促销策略

促销是促进销售的简称，是激励消费者购买产品的一种活动，它是指企业通过一定的方式，将产品或劳务信息传递给目标顾客，从而引起兴趣、促进购买，实现企业产品销售的一系列活动。促销活动将企业的产品或服务的有关信息向消费者传播，使其认识到购买的利益所在，从而引起其兴趣，刺激购买行为，以实现企业的销售任务，达到占领市场的目的。促销的实质是产品信息的传播和沟通。企业仅有优质产品是不够的，还要及时与消费者进行信息沟通，让消费者了解其产品，促使其产生购买动机与行为。

1. 推式和拉式策略

根据促销手段的出发点与作用不同，可分为两种促销策略：

（1）推式策略。

推式策略即直接方式，运用人员推销的手段，把产品推向销售渠道，其作用过程为企业的销售员把产品或劳务推荐给批发商，再由批发商推荐给零售商，最后由零售商推荐给最终消费者。该策略适用于以下几种情况：①企业经营规模小或无足够的资金用来执行完善的广告计划。②市场较集中，分销渠道和销售队伍大。③产品具有很高的单位价值。④产品的使用、维修、保养等方法需要进行示范。

（2）拉式策略。

拉式策略即间接方式，通过广告和公共宣传等措施吸引最终消费者，使消费者对企业的产品或劳务产生兴趣，从而引起需求，主动购买产品。其作用过程为企业对消费者产生影响，将消费者引向零售商，将零售商引向批发商，将批发商引向生产企业。这种策略适用于以下几种情况：①市场扩大，产品多数为便利品。②产品信息必须以最快速度告知广大消费者。③对产品的初始需求已呈现有利趋势，市场需求日益上升。④产品具有独特性能，与其他产品的区别显而易见。⑤产品能引起消费者某种特殊情感。⑥具有充分资金用于广告。

2. 人员促销

人员促销就是企业派出销售人员直接与顾客接触洽谈，宣传商品，以达到促进商品销售目的的活动过程。它既是一种渠道方式，也是一种促销方式。

（1）人员促销的特点。

①人员促销具有很大的灵活性。在推销过程中买卖双方当面接触洽谈，形成一种直接而友好的相互关系。通过交流和观察，推销者可以掌握顾客的购买动机，有针对性地从某个侧面介绍商品特点和功能，抓住有利时机，促成交易。还可以根据顾客的态度和特点，有针对性地采取必要的协调行动，满足顾客需要，还可以及时发现问题和进行解释，解除顾客疑虑，使之产生信任感。

②人员促销具有选择性和针对性。每次推销之前可以选好具有较大购买可能的顾客进行推销，并针对性地对潜在顾客进行研究，拟定具体的销售方案、策略、技巧等，以提高推销的成功率。

③人员促销具有完整性。推销人员的工作从寻找顾客开始，到接触洽谈，最后达成交易，除此以外，推销员还担负其他营销人员的任务，如维修、安装、了解顾客使用后的反应等，而广告不具备这种完整性。

④人员促销具有公共关系的作用。

一个有经验的推销员为了达到促进销售的目的，可以使买卖双方从单纯的买卖关系发展出深厚的友谊，彼此信任，彼此谅解，这种感情增进有助于推销工作的开展，实际上起到了促进公共关系的作用。

（2）人员促销的基本策略。

①试探性策略。也称"刺激—反应"策略，这种策略是在不了解顾客的情况下，推销人员运用刺激手段，激发顾客产生购买行为的策略。推销人员事先设计好能引起顾客兴趣，刺激顾客购买欲望的推销语言，通过渗透性的交谈进行再刺激。在交谈过程中，观察顾客的反应，对顾客进行再刺激，再进一步观察顾客反应，了解顾客的真实需要，以诱发购买动机，引导产生购买行为。

②针对性策略。推销人员在基本了解顾客某些情况的前提下，有针对性地对顾客进行宣传、鉴定，以引起顾客的兴趣和好感，从而达到成交的目的。

③诱导性策略。推销人员运用能够激起顾客某种需求的说服方法，诱导顾客产生购买行为，这种策略是一种创造性推销策略，对推销人员有较高要求。推销人员能因势利导，诱发和唤起顾客的需求，并能不失时机地宣传介绍和推荐产品，以满足顾客对产品的需要。因此，从这个方面上看，诱导性策略也可称为"诱发—满足"策略。

3. 广告

广告是企业按照一定的方式支付一定数额的费用，通过不同的媒体对产品进行广泛宣传的一种促销方式。广告最大优点是广而告之，能在同一时间内向广大目标顾客传递商品信息。因此，在促销组合中，广告的使用量最为广泛。广告作为促销方式或促销手段，是一门带有浓郁商业性的综合艺术。

根据广告内容和目的，可将广告分为商品广告和企业广告。商品广告是针对商品销售开展的大众传播活动。商品广告按照具体的广告目标，分为开拓性广告、劝告性广告、提醒性广告。根据广告传播的区域可分为全国性广告和地区性广告。广告媒介也称广告媒体，是广告主和广告接受者之间的连接物质，是广告宣传必不可少的物质条件。经常使用的广告媒体有报纸、杂志、广播、电视，被称为四大广告媒体。此外，还有其他广告媒体，例如户外广告、互联网和邮寄等形式。

4. 公共关系

公共关系是指一个组织内部，以及与组织外部公众之间的协调关系。作为一种促销手段，公共关系是指企业为了取得公众对产品及企业形象的了解、信任和支持而进行的一系列活动。公共关系可以大大提高企业在公众中的知名度和美誉度，提高信息传递的可信度，使接受信息者在不知不觉中建立起对企业和产品的信赖感，这是其他促销方式难以做到的。公共关系的活动方式有宣传性公关、征询性公关、交际性公关、服务性公关和赞助性公关。公共关系的工作程序包括调查、计划、实施、检测四个步骤。

（1）公共关系调查。

公共关系调查是公共关系工作的一项重要内容，是开展公共关系工作的基础和起点。通过调查，能了解和掌握社会公众对企业决策和行为的意见。调查内容广泛，主要包括企业基本状况、公众意见及社会环境。

（2）公共关系计划。

公共关系是一项长期性工作，合理的计划是公关工作持续高效的重要保证。制订公关计划，要以公关调查为前提，依据一定的原则确定公关工作的目标，并制定科学、合理、可行的工作方案和具体的公关项目、公关策略等。

（3）公共关系的实施。

为确保公共关系实施的效果最佳，正确选择公共关系媒介和确定公共关系的活动形式是十分必要的。公共媒介应依据工作的目标、要求、对象、传播的内容以及经济条件来选择。确定公共关系的方式，应根据企业的自身特点、不同发展阶段、不同的公众对象、不同的公关任务来选择最适合、最有效的。

（4）公共关系的检测。

检测能衡量和评估公关活动的效果，在肯定成绩的同时，发现新问题，为制定和不断调整企业的公关目标、公关策略提供重要依据，也为使企业的公共关系成为有计划的持续性工作提供必要的保证。

5. 销售促进

销售促进又称营业推广，是在目标市场中为了刺激购买者需求而采取的能够迅速产生购买行为的促销方式，是具有短期诱导性的战术性促销方式。销售促进的方式多种多样，单个企业不可能全部使用，这就需要企业根据各种方式的特点、促销的目标、目标市场的类型及市场环境等因素选择适合本企业的销售促进方式。常用的销售促进有两大类：以消费者或者用户为对象的推广方式，如展销会、有奖销售、免费样品等；以中间商为对象的推广方式，如在某销售地点举行的展览会、实行购买数量折扣等，目的是鼓励中间商大量销售、实现淡季销售目标等。

（1）向消费者推广的方式。

为了鼓励老顾客继续购买和使用本企业的产品，激发新顾客试用本企业产品，可以采取赠送样品、赠送代价券、包装兑现、廉价包装、赠品印花、有奖销售等方式。

（2）向中间商推广的方式。

向中间商推广的目的是促使中间商积极经销本企业的产品，推广方式有购买折扣、资助、经销奖励三种。

第四节

消费者购买行为分析

一、 消费者购买行为模式

消费者市场是个人或家庭为了生活消费而购买产品和服务的市场。生活消费是产品和服务流通的终点，因而消费者市场也成为最终产品市场。经济学对消费者购买行为的分析，往往把消费者看作是"经济人"，把他们的购买行为看作是完全理性的购买，即根据充分的市场情报，购买对自己最有价值的商品，并追求"最大效用"。营销人员在制定针对消费者市场的营销组合之前，研究消费者的购买行为对制定营销组合策略有重大的影响和意义。但随着社会经济的发展，市场供应的商品种类、规格、款式也日益繁多，此时，经济因素已经很难全面解释消费者需求选择的多样化行为。

为此，市场营销学家提出了一个购买行为的模式。市场营销学家认为，在制定针对消费者市场的营销组合之前，需要研究消费者购买行为，其中包括的问题有：消费者市场由谁构成、消费者市场购买什么、消费者市场为何购买、消费者市场的购买活动有谁参与、消费者市场怎样购买、消费者市场何时购买、消费者市场何地购买，即购买者、购买对象、购买目的、购买组织、购买方式、购买时间、购买地点，这一购买行为模式被称为"7Os 模式"。比如新南方集团的产品"邓老凉茶"，需要解决的问题是购买邓老凉茶的消费者市场由哪些人构成，这部分消费者购买的是什么，消费者为什么要购买邓老凉茶，购买邓老凉茶这个过程由哪些人参与，这些消费者怎样才能买到邓老凉茶，他们何时何地以什么样的价格可以买到邓老凉茶，这些信息都是营销人员需要在制定营销策略过程中解决，并在营销过程中传达给消费者的。

另一个极具代表性的购买行为理论则是刺激—反应模式。市场营销因素和市场环境因素的刺激进入购买者的意识，购买者根据自己的特性处理这些信息，再经过一定的决策过程做出购买决策，从而引导消费者的购买行为，见图8-4。

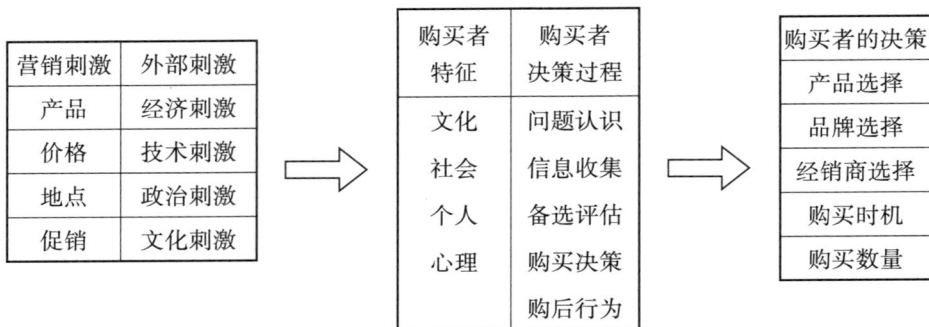

营销刺激	外部刺激
产品	经济刺激
价格	技术刺激
地点	政治刺激
促销	文化刺激

购买者特征	购买者决策过程
文化	问题认识
社会	信息收集
个人	备选评估
心理	购买决策
	购后行为

购买者的决策
产品选择
品牌选择
经销商选择
购买时机
购买数量

图8-4　消费者购买行为的刺激—反应模式

二、　影响消费者购买的因素

1. 文化因素

（1）文化。

文化是区别于自然现象的，由人所创造，为人所特有的历史、价值观念、道德、信仰、律法、制度、风土人情、传统习俗、生活方式和审美情趣等精神活动的总称。文化也是影响人类经济与消费行为的最基本的因素。文化的差异会引起消费习惯和购买行为的差异。比如有部分消费者认为养生食品就是药品，吃养生食品就意味自己有病。如果营销人员采取中医关于食疗和"治未病"的文化进行宣传就可能会促进消费者对养生食品的认同与接收。

（2）亚文化。

亚文化是指某类群体所信奉的某些观念和文化习俗的现象，亚文化能为群体成员带来明确的认同感和集体感，市场营销人员可以根据他们的需要来设计产品并制订营销计划。

（3）社会阶层。

社会阶层是社会学家根据职业、收入来源、教育水平、价值观和居住区域对人们进行的一种社会分类，社会阶层有以下几个特点：①同一社会阶层内的人，其行为要比来自两个不同社会阶层的人的行为更加相似。②人们以自己所处的社会阶层来判断自己社会地位的高低。③某人所处的社会地位并非由一个变量决定，而是由职业、收入、财富等多种变量制约的。④个人能够改变自己所处的阶层，变动程度取决于某一社会的层次森严程度。

2. 社会因素

消费者的购买行为受到一系列社会因素的影响，如消费者的相关群体、家庭、社会角色和地位等。

（1）相关群体。

相关群体（Reference Groups）是指能够直接或者间接影响消费者购买行为的个人或者群体。相关群体对消费行为的影响表现在三个方面：①示范性，即为消费者提供了可供选择的模式。②仿效性，即相关群体的消费行为引起人们仿效的欲望，影响了消费者的商品选择。③一致性，即由于效仿而使消费行为趋于一致。某种相关群体的有影响力的人物成为"意见领袖（Opinion Leader）"，他们的行为会引起群体内追随者、崇拜者的效仿，但相关群体对购买行为的影响程度视产品类别而定。

（2）家庭。

家庭的生活方式和消费习惯会影响家庭中的每个成员，不同的决策类型的家庭会对购买行为产生影响。家庭成员和其他有关人员在购买活动中往往起着不同作用并且相互影响，构成了消费者的"购买组织"。例如家里的老人购买保健药品会遭到儿女的反对，从而抑制了老人的购买欲望。

（3）社会角色和地位。

每个人在社会的各个群体中的位置可以从角色和地位来确定。每一个角色都将在某个程度上影响其购买行为。消费者做出购买选择时往往会考虑自己的身份和地位。企业把自己的产品或者品牌变成某种身份或地位的标志或者象征，将会吸引特定目标市场的顾客。

3. 个人因素

个人因素是指消费者的经济条件、生理、个性、生活方式等对购买行为的影响。经济因素指的是消费者的可支配收入、储蓄、资产、借贷能力等。经济因素是决定购买行为的首要因素，能否发生购买行为、发生何种规模的购买行为以及购买商品的种类和档次。生理因素指的是年龄、家庭生命周期（Family Life Circle）、性别、体征等。生理因素决定顾客对产品款式、构造和细微功能的不同需求。个性指的是一个人的心理特征，个性影响消费需求对市场营销因素的反应。生活方式指的是一个人在生活中表现出来的活动、兴趣和看法的模式。

三、 消费者购买行为类型

消费者购买行为随其购买决策类型的不同而变化，究其原因主要受购买者的参与程度和品牌差异程度的影响。阿萨尔根据购买者的介入程度和品牌差异程度区分出了四种不同类型的购买行为，见表8－1。

表8－1　购买行为的类型

		购买者的介入程度	
		高	低
品牌差异程度	大	复杂的购买行为	多样性的购买行为
	小	减少失调感的购买行为	习惯性的购买行为

1. 复杂的购买行为

复杂的购买行为指消费者需要经历大量的信息收集，全面的产品评估，慎重的购买决策和认真的购后评价等各个阶段。

对于这一类购买行为，营销者应该制定策略来帮助购买者掌握产品信息，运用印刷媒体和销售人员来宣传自己品牌的优点，从而发动商店的营业员和购买者的亲友，影响最终购买决定，简化购买过程。

2. 减少失调感的购买行为

消费者不需要广泛收集商品的信息，也不会精心挑选品牌，购买过程迅速而简单，因而购买以后会认为自己所买的产品具有某些缺陷或其他同类商品有更多的优点而产生失调感，怀疑原先购买决策的正确性。

对于这类购买行为，营销者要提供完善的售后服务，通过各种途径经常提供有利于本企业和产品的信息，使顾客对自己的购买决定充满信心，保持其顾客忠诚。

3. 习惯性的购买行为

对于习惯性购买行为采取的主要营销策略是：①利用价格和促销吸引消费者使用。②开展大量重复性的广告来加深消费者印象。③增加购买介入程度和品牌差异。

4. 多样性的购买行为

多样性的购买行为具有很大的随意性，并不深入了解相关信息和评估比较就决定买某一品牌，在消费时加以评估，但是下次购买时又会选择其他品牌。

对于寻求多样化的购买行为，市场领导者和挑战者的策略是有所不同的。市场领导者力图通过占领货架、避免脱销和提醒购买的广告来鼓励消费者形成习惯性购买行为。而挑战者则以较低的价格、折扣、赠券、免费赠送样品和强调试用新品牌的广告来鼓励消费者改变原有的习惯性购买行为。

四、 消费者购买决策过程

消费者的购买行为是一个从产生需要到购后行为的长过程，消费者会经历五个阶段：认识需要、信息收集、备选产品评估、购买决策和购后行为。这一模式强调了购买过程早在实际购买之前就已经发生了，而且购买后还会持续影响。但需要注意的是，消费者并不总是经历全部的五个阶段，当分析复杂的购买行为时，该模型比较实用。但对于其他类型的购买行为，他们可能会跳过，或者返回某一阶段。

1. 认识需要

购买过程始于购买者对于具体问题或者需求的认识，由内部或者外部刺激产生。需求会被外部刺激引起，比如看到广告。因此在这一阶段，企业应该了解引起消费者产生某种需要和兴趣的环境，研究消费者是如何认识问题和阐释需要的，特别是对于某一特定的产品，需要是如何被引导到对应的需求上，找到对应的刺激因素，故营销人员可以通过收集大量的消费者信息，识别引发消费者特定需求的情景，然后制定可以激发消费者兴趣的营销策略，特别是制定有效的促销沟通策略。

2. 信息收集

消费者在搜寻信息的过程中，可分为两种状态：一种是主动收集，一种是被动获取。营销人员需要了解消费者在不同的时间和地点会搜寻什么类型的信息，从而了解消费者的需求，同时也能了解竞争品牌及其特征。

主动收集信息的消费者主要有四个信息来源，分别是个人来源、商业来源、公共来源和经验来源。其中商业来源和公共来源是营销人员可以着重识别的两个方面。商业来源即消费者从广告、推销员、经销商、商品包装、展览会等得到的信息，这是可信度最低，但信息量最大的来源。公共来源就是通过报纸、杂志等大众媒体的客观报道和消费者团体评论得到的信息，其可信度高于商业来源，但信息量小于商业来源。企业应该识别消费者的信息来源，并评估不同来源的相对重要性，以便进行有效传播。

3. 备选产品评估

消费者在获取了足够的信息后，会根据这些信息和一定的评价方法，对产品加以评价并决定选择。一般而言，消费者的评价行为涉及三个方面：产品属性、品牌信念、效用要求。

消费者通过属性评估过程形成对不同产品的态度，并根据每个品牌的属性定位形成一系列信念集合。如果营销人员了解消费者如何形成品牌偏好，则可以采取措施影响消费者决策。

4. 购买决策

消费者在经过产品评估后会产生购买意向，但并一定会实际购买，从购买意向到实际购买还有一些介入因素，其中包括他人态度和意外因素。

他人态度的影响力取决于三个因素：第一，他人否定态度的强度。否定态度越强烈，影响力就越大。第二，他人与消费者的关系。关系越密切，影响力越大。第三，他人的权威性。他人对此类商品了解的专业水平越高，则影响力越大。意外因素可能会使消费者突然改变购买意图、偏好，甚至购买意图都不能完全准确地预测其购买行为。

消费者调整、推迟或取消购买等决策，受到一种或多种感知风险的重要影响。因此，营销人员一定要了解引起消费者感知风险的因素，并提供信息和帮助以减小感知风险。

5. 购后行为

与传统观念相比，现代市场营销观念最重要的特征之一就是总是对消费者购后过程研究以提高其满意度。营销人员一定要监控消费者的购后满意度、购后行为、购后产品的使用和处理。满意的消费者更有可能再次购买产品，并倾向于向其他人传播产品优点。不满意的消费者会放弃或者退回产品，还可能会采取公开行动，导致企业的潜在客户消失。

购后沟通能有效减少退货和取消订单的数量。营销人员应该监控购买者如何使用和处理产品。消费者越快地消费产品，就会越早地再度购买产品。另一个策略是给消费者提供更精细的信息：第一次使用产品或者需要更换产品的时间；产品目前的性能状况。

第五节

新南方集团的营销理念

经过 20 多年的发展，新南方集团开创了不少新的产业，研发生产出了一系列具有知识产权的产品，自然也形成了具有本企业特色的商业模式和市场营销理念。

一、 基于市场理性分析的营销策略

好的营销基于对市场发展趋势的高瞻远瞩的预见与理性分析，换言之，谁能把握未来主流的生活与消费的形态，就能做出最好的产品设计和营销策略。所谓未来生活形态是指将来大部分的人如何消费时间、金钱、精力等资源的方式。它至少应包括以下几层含义：未来生活形态虽然还不是目前大多数人普遍所接受或采用的，却可能是未来流行的生活方式，并且代表了更先进和更健康的生活理念。对未来生活形态的英明预见将对企业生存发展带来深远的影响。例如对个人电脑、移动通信、移动支付等市场的提前预测给一些企业带来了巨额利润，而使一些短视的企业从此落后，甚至被淘汰。由此可见，产品或服务的根本生命力源于对顾客需求的满足，而顾客的需求总是随社会环境和生活方式的变化而变化，因此，企业必须根据顾客需求的变化提供对其更具价值的内容。

新南方集团对当下经济环境特征有以下认知：其一，产品向微利靠拢，以前一个产品赚很多钱的时代已经不复存在了；其二，企业向名牌靠拢，名牌才有更大的市场；其三，市场的国际化，市场不再可能由一家独占；其四，知识代替了资本，资本经济逐步向知识经济过渡；其五，过剩不等于不再需要，也不等于简单的饱和，而是需要更多创新推动产品与服务的升级。于是，新南方集团无论是在产品设计，还是市场营销方面都采取了基于对当代和未来生活形态的理性分析之上的策略：①未来生活形态的竞争是最高级别的竞争。竞争的真正目的在于夺取有限或优质的资源（客户、目标人群、市场和注意力等），而非击败对手。竞争的方式和手段多种多样，但其有高低层次之分。《孙子兵法》云："攻心为上，攻城为下。"以竞争对手作为起点，是低层次的竞争，只会导致陷入"红海"拼杀的结果；以未来生活形态的研究和把握为起点，立足于顾客价值和需求变化，提升自我产品和服务价值，即突破自我，才是高层次的竞争，才可能开创出一片"蓝海"，这才是企业领先于对手的根本。②未来生活形态的竞争是最经济的竞争。竞争总会付出成本，低层次的竞争往往采用价格、广告等方式，会导致两败俱伤甚至行业低迷的不良结果，造成竞争环境恶化。而先人一步，引导、掌握或适应未来的生活形态，为客户创造出价值，取得自身与顾客的双赢竞争方式，无疑是最经济、付出最小而收益最大的竞争方式。这种良性结果的取得是基于对顾客需求和对消费趋势变化的把握，除了研究和前期的推广成本之外，几乎没有其他成本构成。③未来生活形态的竞争是最具挑战性的竞争。以竞争对手为观察对象，总是有迹可循，有招式可模仿，有成功的案例可参考，具有较大的操作性和短期的可预期收益。而专注于对未来生活形态的研究，需要对技术、人口和消费环境等一系列因素高度敏感，需要高度的理解和创新，难度较大，尝试或摸索的成本较大，失败的风险性也较高。

基于以上分析，新南方集团总结出了准确把握未来生活形态的三原则和四个关键要素。所谓三原则是指正确把握未来生活或消费趋势的三个重要原则：①变化原则，即要认识到变化是一个永恒的规律，特别是在成功的时候，一定要用变化的原则去理解眼前所取得的一切。②技术原则，现代经济社会的知识和技术密集的生产状况已经取代了以往的资源、劳力、原料和能源密集的状况，先进的知识和技术成为推动消费趋势改变的主要动力，因此，企业要时刻掌握新知识和新技术的发展，加强自我知识和技术创新，绝不能故步自封。③解构原则，即打破惯性思维，回到原点，重新出发，或解构后尝试重新整合创新。

四个关键要素是指分析和把握未来生活需要的四个维度：①关注新技术发展。事实上，在人类发展史上的任何一次大的生活或消费方式的变革，总是伴随着划时代性的新产品、新服务或新技术的诞生。例如电的发明宣告了电气化时代的到来，推动了几乎所有相关产业的转型升级；互联网和手机的出现从根本上改变了人与人之间交往的方式等。因此，对相关新技术、新发明的敏感与关注是企业谋划适应未来生活形态的一大关键要素。②关注顾客需求变化。顾客需求是构成生活形态的根基，因此企业必须组织人力去认真研究消费者心理和行为模式，探讨影响顾客消费行为的各种因素。例如，更加注重感觉、体验、个性化、娱乐性和便捷程度就是当代消费者的基本取向。③关注人口结构和不同人群的消费特征。不同的时代有不同的消费观念，不同的时代的有不同的人口结构，不同的人口阶层有不同的收入水平、价值观念、生活模式、消费习惯、消费心理和消费需求。例如青年消费群体更讲究时尚，中年群体更关注消费的实用价值，老年人则更关注消费的健康价值。了解和把握不同消费群体的消费需求才能做好产品和营销策略设计。④文化价值观。任何消费心理和行为都会受到当时社会文化氛围和价值观的影响。现代社会的各种信息技术的普及应用，不仅使得各种文化观念和价值观大规模地低成本扩散，而且使得各种价值观和思想碰撞融合的机会空前增大，因此，消费心理与消费取向的多元化现象非常普遍。

新南方集团清晰地看到，"江山代有才人出，各领风骚数百年。"在这个十倍速的时代，要想立于不败之地，唯有洞察趋势，看透未来，先人一步掌握未来生活形态，才有机会成功。

二、 一切皆以营销为主导

在市场经济中，产品与服务的同质化和竞争性是十分激烈的，因此，哪个企业占有更大的市场，拥有更多忠实的顾客，谁就能取得更多的经济与社会效益，这是一个基本规律。简而言之，市场的竞争与选择机制决定了企业的生死存亡和兴衰命运，这与生物进化中物竞天择，优胜劣汰，弱肉强食，适者生存的道理几乎一样。"一切以营销为主导"的理念应从以下三个方面来进行理解：一是以市场消费者的需求为导向；二是以顾客利益为准则制造一流的产品；三是营销是将企业产品转移到消费者手上，并取得经济和社会效益的第一线和窗口，因此，公司管理等其他工作都应围绕满足第一线的需要服务。

三、 制造一流产品， 提供一流服务是营销的基础

做老实人，做老实事是新南方集团生产和产品的品格，没有过硬的产品质量，营销只能是作秀作假。如朱拉伊先生所说："一个产品要成就品牌，不是靠凭空吹嘘就能成为品牌的，它必须具备两大关键要素：其一是'文化'，其二是'品质'。""品牌是做出来的，而不是吹出来的。"制造一流的产品，提供一流的服务，树立新南方旗帜是新南方集团在 1996 年就确立的公司目标。新南方集团认识到，随着时代发展，日益增长的对美好生活的向往，人

们向住宅环境提出了新的期望：人不再满足于仅仅有房的蜗居，而是要考虑怎样的居住空间才会让人感到更加舒适；有怎样的居住文化，才能满足人的精神需求，才能让人在喧闹的城市里找到一个让心身放松的家园；理想的和完善的住宅环境不再仅仅是指有花园、喷泉、游泳池等狭义的小区环境，而是需要将人文环境、方便的配套生活与商务环境包括于其中。为了建造这样美好的住宅楼盘，新南方集团在业内首创制定了《新南方集团"健康住宅"执行标准》，从这里我们可以看到新南方人是如何制造一流产品的精神。新南方地产不断提升完善健康住宅建筑的内涵品质，研发的"健康住宅"执行标准历经十年的孕育、发展和完善，不仅对建筑结构与功能、周边环境的卫生健康做出了具体要求，而且还扩展延伸至居住文化与天人合一的生活哲学等深层健康的关注，朱拉伊先生提出的理念是："在产品开发、设计上，崇尚营造'健康家园'的理念，要让客户住得更舒适，活得更健康，事业更兴旺。"这套具有健康地产文化的"健康住宅"标准刚一出炉，便得到清华大学建筑学院的专家学者和广东业内建筑专家、房地产专家的高度评价和称赞。看过《新南方"健康住宅"执行标准》的房地产业专家们，都称其已全面超越了世界卫生组织关于"健康住宅"的15条标准和国家建设部关于"小康住宅"的建设标准，成为我国房地产开发新标准的一个标杆。这份更能全面贯彻和体现人性化的"健康住宅"建设标准，用华南理工大学建筑学院教授的话说："这是人居模式的一次大飞跃！作为一种'标准'，很值得在房地产业内广为推广。"新南方集团不仅是这样设想的，也是这样带头实践的。由新南方集团自行设计和建设的"珠江广场"就是贯彻落实了小区环境、人文环境和商务环境三维健康住宅理念的楼盘。该楼盘非常热销，2000年"珠江广场"获评"广州市销售16强"，2003年"珠江广场"被评为"广东省绿色生态健康环保社区"，并连续五年获评"广州市十大明星楼盘"。

四、 基于中国传统健康文化的营销

新南方集团是以中国传统优秀文化精神为企业灵魂的企业，所有营销理念和策略都离不开中国传统文化，少不了以中国文化的精神作为评价营销工作的"有德"与"不德"的准绳。中国传统文化精神在新南方集团营销理念和策略中的具体表现可以概括为以下几点：

（1）遵循中国儒家"苟日新，日日新，又日新"的思想，不断创新商业或营销模式。事实上，商业和营销模式没有最优，只有适合。所谓适合的商业或营销模式就是能最大限度地为客户提供价值、满足客户需求。商业或营销模式也没有唯一和绝对领先的模式，任何模式都是动态发展的。随着经营环境、竞争因素、消费习惯和企业自身发展的变化，企业必须不断思考、调整和升级自己的商业与营销模式。商业与营销模式的创新贯穿于企业经营整个过程中，贯穿于企业资源开发、研发模式、制造方式、营销体系、流通体系等各个环节。

（2）将普及宣传中国传统中医药文化渗透于整个产品营销过程。例如新南方集团对邓老凉茶的销售策略就是：跳出饮料的销售圈子，突出凉茶的概念，突出它的功效、作用、文化和具有的附加值，将推广中医"上工治未病"和中医药的养生文化作为主要营销理念，紧紧把握邓老凉茶获得国家非物质文化遗产保护的产品优势。朱先生这样说道："相对王老吉把凉茶做成饮料的市场定位，我们采取的是确立真正意义上的凉茶市场，宣扬中医药传统文化，让人们通过凉茶了解中医药，通过中医药认识凉茶，这是一个相辅相成的过程，我们打的是文化牌，要建立独具特色的文化品牌。未来的市场竞争是文化和附加值的竞争，具有高利润、高附加值的产品才能占有市场的先机。中医药文化即是邓老凉茶的核心附加值，如何充分发掘附加值的作用是我们目前经营管理中最重要的问题。同样，我们在地产、酒店的核心附加值是健康文化理念。"

（3）新南方集团以连锁凉茶店为依托，以"以医带药"方式营销邓老凉茶系列配方，这种模式不仅传承创新了古代中医堂"前店后厂"的商业模式，而且还成功地运用于非洲抗疟行动，取得巨大的成功。

五、 基于知识产权优势的品牌营销

未来国内外医药市场的竞争必定是知识产权的竞争，最好的例证就是中成药救心丸、牛黄清心丸、青蒿素被国外机构抢注，而我国的同种药品在市场上的销售却被视为非法。因此中医药企业应该强化中医药的知识产权保护意识，充分认识到知识产权作为无形资产和竞争武器的重要价值及其在开拓、占领国内外医药市场，保持企业竞争优势和发展后劲方面的积极作用。换而言之，在知识经济时代，具有知识和技术含量的产品与服务才具有市场。没有知识产权的产品营销就只可能是"红海"的低价恶性竞争和依靠数量规模取胜的营销。开发拥有知识产权的产品是中医药产业战略的制高点，也是产品市场营销的核心竞争力。因此，新南方集团舍得花力气投入到青蒿素等原创新药的研发中，并成立了科技园等多个研发平台。新南方集团目前拥有多项专利，为新南方集团"产品领先"战略注入了动力。

新南方集团注重在营销策划和产品特质上有所创新，改革陈旧老套的营销模式，根据公司自有的资源的特点来进行创新。《孙子兵法·兵势篇》云：

"以正合，以奇胜。"意指大凡用兵作战，总是以正兵当敌，以奇兵取胜。"正"就是市场的一般规则，而"奇"最核心的就是别人不能模仿，也拿不走的知识产权。以邓老凉茶为例，新南方集团对外提出的营销口号就是"大师、中医、现代、科技、生态"五大优势要素。

第九章

中医药的海外发展
与国际化

中医药是中华古代文明的瑰宝，自古以来，中医药就是中国向海外输出的文化代表，是中华民族联系世界上其他民族的重要纽带。新南方集团没有将企业的目光仅仅停留在国内市场，而是着眼于世界经贸的大市场。

第一节

中医药在海外发展的历史

一、 古代丝绸之路上的中医药

广义上，中国历史上的丝绸之路有四条：第一条是陆上丝绸之路，源于西汉张骞出使西域开辟的以首都长安（今西安）为起点，经甘肃、新疆，到中亚、西亚，并连接地中海各国的陆上通道。1877 年，德国地质地理学家李希霍芬在《中国》一书中，第一次把中国与中亚、中国与印度间以丝绸贸易为媒介的交通道路命名为"丝绸之路"。第二条是海上丝绸之路，是指古代以南海为中心，中国与外国交通贸易和文化交往的海上通道，又称南海丝绸之路，因为贸易中多有香料香药和瓷器，所以也被称为海上香药之路和陶瓷之路。据《汉书·地理志》，有关海上丝绸之路的最早记载是西汉时期徐闻与印度半岛之间开通的海上之路。之后，广州、泉州和宁波逐渐成为海上丝绸之路的主要港口。海上丝绸之路逐渐替代了陆上丝绸之路，成为我国对外交往的主要通道。海上丝绸之路持续两千多年，成为东西方经济文化交流的重要渠道，对沿线国家和地区的经济、文化、科技等带来了重要影响。第三条是起于四川成都，经云南，进入缅甸、泰国，最后到达印度和中东的通商孔道，因穿行于横断山区，又称高山峡谷丝路，延续两千多年，曾一度未被中原人所知，故也称为秘密丝路。第四条是草原丝绸之路，指蒙古草原地带沟通欧亚大陆的商贸大通道，从长城沿线，经西北穿越蒙古高原、南俄草原、中西亚北部，直达地中海北陆的欧洲地区。

中医药早已成为中国向海外输出中华文明的重要代表。例如在海上丝绸之路的贸易中，中医药一直是非常重要的贸易产品。公元562年，吴人知聪携《明堂图》及其他医书前往日本，这是针灸传入日本的开始。公元753年，年过花甲的鉴真和尚率领40多人第六次东渡日本，终于成功，向日本医生传授中药的收藏、炮制、配剂和使用的知识，日本汉医药界一直都把鉴真奉为汉医始祖。从唐代义净法师在《南海寄归内法传》的记载可知，当时中医药已开始为印度人的健康服务。意大利人马可·波罗在元朝时来到中国，游历遍及全中国，写下了《马可·波罗游记》，在这本游记中他记载了不少中医药的情况，还记述了在苏杭亲历名医诊疗的体验。许多欧洲人正是通过这本游记，了解到中医药的种种传奇功效。17世纪，中医脉学和针灸理论与技术已传入法国，李时珍巨著《本草纲目》等许多中医药学书籍被欧洲许多国家竞相翻译发行。中医药对外贸易和海外药物的进口贸易已成为当时海上香药之路的主要业务。宋代在广州设置市舶司，当时就有三百余种中药参加了互市贸易，经海上丝绸之路运往亚、欧、非的许多国家。明代郑和七下南洋和西洋，足迹遍及欧、亚、非三大洲，不仅将大量的中药材输送出去，也带回了许多新的动物和植物品种，如乳香等，进一步丰富了中国本草的内容。据《粤海关志》记载，北宋年间，经广州等东南沿海进口的乳香等芳香药物就达几十万斤。据屈大均《广东新语》记载，明代有安南、占城、暹罗、爪哇等海外十二国向中国当朝贡奉物品，其中以药材居半。明代以后，随着中国东南地区出现的南洋移民潮，华侨迁徙海外各地，中药材出口规模进一步扩大。中国的大黄、黄连、干良姜等中药材也经由海上航道输出马来半岛等地。16世纪末，马尼拉等南洋各地区，已经出现了中药店，在南印度西部的马拉巴，甚至还有很多仓库内存放干姜、大黄、麝香、樟脑、川芎、肉桂、土茯苓等大批中药材。

因为中药在治疗海外传入中国的传染性疾病方面屡建奇功，因而使得中医药的功效美誉欧洲。15世纪从西方传来的梅毒从岭南传往中土，是中医家发现了土茯苓治疗梅毒的功用，从而使这味药一度成为名药，又因为治愈了西班牙国王卡洛斯五世的梅毒，土茯苓在欧洲声名鹊起，成为明代最重要的大宗出口产品。据史料记载，一艘葡萄牙商船所载出口货物中就有朱砂500担，麝香六七担，茯苓2 000担，樟脑200担，可见当时中药对外贸易的盛况。

古代海上丝绸之路对中医药学的发展也带来了积极的影响，很多海外药物被收入中国的本草著作，例如唐代《新修本草》中收录了安息香、胡椒、郁金等海外进口的药物，五代时期《海药本草》就记载了大量海外与南方各郡所产的野生植物药。同时还有檀香、降香、肉桂、白豆蔻等很多海外传入的植物药在岭南地区引种成功，如今已成为岭南道地药材。绵延两千多年的海上丝绸之路不仅是东西方各国人民交流合作的重要纽带，更是传播彰显中国人智慧的中医药文化的重要载体。

二、"一带一路"中的中医药

2013 年 9 月 7 日，国家主席习近平在哈萨克斯坦纳扎尔巴耶夫大学发表题为《弘扬人民友谊　共创美好未来》的演讲，盛赞中哈传统友好，全面阐述中国对中亚国家睦邻友好合作政策，倡议用创新的合作模式，共同建设"丝绸之路经济带"，将其作为一项造福沿途各国人民的大事业。

在"一带一路"倡议中，中医药是一个非常具有文化标志性的合作领域。有学者对沿线 17 个国家 8 500 名受访者关于中国的认知情况进行在线调查，有 85.7% 的受访者认为中国文化实力强大。在最能代表中国文化的元素中，中餐饮食占 52.7%，中医药占 50%，武术占 46.4%，位居前三。可以说，中医药走向国际化遇到了前所未有的天时地利人和的发展机遇。

国家相关部委出台了一系列促进中医药走向世界的政策文件。1997 年，中共中央、国务院在《关于卫生改革与发展的决定》中强调"积极创造条件，使中医药走向世界"。同年，国家中医药管理局制定了第一个专门的《中医药对外交流与合作十年规划》。2001 年，国家中医药管理局又制定了《"十五"中医药国际对外合作交流合作计划》。2002 年，国务院发展研究中心和国家中医药管理局开展了"中药产业国际化战略"研究，提出了 22 条措施。同期国家中医药管理局出台了《关于进一步落实"中医药对外交流与合作十年规划"的指导意见》，提出实施标准化战略、知识产权保护战略和人才战略三大推进战略。"十一五"时期，中医药国际化与中医药现代化并列为我国中医药事业发展的主要方向。2006 年，国家科技部、卫生部和国家中医药管理局发布了《中医药国际科技合作规划纲要（2006—2020 年）》，设想到 2020 年建立 5 ~ 10 个具有国际影响力的中医药临床研究中心、联合实验室；与 50 所国际著名医疗机构、大学等建立学术交流关系；将在心脑血管疾病、肝炎、艾滋病等一批重大疑难疾病方面与国外展开合作研究；建立 5 ~ 10 家具有国际影响力的中医示范医院，并出版具有重要国际影响力的中医药学术刊物。"十二五"期间，国家有关部门又发布了《中医药对外交流与合作中长期规划纲要（2011—2020 年）》《商务部等十四部门关于促进中医药服务贸易发展的若干意见》等相关文件。据初步统计，美国、法国、意大利等国先后与我国签署了专门的中医药对外合作交流合作协议，并成立了中美、中法、中意等中医药对外合作交流委员会。2013 年商务部、国家中医药管理局发布了《关于开展中医药服务贸易重点项目、骨干企业（机构）和重点区域建设工作的通知》。

2015 年，国家中医药管理局确定首批 17 个中医药国际合作专项，包括"中国—美国中医药肿瘤合作中心""中国—马拉维青蒿素抗疟中心""中国—中东欧中医医疗培训中心"等。2015 年，国务院正式印发了《中医药健康服务发展规划（2015—2020 年）》（即中医药领域的"十三五规划"）。规划首次提出，中医药可参与"一带一路"建设，与丝绸之路经济带、21 世纪海上丝绸之路沿线国家开展中医药交流与合作，提升中医药健康服务国际影响力。2016 年，国务院印发了《中医药发展战略规划纲要（2016—2030 年）》，明确提出实施中医药海外发展工程，探索建设一批中医药海外中心，支持中医药机构参与"一带一路"建设，扩大中医药对外投资和贸易，或将开启中医药以服务贸易带动货物贸易的机遇。2017 年，国家中医药管理局、国家发展和改革委员会共同发布《中医药"一带一路"发展规划（2016—2020 年）》。规划要求，到 2020 年，中医药"一带一路"全方位合作新格局基本形成，国内政策支撑体系和国际协调机制逐步完善，以周边国家和重点国家为基础，与沿线国家合作建设 30 个中医药海外中心，颁布 20 项中医药国际标准，注册 100 种中药产品，建设 50 家中医药对外交流合作示范基地。

第二节

中医药国际化的现状

中医药国际化是指将中医药产品（商品）与服务、中医药教育、科研和文化有序地推进到世界其他国家，促进中医药进入世界医疗健康事业的大格局，为世界人民的福祉做出自己更大贡献的过程。具体而言，中医药国际化包括：中医药商品国际贸易、中医药服务国际贸易、中医药教育国际化、中医药科研和学术国际交流活动、中医药文化传播的国际化等多个维度或多个领域。

中医药国际化的总目标是：在 WTO 国际贸易规则指引下，推动将中医药纳入中外自贸区协定谈判，扩大沿线国家对中医药市场的开放程度，扩大中医药国际服务和技术贸易输出规模，提升中医药产品和服务品牌的国际影响力，提高中医药国际贸易的社会和经济效益。

具体目标是：提高我国中药企业的集中度，提高中药产品的科技含量，加强中药产品国际知识产权保护力度，改善中药剂型，提高中药产品的质量和安全性，加强中药疗效的循证研究，实现中医药产品国际贸易的规模和附加值，中医药自贸区经济效益，中药企业国际文化影响力的翻番。

一、 中药商品国际贸易

随着经济全球化步伐加快，中国加入"WTO"和国家启动"一带一路"建设以后，中医药市场对外开放程度逐渐加大，中医药产业国际化成为中国战略新兴产业发展的重要推动力量，国家在"十二五"期间就已经将中医药产业作为重点扶持产业和战略新兴产业进行培育。中医药产业国际化进程主要指产业内的生产、研发、营销活动和服务体系逐步进入国际医药主流市场，以及资源配置、质量监管体系、医疗模式及价值理念逐渐被国际社会所理解和接受的过程。这里主要谈谈中药商品的国际贸易问题，这是中医药产业国际化的一个重要标志。

1. 我国中药资源优势与竞争力分析

中药是我国具有独特优势的生态资源，据有关资料显示，我国现有中药资源 12 807 种，其中药用植物 11 146 种，药用动物 1 581 种，药用矿物 80 种。我国中成药品种达 35 类，43 种剂型，是世界上开发利用植物药最广泛、品种最多的国家。

中药商品国际贸易是指以商品买卖为目的的纯商业方式的国际贸易活动。国际商品贸易包含以下具体交易方法：如经销（总经销、独家经销、特约经销和一般经销）、代理（总代理、独家代理、特约代理和一般代理）、寄售、拍卖、招投标及展卖等。

国际植物药市场主要有四个，分别是东南亚市场、日韩市场、西方市场和非洲、阿拉伯市场。我国中药国际贸易主要市场是东南亚市场和日韩市场，其次是非洲和阿拉伯市场。我国进出口的中药商品主要有中药材、中成药、中药提取物和保健品四类。

近十年来，我国中药商品出口到 150 个国家和地区。中药饮片出口至 82 个国家和地区，中药提取物出口至 90 个国家和地区，中成药及保健品出口至

142 个国家和地区；相比而言，同期中药商品进口共涉及 50 多个国家和地区。其中，中药提取物的进口为 52 个国家和地区；中药材从 41 个国家和地区进口；中成药及保健品涉及从日本、韩国、新加坡、泰国等 12 个国家或地区进口。[①] 2015 年我国中药商品的进出口总额为 47.95 亿美元，进口额为 10.25 亿美元，出口金额为 37.7 亿美元，出口额是进口额的 3 倍，处于显著的贸易顺差状态。自 2006 年以来，中药商品进出口规模呈不断扩大的趋势。2006 年进出口总额为 13.89 亿美元，到 2015 年增长至 47.95 亿美元，年均增长率达 14.76%。

经济学上，一般用竞争力指数（Trade Competitiveness，简称 TC 指数）来评价一个产业或产品的国际竞争力。TC 指数 =（出口额 − 进口额）/（出口额 + 进口额），TC 指数在 −1 ~ 1 之间，其值越接近 0 表示竞争力越接近国际平均水平，越接近 1 表示贸易竞争力越强，越接近 −1 表示贸易竞争力越弱。因此，我们可以用中药商品的国际贸易竞争力指数来评价中药商品国际贸易的竞争力。从总体上看，中药商品贸易竞争力指数在 0.5 左右，说明我国是具有较强国际贸易竞争力的中药商品净出口国家。但中药材、中药提取物、中成药及保健品的贸易竞争力不尽相同。中药材贸易竞争力指数在 0.7 左右，且贸易竞争力指数呈现逐渐下降的趋势，表明中药材在国际贸易中具有很好的国际竞争力，但这种竞争力有略微下降的趋势。与中药材相比，中药提取物的贸易竞争力略小，且同样存在贸易竞争力下降的趋势。中成药及保健品的贸易竞争力指数在 0 左右波动，贸易竞争力接近国际平均水平，但中成药及保健品的贸易竞争力指数呈逐渐增大的趋势，表明随着我国工业水平的提高，具有高附加值的中成药及保健品的贸易竞争力在不断增强。近年我国中药材、中药提取物、中成药及保健品均呈现不断递增的趋势，其中中药提取物的增长幅度最大，中药材次之，中成药及保健品的增长幅度最小。1996—2015 年，中药商品出口金额的年均增长率为 9.37%，中药提取物的增长速度最快，年均增长率为 20.07%，中成药及保健品次之，为 8.52%，中药材增长速度最慢，年均增长率仅为 3.98%。观察表明，目前我国仍是中药的输出国，出口总额呈递增趋势，但结构发展不均衡，中药提取物代替中药材成为出口的主要商品，高附加值的中成药及保健品出口额增长缓慢。但与此同时，中药商品进口增速较快，进口中药商品由中成药及保健品占主导地位转变为中药提取物与中成药及保健品共同占主导地位，由于中药提取物成为中药产业国际贸易中最主要的商品形式，而且中药提取物多以粉末或浸膏形式进出口，

---

① 程蒙、辛敏通、郭兰萍等：《我国中药产品国际贸易现状及结构特征》，《中国现代中药》，2017 年第 7 期。

检测困难，来源不易控制，因此中药提取物的进出口管理是未来监管的重点。

2. 中药商品贸易存在的问题

（1）中药出口地区不平衡。我国中药出口市场一直多以韩国、日本和东南亚等周边国家和地区为主要市场，约占出口总额的一半以上，对北美和欧洲等国家的出口额不足，向新地区市场拓展的速度较慢。中药消费群体相对单一，多以各国华裔社区为主。

（2）中药类产品出口规模小，产品结构不合理。我国出口产品多以中药药材为主，而附加值较高的中成药、中药饮片和提取物的出口额占比较低；到目前为止，没有一个中药品种以药品身份进入国际主流市场。中药研发落后，中药产品科技含量和附加值较低。国内中药药品生产和营销企业不熟悉国际主流医药市场，于是形成了好原料、粗加工、难卖好价钱的中药贸易局面，而日本、韩国和英国、德国等国家利用我国出口的中药原料，经精加工和分包后，形成高附加值的药品或功能性食品，经销国际市场或返销中国。

（3）中药技术性出口贸易壁垒森严。一方面，世界各国为了保护自己的传统医药，纷纷利用 WTO 的贸易性技术保护措施来抬高技术门槛，限制他国产品进入，而且各国的贸易性技术措施体现出复杂性和隐蔽性的特点；另一方面，中药类产品在质量、包装、产品安全性等方面未能达到国外药品出口的标准，或者中药制剂未能通过美国 FAD 的上市批准，而成为中药产品出口的技术性贸易壁垒。此外，《服务贸易总协定》（GATS）不利于中医药的服务贸易。GATS 将服务贸易按照产业类型分为 12 大类共 142 个服务项目，按照此分类类型中医药服务贸易应该归到"健康及社会服务"类。而后来根据 2008 年联合国推出的核心产品分类方法（CPC），健康服务又分为住院服务、医疗与牙科服务和其他健康服务三大类。可是由于中医药服务贸易起步较晚且没有在我国加入 WTO 时进行相应备案，所以中医药服务贸易在现行的 GATS 中没有相应的 CPC 号。没有 CPC 号，就意味着中医药服务贸易的多边会谈和海外准入将遇到不公平的消极影响。

（4）国内中药知识产权保护力度不足。一方面是我国中药知识产权保护力度不足，不仅极大地挫伤了中药科技开发人员的积极性，而且导致中药产品生产同质化现象严重，企业之间在降低成本方面的恶性竞争，给国外制药企业采购廉价中药材提供了可乘之机；另一方面，国外制药企业利用中药知识产权保护不足的漏洞，抢先注册申请许多中药组方专利，将开发出来的产品以高价抢占中国市场。

（5）中药成分复杂，国内中药企业对中药新药的开发投入不多，尤其在药理作用的揭示、有效成分的确认和提炼，以及新剂型的改造上的投入严重不足。虽然中药经过长期的临床实验，证明具有疗效和安全性，但大部分中药的有效成分和药物作用机理至今都未能有效阐明，难以让西方主流医学和医药市场接受。中药剂型不适应国际市场需要，中药用量大，起效慢，不便于服用和携带。

我国以后在中药出口商品国际贸易领域，将加快产业结构调整，提高中药产业集中度，发挥规模经济效应，提升中药产业的国际竞争力，减少中药出口产品的同质竞争，提高附加值较高的产品研发力度，提高中成药及保健品的出口比例；在进口领域，加强中药出口管理，建立中药出口名录制度，防止发生药用资源流失风险。完善进出口检验检疫部门的检测手段，加强能力建设，建立生物资源及出境检验联动机制，避免国外企业通过隐蔽手段掠取我国的生物遗传资源。

3. 华佗再造丸国际化的案例

目前国内的中药产品国际化主要有两种模式，一种是按外国标准（如美国的 FDA）进行认证、注册销售；另一种就是华佗再造丸模式，即让国外接受中药产品的国内标准。"华丸模式"已成为目前带动一批国内中药产品走出去的"让世界向中药接轨"创新模式。

华佗再造丸是广药集团旗下的奇星药业有限公司向国际市场推出的主打中成药产品，该制剂为纯中药理血剂，具有活血化瘀、化痰通络、行气止痛之功效，用于痰瘀阻络之中风恢复期和后遗症，临床新用于治疗冠心病、血栓闭塞性脉管炎等。1985 年国家科学技术委员会将该药正式确立为我国"六五"攻关项目，前后经历八年的不断攻克研究，并在中国医学科学院、中国中医研究院、广州中山医科大学等 14 个研究单位的协同下，进行了药理学、药剂学、生药学的研究及临床试验，证明该药具有增加脑部血流量，抗凝血，抗血栓，改善血液流变性，选择性增加颈总动脉、颈内动脉血流量，主动脉血流量的功能，可以提高心脏做功效率，促进脑出血后血肿病灶的清除与修复，有利于改善临床偏瘫症状。

华佗再造丸的国际化路径有两点经验：其一是从易到难的产品海外市场辐射路径，华佗再造丸没有医药企业一般采取的"多管齐下"同步开发市场的方式，而是采取了以中华文化圈为中心对外进行逐层辐射的临近策略，即先以易接受中医药文化的周边国家和地区为突破口，输出产品和建立海外子公司或分公司，再选取较容易进入的发达国家和地区，如澳大利亚、加拿大等国家进入，最后再以国际主流医药市场的欧美地区为输出目标。其二是华佗再造丸的整体国际化路径，主要包括四个具体措施：①对接国际理念，改良保密配方，摒弃原方中的动物药材，形成纯植物制剂。②加紧国内标准制定，引入最有效的先进技术来确保药品的质量控制和检测标准，完善华佗再造丸所适用的标准体系。③通过与目标国家的共同合作研发，共同制定华佗再造丸的海外适用标准，使得东道国市场能够使用和接受中药产品的标准。④推行海外市场营销的本土化策略，选取实力强大的本土代理商，通过本土化的营销方式调整，快速打破文化差异，让华佗再造丸顺利进入所在国药品销售网络。在市场营销中，华佗再造丸在国际市场开发中还实施了"学术文化＋产品推销"的策略，在前期以宣传传统中医理论和传统文化的学术交流为主，在后期渐有口碑时，再向零售延伸。比如请国外销售人员来中国交流，或是请中医药专家到国外讲解中医药理论。迄今已经邀请有澳大利亚、印度尼西亚、美国、加拿大、越南等多国超过 600 人次的外国专家到华佗再造丸的生产厂家学习交流，而华佗再造丸也派出许多专家赴国外交流，实现了产品输出和中医药文化输出的双赢目标。

二、 中医药服务贸易

2012 年商务部等 14 个部门发布《关于促进中医药服务贸易发展的若干意见》，2013 年商务部与国家中医药管理局又发布《中医药服务贸易重点项目、骨干企业（机构）和重点区域建设工作办法（试行）》，文件要求在中医药医疗、保健、教育、科研、产业、文化等方面实施一批中医药服务贸易重点项目，建设一批中医药服务贸易骨干企业（机构），创建若干个综合实力强、具有国际影响力的中医药服务贸易重点区域。旨在通过几年努力，总结和探索中医药服务贸易的发展模式，创新促进中医药服务贸易发展的体制机制，完善中医药服务贸易相关政策法规，建立中医药服务国际标准，培育国际知名中医药服务品牌，全面推动中医药服务贸易健康快速发展。上述意见和办法出台后，北京、上海、甘肃、广东、内蒙古等地发挥各自特色优势，出台了促进地方性的中医药服务贸易政策。

1. 中医药服务贸易的发展态势与类型

所谓服务贸易是一国的法人或自然人在其境内或进入他国境内向外国的法人或自然人提供服务的贸易行为。广义的服务贸易既包括有形的活动，也包括服务提供者与使用者在没有直接接触下交易的无形活动。服务贸易通常包括商业服务，通信服务，销售服务，教育服务，金融服务，健康与社会服务，与旅游有关的服务，娱乐、文化与体育服务等。近年来，中国服务贸易稳步发展，贸易规模迅速扩大，服务贸易在国民经济中的地位和作用日益凸显。根据世贸组织公布的数据显示，去年中国服务进出口继续呈现增长态势，总额达到 5 千亿美元，全球排名提升到第二位。中国已经成为全球第一贸易大国，但仍不是贸易强国。因为与发达国家的服务业产值占 GDP 的比重相比，中国的服务贸易不仅产值在 GDP 中的比重较低，而且中国服务业仍以传统的旅游、运输等属于资源型和劳动密集型产业为主，而资本密集和技术性服务出口缺乏竞争力。就中医药而言，中医服务贸易发展滞后于中药产品贸易。因此，加强中医药服务贸易非常必要。

按照 WTO 于 1994 年签署的《服务贸易总协定》，服务贸易一般有四种提供方式：

（1）跨境支付。

它是指服务的提供者在一成员方的领土内，向另一成员方领土内的消费者提供服务的方式，即服务双方无须进行面对面的服务，如在中国境内通过电信、移动通信、互联网等手段实现对境外的外国消费者的服务，如中医药远程教育、远程会诊、远程咨询、远程预约等。

（2）境外消费。

它是指服务提供者在一成员方的领土内，向来自另一成员方的消费者提供服务的方式，如海外人士到中国境内短期居留期间享受中医药服务，包括中医药旅游、来华接受脑卒中和脑瘫康复、养生保健、推拿按摩等。近年来，外国消费者来华获取中医药服务的情况日渐升温，除了临时逗留的外国人口，专程来华就医的人数逐渐增多，"健康旅游"正成为一些边境地区医疗市场的新热点。如紧临俄罗斯的黑龙江绥芬河市人民医院国际健康管理中心仅 2015 年接待俄罗斯患者 3 500 余人次。2016 年起，当地政府制定了"三人组团免签证"的政策，绥芬河方面还与俄罗斯国际旅行社正式签订协议，为促进两国之间的正常民间交往和国际健康旅游搭建了良好的渠道。近年海南省三亚市策划举办了法国、西班牙、韩国等 18 个国家驻京外交使节参与的"三亚中医特色文化体验之旅"已经形成一定的国际影响。累计接待了包括哈萨克斯坦总统纳扎尔巴耶夫、塔吉克斯坦总统拉赫莫诺夫、俄罗斯联邦政府总理梅德韦杰夫、吉尔吉斯斯坦总理萨特巴尔季耶夫等政要在内的 4 万余名外宾。三亚市中医院开发的中医药健康旅游套餐"智慧冬休之旅"和"候鸟康养之旅"已成为品牌产品。2014 年三亚市中医院入选首批 19 家"中医药服务先行先试骨干企业（机构）建设名录"。

（3）商业存在。

它是指一成员方的服务提供者在另一成员方领土内设立商业机构，在后者领土内为消费者提供服务的方式，如中国中医药企业在海外进行投资，建立与中医药服务和产品相关的各种商业和企业实体。例如新南方集团旗下中非公司正式接管尼日利亚奥贡州依格贝撒地区的奥贡广东自贸区后设立的商业机构。有资料显示，中医药已经传播到世界上 183 个国家和地区，发达国家中至少使用过一次中医药的人口比例在德国为 80%，加拿大为 70%，法国为 49%，澳大利亚为 48%，美国为 42%。据世界卫生组织统计，目前有 103

个会员国认可使用针灸，其中有 29 个国家和地区以立法的形式承认中医，18 个国家和地区将中医纳入医保体系；中药在俄罗斯、古巴、越南、新加坡和阿联酋等国家已经进入药品注册体系。初步估计，海外各类中医医疗机构接近 10 万家。其中美国有包括针灸和正骨在内的中医诊所数千家，注册中医针灸师近万人；加拿大有近 4 000 家中医诊所，数千名中医师；澳大利亚中医诊所约有上千家，注册中医师、针灸师和中药剂师 4 300 多人；新西兰中医诊所约 800 家，注册针灸师近 1 000 人；巴西和阿根廷各有中医诊所上百家。

（4）自然人流动。

它是指一成员方的服务提供者以自然人的身份进入另一成员方的领土内提供服务的方式，如国内外从事中医药医疗、科研、教育、商业等专业人才以自然人的身份前往我国或海外提供中医药医疗、科研、教育等服务的行为。新南方集团曾邀请世界顶级的研究疟原虫与疟疾研究领域的科学家、美国国家卫生总署（NIH）疟疾研究室路易斯·米勒教授来广州进行专业交流就属于自然人流动的类型。据观察，在世界多国从事中医药服务的人员主要以自然人流动为主要类型。

2. 援外中医医疗服务

援外医疗是中国对外援助乃至中国整体外交的一个重要组成部分。以 1963 年第一支赴阿尔及利亚援外医疗队派遣为标志，对外医疗援助成为中国外交工作的重要组成部分。中医药援外服务，是中医服务的窗口，有助于向世界传播中医药文化。目前，中国已向亚洲、非洲、拉丁美洲的 70 多个国家派遣了医疗队，基本上每个医疗队中都有中医药人员，约占外援医务人员总数的 10%。在多个非洲国家启动建设中国中医中心，在科威特、阿尔及利亚、突尼斯、摩洛哥、马耳他、纳米比亚等国家还设有专门的中医医疗队或医疗点。在重大疾病防治方面，中国加强在发展中国家，特别是非洲国家开展艾滋病、疟疾等疾病防治，我国先后向坦桑尼亚、科摩罗、印度尼西亚等 40 多个国家派出中医技术人员 400 余名。在中医适宜技术的推广方面，援外医疗队采用中药、针灸、推拿以及中西医结合方法治疗了不少疑难重症，挽救了许多垂危病人的生命，得到受援国政府和人民的充分肯定。

三、 中医药教育国际化

中医药教育国际化包括国内中医药大学招收其他国家的来华留学、与国外教育机构合作在国外举办中医药教育和国外大学自主举办中医教育等类型。

1. 国内中医药大学举办的国际教育

从国内中医药教育机构规模结构上来看，分为大服务规模院校（Ⅰ类院校)、中等服务规模院校（Ⅱ类院校）、小服务规模院校（Ⅲ类院校）几类。①大服务规模院校。我国提供中医药对外教育的院校中，服务规模在千人以上的院校有北京中医药大学、南京中医药大学、广州中医药大学等。初步估计，Ⅰ类院校来华留学生人数占全国所有中医药院校来华留学生的68%，中医药境外消费表现出较高的集中度。②中等服务规模院校。培养规模在千人以下中医药教育院校中，有11所院校培养集中在100人至600人之间。Ⅱ类院校培养规模占全国的30%，校际差异明显。③小服务规模院校。安徽、福建、陕西、陕西和贵阳的五所院校来华留学生规模很小。Ⅲ类院校来华留学生人数约占全国中医药院校来华留学生总人数的3%。各机构发展速度差异较大。学历教育生源地主要为受中华文化影响较大的周边国家和地区。这提醒我国中医药学历教育仍处于区域留学教育发展阶段，尚未形成全球留学生国际化的局面。接受短期非学历教育生源地主要是欧美及大洋洲发达国家及其中医立法的国家，而且留学生地区分布较广。

来华学习中医药学的留学生人数总体规模不大，其中来华留学生中以亚洲的学生居多，占比为70%左右，说明中医药海外教育规模可能与华侨数量与中医药文化传播的程度成正相关。来华留学生中自费的人数占比近90%，提示中医药教育与个人的文化信仰直接相关。

2. **海外机构举办的中医药国际教育**

据有关研究资料显示，目前开办中医药教育的国家已经超过40个，中医药院校达数百所。在海外举办中医药教育的国家有美、英、法、德等10个国际上主要的教育服务提供国，这些国家每年招收海外留学生总数已超过150万人。在欧盟中，法国目前有9所大学的医学院正式联合开设校际针灸文凭课程，使之正式成为高等医学院校的教学课程。英国在建立国际东方医学注册处（IROM）基础上，目前已有11所正规大学在其卫生学院开设中医、针灸本科或硕士课程，占全英开设卫生学院大学的22%；德国已有38个医学院校开设针灸课，并将其作为医学院学生的必修课或选修课。

四、 中医药研究与学术交流的国际化

中医药研究的国际化是指从增进人类福祉的更高远见，采取更开放合作的态度，广泛吸收国际上的先进技术，与国外同行合作，对中医药的基本理论、特色优势技术、中药药效机理和应用进行创新性转化的工作。据有关资料显示，近五年来，我国与42个国家和地区开展了274项中医药合作研究。如中坦合作的中医药防治艾滋病，中日合作的中医药治疗大肠肛门疾病，中澳合作的中草药防止血液病，中俄合作的中医药治疗哮喘，中意合作的中医药防治肿瘤和糖尿病等都在双方政府的支持下得以有序进展，并取得成果。

在美国本土有 26 个医疗中心从事针灸研究，研究项目超过 200 项，美国补充替代医学中心开展的 10 个国际合作研究项目中，有 5 个是中医药研究项目，4 个与中国内地和香港地区有直接合作关系。

近年由国内中医药大学或研究机构与海外相关机构共同组建的中医药研究机构情况，可见表 9 - 1。

表 9 - 1　中外合作建立的中医药海外研究中心

序号	项目名称	执行机构
1	中国—美国中医药肿瘤合作中心	中国中医科学院广安门医院
2	中国—澳大利亚中医药中心	南京中医药大学
3	中国—马拉维中医药中心	广州中医药大学
4	中国—卢森堡中医药中心	湖南中医药大学
5	中国—法国巴黎中医药中心	江苏省中医院
6	中国—中东欧中医药中心（匈牙利）	黑龙江中医药大学
7	中国—俄罗斯中医药中心（圣彼得堡）	北京中医药大学东方医院
8	中国—捷克中医药中心	上海中医药大学附属曙光医院
9	中国—俄罗斯中医药中心（莫斯科）	中国中医药科技开发交流中心
10	中国—瑞士中医药中心	南京中医药大学
11	中国—西班牙中医药中心	北京市中医药管理局
12	中国—黑山中医药中心	成都中医药大学附属医院
13	中国—澳大利亚中医药中心（悉尼）	北京中医药大学
14	中国—吉尔吉斯斯坦中医药中心	甘肃省卫计委
15	中国—尼泊尔中医药中心	泰安市中医医院
16	中国—北欧中医药中心（瑞典）	传统医药国际交流中心
17	中国—葡萄牙中医药中心	江西中医药大学

在学术交流方面，中国世界中医药学会联合会从 2004 年起每年均举办规模盛大的世界中医药大会，从 2008 年起，国际传统医药大会更名为世界中医药大会，每次与会者都超过千人，截至 2018 年，由中国主导已举办了十五届世界中医药大会，在世界传统医学中已经形成相当广泛的影响。

五、 中医药文化与标准的国际化

2015 年 3 月 28 日，国家发展改革委、外交部、商务部联合发布了《推动共建丝绸之路经济带和 21 世纪海上丝绸之路的愿景与行动》，"一带一路"倡议正式启动。中医药已经成为我国与"一带一路"沿线国家和地区进行文化交流的一条纽带。目前，我国已经与"一带一路"沿线国家、地区和国际组织签署了 86 个中医药合作协议，中医药作为国际层面合作的重要领域被频繁地纳入中外首脑会谈的议题。中医药已成为中国与世界各个地区和组织开展卫生、经贸、人文交流，增进人类福祉，建设人类命运共同体的重要载体。

中医药也成为我国宣传中国文化的一张名片。2010 年 9 月 16 日联合国教科文组织保护非物质文化遗产政府间委员会在内罗毕审议通过中国申报项目"中医针灸"，将其列入"人类非物质文化遗产代表作名录"。2011 年，《本草纲目》和《黄帝内经》被列入"世界记忆名录"。

在中医药国际化发展形势的推动下，中国国家标准化管理委员会于 2009 年向国际标准化组织（ISO）提出了成立中医药标准化技术委员会的申请，并于同年 9 月获得通过，中医药标准化技术委员会代号为 ISO/TC249，秘书处设在上海市中医药研究院。自成立起，ISO/TC249 致力于中医药国际标准研制工作，其工作范畴包括传统与现代继承发展的两大领域，涵盖中药原材料质量与安全、中药制成品质量与安全、医疗设备质量与安全及信息等领域的标准化工作。截至 2016 年 6 月，发布 ISO 中医药国际标准 7 项，正在制作中的标准和提案 60 余项。

2009 年，我国政府抓住 WHO 开展国际疾病分类代码第 11 版修订工作的机遇，联合日、韩、美、澳大利亚等国，积极争取在新版中增设"传统医学"章节，即由基于传统中医理论构建的病证分类体系组成的传统医学章节，该章节的疾病分类体系将成为 WHO 所有成员国统计源于古代中医的传统医学疾病情况的基础。正式实施后将改变传统医学被排除在国际医学信息体系之外的历史，为学术交流、科研、产业及立法打下坚实的基础。2012 年，以中医药为代表的传统医学首次纳入世界卫生组织国际疾病分类代码（ICD – 11），中医药在国际医学体系中的地位正逐步提高。

六、 中医药国际化的推进策略

随着全球经济一体化的进程，中医药的国际化发展亦将是一种不以人的意志为转移的大趋势。作为中医药原创国的中国理应高瞻远瞩，以更长远、更宽阔的视野和更加开放包容的态度谋划中医药的国际化发展策略。

（1）以科技创新为动力，加快提升中医药产品的国际竞争力。

当今世界是一个知识大爆炸、科技飞速发展的时代，古老的中医药虽然具有生态资源、科技资源、经济资源、卫生资源和文化资源的优势，但如果要参与当今世界科技、经济、文化竞争，融入世界大卫生的格局之中，就必须以科技创新为动力，加速中医药基本理论、特色优势技术、中药开发与利用等现代化和国际化进程，加强医、教、研、产的合作和协调发展，加大中医药产品的创新研究和高新技术含量，逐步扭转以资源或原料为主的产品出口方式，提高中医药商品贸易的质量和附加值。通过海外并购、海外建立研发中心、海外上市以及海外药品注册等方式，加大与发达国家在中医药进入世界医药市场准入方面的国际合作，包括基础研究、临床研究、产业研究和市场营销研究。

（2）扩大中医药服务贸易的规模与新业态。

在互联网时代，必然大力扶持发展中医药互联网数字内容服务、社交网站服务、搜索引擎服务，扩大中医药文化的国际影响力，推动中医药服务贸易进程。建设中医药教育、医疗和健康服务等云平台，发展中医跨境网络医院。扩大中医药对外教学与培训规模，在传授针灸和辨证施治方法的同时，尤其要加强中医药哲学和中医药文化等思想的宣传传播，大力提高国际中医药人才的培养质量和对中医药的忠诚度。加速培养既懂中医药，又懂国际贸易和会双语的外向型人才。中医药教育和中医药文化的宣传传播，将会成为传播中国传统优秀文化的路径与窗口。

（3）扶持我国中医药医疗机构转型升级。

建立一批面向来华健康旅游的海外消费者的中医药健康服务机构，通过培育与国际接轨的中医特色医疗健康服务项目，重点加快针对重大疾病和疑难杂症的中医药优势技术和现代技术的融合，例如将脑卒中康复的针灸推拿、中药结合脑康复机器人的综合治疗，通过名医、名药、优质的健康服务，让海外消费者通过中医医疗、养生保健和身体康复等体验提升对中医药服务消费的信心，成为向外宣传传播中医药文化的信使，扩大中医药服务社会和经济效益的规模和国际影响力。

（4）发挥中国境内独特的中医药生态资源、种植农业和中药工业集群等优势，大力发展入境中医健康旅游产业。

打造适合华侨、海外各类人群的健康旅游品牌，开展国际化的中医药文化名胜古迹和中医名医、名著与国医堂等游学活动。

（5）通过标准化行动，掌握中医药国际化的话语权。

加速研发和建立中医医疗、养生保健、疾病康复、中药方剂等诊疗技术和中医疾病分类命名等中医药国际标准和认证体系。加快研发我国中医药国际服务从业人员职业技能认证体系，扩大中国中医药服务标准国际输出的制高点。

（6）建设国际中医中药国际贸易平台，建立以国际市场需求为导向的中医中药国际营销体系。

充分发挥出口商品交易会、会展经济、经济联盟等多种形式，畅通中医药商品和服务国际营销渠道，并且提供中医药质量监督、地道中药溯源、品牌标识、交易价格、交易风险评估、商业保险、信息服务、市场调查、知识产权和相关法律咨询等国际贸易的支持体系。

第三节

新南方集团海外发展的现状

在"以大众健康为己任"和企业愿景的新南方集团，非常关注在全球肆虐的流行性疾病的防治动态，基于公司对青蒿素抗疟项目的研发优势，将科技成果应用的目光投向非洲大陆就是非常合乎医学和商业逻辑的战略。早在2004年新南方10周年庆典的讲话中，朱拉伊先生就向员工宣布了公司要在打开全国市场的同时也要在世界上其他国家主要城市发展公司业务，把中医药这个中国特色产业和传统文化推向世界，形成以中医药种植、研发、生产和销售等为主，其他多元化项目为辅的发展格局。近十多年来，新南方一步一步脚踏实地地正朝向这个梦想稳步前进。

一、 非洲抗疟的背景与发展历程

中国与非洲虽然远隔重洋，中非人民友谊却源远流长、历久弥坚。

中国同非洲国家开启外交关系60多年来，中非友好关系不断深化，中非各领域交流合作全面发展。2006 年 11 月 3 日至 5 日，中非合作论坛北京峰会暨第 3 届部长级会议在北京召开，会议制定了《中非合作论坛北京行动计划（2007—2009 年）》，计划指出，扩大中国对非洲援助规模，提供优惠贷款和优惠出口买方信贷，鼓励和支持中国企业到非洲投资，进一步向非洲开放市场，在非洲国家建立 3～5 个境外经济贸易合作区，为非洲援助 30 所医院，并提供 3 亿元人民币无偿援款帮助非洲防治疟疾，用于提供青蒿素药品及设立 30 个抗疟中心等。正是在这一背景下，广东新南方集团领导人以敏锐的眼光看到了中国政府这一政治和外交行动的重大国际意义，及其带来的国际贸易的契机，于是闻风而动，一方面积极主动与政府有关部门进行联系，争取将新南方集团抗疟成果纳入国家援非计划；另一方面也积极联系非洲国家领导人来广州了解新南方的抗疟研究成果。经过一番努力，终于迎来了一轮非洲多国领导人和卫生代表团的访问高潮。2007 年 11 月，科摩罗总统访问广州中医药大学，参观青蒿研究中心，了解快速灭疟项目。同期新南方集团青蒿科技公司在科摩罗正式启动快速灭疟项目，在莫埃利岛组织实施以医带药的全民服药模式。同年，安哥拉代表团参观了新南方集团青蒿研究中心和科技园公司。2008 年 2 月，南部非洲发展共同体（SADC）卫生代表团参观青蒿药业；2008 年 10 月，马达加斯加代表团访问新南方青蒿科技公司，达成在马达加斯加启动"快速灭疟项目"意向。2009 年 1 月，尼日利亚药监局副局长率代表团对青蒿药业进行考察，高度评价李国桥教授团队；4 月，科摩罗副总统访华期间探访丰顺青蒿药业种植基地；6 月，青蒿科技公司在肯尼亚召开产品发布会，正式向肯尼亚市场推出新一代复方青蒿素抗疟药"粤特快"；10 月，同样的产品发布会在坦桑尼亚举行；11 月，在尼日利亚举行。2010 年 1 月，乌干达药监局代表团到访青蒿药业，4 月，科摩罗卫生部代表团到新南方集团访问，与公司首席科学家李国桥教授、宋健平博士等技术团队就科摩罗灭疟扩大项目实施方案进行了深入研讨。2010 年 6 月青蒿科技取得国家商务部对外援助物资项目 A 级实施企业资格。至此，广东新南方集团青蒿科技项目获得了进军非洲抗疟战场的国家级准入证。通过"请进来"和"走出去"等多种方式，新南方"以医带药"的快速灭疟项目得到了世界卫生组织和许多非洲国家的充分肯定和信任。2014 年宣布复方青蒿素在科摩罗治疗疟疾实现零死亡的预期目标，同年科摩罗复方青蒿素快速控制/清除疟疾项目荣登《经济学人》（The Economist）杂志专栏头版，并获《福布斯》专栏高度评价。2015 年 8 月，专利"复方青蒿素"在刚果金获得授权，至此，"粤特快"已获得 40 个国家专利授权。同年 10 月非洲 30 多国驻华大使参观新南方青蒿项目基地。中央电视台《朝闻天下》栏目以"借青蒿素之力，科摩罗成功抗击疟疾"为题深入报道我司在科摩罗实施的青蒿素快速清除疟疾项目。广东新南方集团抗疟项目从艰苦的实验室研发到以身试药的临床检验，再到走向非洲抗疟前线，终于修成正果。要知道，在全世界新药研发道路上曾有多少项目半途而废，或前功尽弃。

二、 尼日利亚广东经济贸易合作区建设

新南方集团高层领导清晰地认识到，中医药产业是研究型的，回收期是较长的，为了发展中医药事业，实现打造全国最著名的医药集团的伟大抱负和追求，必须要有强大的和可持续的资金投入，因此，新南方集团仍一如既往抓住各种发展机遇，做好房地产产业和金融投资，目的就是为发展中医药的产业链提供强大的经济支持。为此，新南方有长远打算，并且已做好了充分的思想准备。

中国与处在西非的尼日利亚联邦共和国的互利合作走在中国同非洲国家合作的前列。中国与尼日利亚于 1971 年建交，2001 年签署了两国的贸易协定和相互促进与保护投资等协定。2005 年，中尼两国元首就双方建立战略伙伴关系达成共识，2009 年两国举行首次战略对话，两国之间还设有经贸联委会。尼日利亚是中国在非洲的第三大贸易伙伴、第二大出口市场，也是中国主要投资目的地国。中国企业在尼日利亚累计签订承包工程合同额超过 500 亿美元，居非洲第一位。主要承包企业有中土公司、中地海外、华为、中兴等 20 余家，涉及铁路、公路、房屋建设、电站、水利、通信、打井等领域。尼日利亚人口约 1.96 亿，是非洲人口最多的国家，在南非兰德商业银行（RMB）发布的《2020 年非洲投资》清单中，该国名列 "2020 年非洲前 10 大首选投资目的地"，其中位于尼日利亚西南部的奥贡州（OGUN STATE）面积 16 762 平方公里，位居尼日利亚全国 36 个州的第 24 位；人口居全国第 16 位；该州共有 9 所注册的大学，居尼日利亚各州之最；农业为本州的经济支柱，矿藏丰富，玻璃、陶器、饮料、医疗器械、地毯、纺织和钢铁制造业发达。2008 年 2 月在广东新广国际集团中非投资有限公司和尼日利亚奥贡州政府努力建设经营下，时任尼日利亚总统亚拉杜瓦批准了奥贡州政府签发的合作区首期 20 平方公里土地的占有权证。2008 年 6 月广东新广国际集团中非投资有限公司与尼日利亚出口加工区管理局签署《尼日利亚广东经济贸易合作区管理协议》，以法律形式明确了尼日利亚联邦政府给予合作区及入园企业的各项优惠政策。2008 年 9 月中国发改委也正式批准了广东新广国际集团中非投资有限公司与尼日利亚的这个合作区项目。2010 年 11 月尼日利亚总统古德勒克·乔纳森视察尼日利亚广东经济贸易合作区，巡视了首期工业园，并为工业园区揭幕。2011 年 3 月尼日利亚联邦政府特别批准颁布《尼日利亚广东经济贸易

合作区运营法规》，该法规明确了合作区内各项管理业务及企业运营程序的有关要求。2013 年 9 月，习近平主席在哈萨克斯坦纳扎尔巴耶夫大学演讲时提出"要以更宽的胸襟、更广的视野拓展区域合作，共创新的辉煌"，"用创新的合作模式，共同建设'丝绸之路经济带'"。同年 10 月，习近平主席访问印尼期间，又提出共同建设"21 世纪海上丝绸之路"的倡议。2015 年 9 月 27 日，国家主席习近平在纽约会见尼日利亚总统布哈里。布哈里总统表示，尼日利亚政府将继续致力于推进尼中关系全面发展。2016 年 4 月 12 日，国家主席习近平同尼日利亚总统布哈里举行会谈。两国元首决定，共同推动中尼战略伙伴关系迈上新台阶，给两国人民带来更多福祉。2016 年 9 月，在尼日利亚奥贡州依格贝撒地区的奥贡广东自贸区召开会议，新南方集团旗下中非公司正式接管奥贡广东自贸区。至此，新南方集团在非洲抗疟事业之外又多了一个外向型经济投资事业的产业。

尼日利亚广东经济贸易合作区位于奥贡州，紧靠尼日利亚经济中心拉各斯，距离西非第一大港阿帕帕港 50 公里，相距拉各斯 IKEJA 国际机场 55 公里。合作区规划面积 100 平方公里，合作期 99 年。启动区 2.24 平方公里已经全部开发，企业入驻完毕；目前正在进行二期 20 平方公里的开发。合作区承接拉各斯经济贸易圈，主要发挥奥贡州在地缘、土地、劳动力等资源优势，借鉴中国广东 20 多年建设开发区的经验，打造以制造业为主，集物流、研发、会展、生活等于一体的城市综合体。合作区的产业定位以轻工、家具、建材、五金、木材加工等行业为龙头，以原材料加工为主体，工程、营销和贸易并进发展。本合作区的市场定位有：本地市场和 15 个西非共同体辐射市场，并享受西非经济共同体国家关税同盟准则，亦可销售到欧美市场，不受配额限制，享受最优惠关税待遇。合作区内有许多政策优势，如区内享受进口关税、增值税、企业所得税、各级地方政府税费为零，合作区内还提供一站式服务，管理公司与园区职能部门包括尼日利亚派驻合作区管理局、海关、警察、移民局、国安局合署办公，所有相关手续可做到在园区内解决。企业建设审批流程便利快捷，只需提交图纸，由管理公司审批即可开工建设。园内基础设施完备，通路、通电、通气、通水、通信，土地平整。目前入园企业已有 60 余家，除有中方员工 300 余人之外，已经吸纳当地工人 6 000 余人。园内主要产业有陶瓷、纸业、钢材、铝材、塑料、电池及家具等。自新南方集团接管该园区之后，集团奉行合作共赢的方针，对于有发展前景的入园企业，新南方集团可以投资入股，助其快速发展，或者为企业提供金融支持，或提供厂房租赁和土地优惠支持。目前，园区正呈现一片繁忙的建设景象。

广东新南方海外投资控股有限公司在本园区的主要功能是：对于有发展前景的企业，新南方可以投资入股，助其在尼日利亚发展，园区企业发展基金获得金融支持，提供厂房租赁和土地优惠。

中央电视台"东方时空"和尼日利亚电视台等多家国内外知名媒体在尼日利亚奥贡广东自贸区成立 10 周年时进行了特别报道，称该自贸区"已成长为中国企业赴非投资创业重要平台"。

三、 肯尼亚珠江经济特区建设

2013 年 8 月，中国和肯尼亚两国元首举行了会谈，彼此对接、共同规划了推进互利共赢合作的愿景和举措。在会谈中，习近平主席提出期待双方加强基础设施合作，肯雅塔总统则明确表示希望借鉴中国的成功经验。2014 年 12 月，作为中国"一带一路"倡议与肯尼亚"2030 愿景"全面对接的旗舰项目——蒙内铁路开工建设。两年半后，该铁路实现通车运营，为当地创造了 5 万多个就业机会。2015 年 12 月中非合作论坛约翰内斯堡峰会期间，习近平主席与肯雅塔总统进行了第二次会晤。习近平主席提出，中肯双方要密切人文交流，推进中非联合研究中心等项目。不到两年时间，中国政府援建的中非联合研究中心项目正式移交肯方。截至 2018 年底，该中心已与肯尼亚、坦桑尼亚和埃塞俄比亚等国 20 家科教机构展开合作，先后启动 45 个合作研究项目，为非洲各国培养了 280 余名研究生、培训管理和专业技术人员。该中心不仅提升了中非在生物多样性保护、生态环境监测及现代农业等领域的合作水平，还增强了肯尼亚乃至非洲在相关领域的科研和教育能力。实现"一带一路"倡议与非盟建成一体化、和平繁荣新非洲的"2063 年愿景"相对接，是中非谋求互利共赢合作的共同选择。2017 年 5 月，肯雅塔总统在北京出席首届"一带一路"国际合作高峰论坛期间表示，希望中国继续帮助非洲延伸蒙内铁路，进一步连接乌干达、卢旺达等东非国家，最终连接非洲和亚洲，打通印度洋和大西洋。习近平主席积极回应了肯雅塔总统的提议，承诺以蒙内铁路建设为牵引，推进建设路港一体化的产业经济走廊。两国元首在会晤中，还一致同意将中肯关系提升为全面战略合作伙伴关系。2018 年，中肯元首先后两次会晤。9 月，习近平主席会见了来华出席中非合作论坛北京峰会的肯雅塔总统。11 月，习近平主席在上海再次会见了来华出席首届中国国际进口博览会的肯雅塔总统。习近平主席向肯雅塔总统表示，中方愿帮助肯方提升产品附加值和竞争力，扩大进口肯产品。此间，两国签署协议，为牛油果、芒果等肯尼亚农产品提供了市场准入。同年，商务部副部长王炳南 8 日在上海同肯尼亚工业、贸易与合作部部长彼得·穆尼亚举行会谈。双方就加快落实两国元首达成的重要共识，进一步推动中肯两国贸易发展合作深入交换意见。双方一致同意，在中肯经贸联委会机制项下建立"一带一路"贸易畅通工作组机制，重点协调解决推进"一带一路"贸易畅通中出现的突出困难和问题，研究发掘双边贸易潜力，提升双边贸易质量和水平。双方就此签署了相关合作谅解备忘录。2019 年 4 月，习近平主席在北京会见了应邀来华出席第二届"一带一路"国际合作高峰论坛的肯尼亚总统肯雅塔，这是自 2013 年肯雅塔当选肯尼亚总统、习近平主席提出"一带一路"倡议以来，两国元首第六次正式会晤。中肯元首外交的高频率，有力地推动了两国共建"一带一路"务实合作。在双方的共同努力下，互利共赢合作的愿景已经化为蒙内铁路、中非联合研究中心等一个个生动、真实的成功案例。

中肯关系友好，为双边贸易的进一步发展创造了良好的环境。肯尼亚是非洲政局长期稳定、经济基础较好的国家之一，汇率波动较小，同时也是国际旅游目的地。肯尼亚的投资营商环境在非洲相对成熟，在吸引外资方面拥有一定优势。肯尼亚计划到 2030 年建成新兴工业化的中等收入国家，因此大力引进制造业等投资。随着肯尼亚对外投资合作门槛的放开，来肯中资企业呈现增长趋势。据 2016 年麦肯锡调查报告显示，在肯中资企业已达 390 多家，集中在工程、制造业和服务业。中国还是肯尼亚第一大工程承包方。工程承包领域也从传统的公路、房建项目扩展到铁路、电力、港口、咨询设计、供排水、地热井、石油管道和机场扩建等领域。中国企业还积极参与蒙巴萨经济特区建设，推进蒙内铁路经济走廊的形成。肯尼亚国家统计局公布"外国投资调查"显示，中国已超越英国、美国，成为肯尼亚最大的外商直接投资（FDI）来源国。据中国海关统计，2015 年中肯双边贸易总额达到 60.16 亿美元，同比增长 20.12%；中肯贸易持续三年快速增长，肯尼亚在中国贸易伙伴排名中从第 88 位跃升为第 64 位，跻身成为中国在非第六大贸易伙伴；中国也超过印度，成为肯尼亚第一大贸易伙伴。来肯尼亚投资的一部分中国中小企业，更加专注于本地化，除了中国的设备与技术，大多数员工都招聘本地人。一家工厂甚至雇用几百名当地人，带动了周边的产业发展。

肯尼亚珠江经济特区位于肯尼亚中西部第五大城市埃尔多雷特市（Eldoret Town）内。该市拥有国道、铁路、国际机场、内陆港，交通发达；水电、邮政、医疗较为设置齐全、移动通信网络覆盖率高，生产生活配套资源完善，各类教育培训机构众多，拥有 20 所高校，可以为经济发展提供较充足的人力资源。该市市场对农产品加工、农业机械、制药、医疗耗材、医用敷料、医疗设备与化妆品、电子通信设备、电子音像设备、建筑材料与器具、纺织服装、家用器具等产品需求巨大。肯尼亚是"非洲增长与机会法案"和"科托努协定"的受益国，其产品进入欧盟市场享受关税减让，出口无配额限制。根据世界贸易组织普惠制条款，肯尼亚加工产品在美国、日本、加拿大、澳大利亚、新西兰以及欧洲大多数国家都享有优惠关税政策，适用普惠制的

3 000多种出口产品在出口上无数量限制。由此可见，肯尼亚是一个具有国际投资价值的巨大市场。

2015年9月，肯尼亚总统正式签署《2015经济特区法案》，旨在创造对投资者有利的营商环境。特区每年将创造超过30亿美元生产价值。全面运营后将直接创造超过40 000个工作岗位，间接提供90 000个就业机会。广东新南方集团主持策划的肯尼亚珠江经济特区项目已于2017年7月获得广东省商务厅颁发的企业境外投资证书。该项目总规划面积9平方公里，首期规划面积3平方公里，特区建设将借鉴中国工业园区发展经验，结合本地特色，产业定位是：以农产品加工业、高新技术产业、办公及家具业、纺织服装、建材与机械、医药卫生六大产业为龙头，以原材料加工为主体，成为工程、营销和贸易业并进发展的经济特区。该特区的辐射市场包括：①园区产品符合原产地规则，可以自由销往东非共同体（EAC）和东南非共同市场（COME-SA），豁免关税。东部和南部非洲共同市场覆盖约20个国家，人口超过4亿。该共同市场旨在废除成员国之间关税和非关税壁垒，实现商品和服务的自由流通。②该特区依托埃尔多雷特周边地区丰富的农业及其他资源，将农产品及资源性产品经加工出口至中国等其他地区，亦成为特区产品另一经营市场目标。③园区产品可以享受欧美对于非洲的优惠政策，无配额，最优惠关税。

该园区核心政策包括：①所得税规则：园区企业所得税前十年10%（目前肯尼亚一般企业所得税30%）；且可获得投资额的150%抵减。②增值税规则：销售和服务均免征增值税。③进口关税规则：园区所有进口产品、原材料免关税。④原产地规则：园区产品服务符合原产地规则的，即视为肯尼亚生产，100%可以销售到东非共同体和东南非共同市场，且只按照进口原料部分征收关税；本地采购原料的产品销售到EAC全免关税；部分产品出口欧美享受最优惠关税或者免税。⑤资金规则：所有资本和利润都可调回本国，不受外汇管制。

园区便利政策包括：①一站式服务点的设立（包括海关、移民局、工商管理、税务管理、环境评估、警察、建设许可等相关政府审批部门，共同入驻园区，联合办公；各部门指派高等级官员入驻园区，建立绿色通道，批准相应的执照、许可、证明；所有货柜进口免申请进口预审核证书。②所有货柜进口免申请进口预审核证书。③在园区总体规划内项目建设均由园区自行批准建筑许可，并由园区统一报备，且拥有合法产权。④特区成立内陆港所有进口货柜无须在港口清关，可在园内由绿色通道清关。⑤园内运营企业只需办理单一执照。⑥园区内企业环评由一站式绿色通道批准，无须复杂流程政策优势。⑦财务政策包括：豁免企业印花税，豁免园区内企业、开发商、运营商股东的股息预提税，外籍员工总收入个税按照统一优惠税率5%征税，

10 年内豁免特区企业、运营商向外籍员工支付的费用预提税。此外，还有移民政策、产权政策、特许经营政策等优惠政策。

目前园区的部分招商项目包括：广东省丝绸纺织集团有限公司的桑蚕茧丝绸产业发展项目、广东省丝丽国际集团泓泰有限责任公司的药浸蚊帐厂项目、广东世能电力设备集团有限公司 & 广东康德威电气股份有限公司联合举办的肯尼亚奥莱恩电力设备厂项目、汤始建华（江苏）国际贸易有限公司的运营混凝土墙材厂和混凝土制品厂项目、广州市华南农大生物药品有限公司的禽流感疫苗及细胞悬浮培养生产线建设项目、佛山市南海南宝鞋厂有限公司的非洲投资项目、中国电信的肯尼亚珠江经济特区通讯项目、中建电力的肯尼亚珠江经济特区燃煤及生物燃料混合发电厂、DL 集团的茶叶加工厂项目目等。

目前该园区由广东新南方海外投资控股有限公司进行管理，对于有发展前景的入园企业，新南方可以投资入股，助其在肯尼亚的发展，还可以为入园企业提供金融支持、厂房租赁和土地优惠等多项支持。

四、 新南方集团海外发展的经验

1. 企业创业者的远大理想决定了企业的价值选择

回顾新南方集团的事业发展，第四代复方青蒿素"粤特快"从丰顺走向非洲，房地产从广东珠江走向非洲珠江经济特区的历程，见证了新南方人正在践行朱拉伊先生提出的"促进祖国繁荣富强和促进人类社会进步与发展，走正道、树正气、弘扬正义的企业精神"。虽然创造利润对于企业的生存是非常重要的，但利润并不是我们企业追求的根本和唯一。走正道、树正气，做出对国家有益，能回馈社会的事业，才是于自己于企业于国家于社会真正有价值的根本所在。朱先生说，要实现追求就要肩负责任，没有责任追求就没有价值，人生的价值体现在对人生价值的追求中，在追求中实现价值。为了实现我们的使命和追求，我们依然坚定不移，相信有志者事竟成、苦心人天不负。新南方集团正朝着建设成为对社会、对人类有所贡献的最伟大企业的目标前进，成就这个理想需要新南方人的共同努力。朱先生认为，人无志而不立。一个企业要想在竞争激烈的市场中获胜并发展壮大，能够得以长期稳定地发展下去，内心的支撑一定是一颗渴望成为伟大的心。许多关于强盛的公司帝国兴起和长盛不衰的传奇，其中共同的一点，就是他们有清晰的目标和坚决实现的信念。在享誉世界的管理学名著《基业长青》中，通过对美国18 家大型基业长青企业为样本分析，发现这些企业取得优势并长期发展的原因之一，就在于他们有一种使自己成为世界上最好的公司的信念，并矢志不渝地向这个方向努力。

2. 中医文化和管理理念也适合指导海外企业发展

朱拉伊先生曾这样说过："如果我不是学中医，不是中国文化的影响，不会有我们今天的事业。一路走来，很多东西是我们必须一直坚持下去的。这是公司历史发展的轨迹和经验总结，也是我们取得成功的思想武器。"他坚信中国传统文化理念同样也适合新南方在海外的事业管理。在处理新南方集团与非洲多国的各类事务的沟通关系上，新南方人一直奉行诚信义的做事做人的准则，受到合作国家各级政府、公司和民众的信任与欢迎。

3. 坚持"大得""大赢"和"大巧"经营理念

所谓"大得"是指企业要清楚自己的终极目标是什么，追求的核心价值是什么，并集中力量打造企业具有核心竞争力的主营业务，而不为目前的小利而迷惑。所谓"大赢"是指在战略上要集中力量"大拼"，成功的战略在初期因具有前瞻性而带有冒险的成分。企业只有创造属于自己的机会，而不是追逐机会，才是领先之道，企业要想得清，做得到，拼得过，就需弄清自己的战略定位、竞争优势，制定明确的差异化战略，确定未来发展方向，然后全力投入。所谓"大巧"则是指对战略的长期坚持，以及全面、系统的配套管理能力的建立。